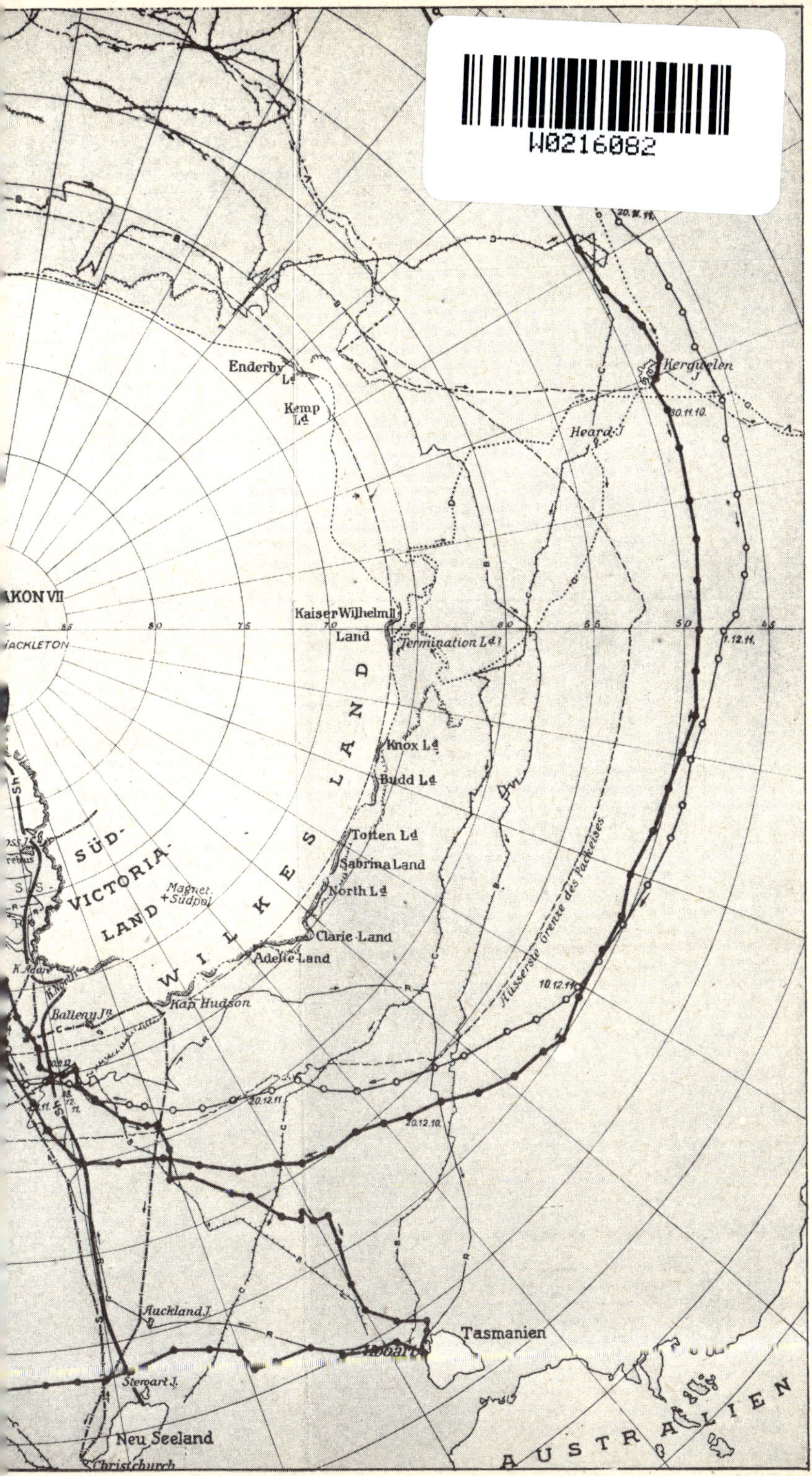
Enderby Ld
Kemp Ld
Kerguelen J.
Heard J.
Kaiser Wilhelm II Land
Termination Ld
Knox Ld
Budd Ld
Totten Ld
Sabrina Land
North Ld
Clarie Land
Adelie Land
WILKES LAND
SÜD-VICTORIA-LAND
Magnet. Südpol
K. Adare
Balleny Jn
Kap Hudson
Äusserste Grenze des Packeises
Auckland J.
Stewart J.
Neu Seeland
Christchurch
Hobart
Tasmanien
AUSTRALIEN
30.11.10.
1.12.11.
10.12.11.
20.12.11.
20.12.10.

ALTE ABENTEUERLICHE REISEBERICHTE

Roald Amundsen

Roald Amundsen

Die Eroberung des Südpols

1910–1912

Mit einem Vorwort von
Fridtjof Nansen

Mit 44 Abbildungen
und Karten

Verlag
Neues Leben
Berlin

Textgrundlage dieses Buches ist die deutsche Erstausgabe von Amundsens Bericht, die in der Übersetzung von Pauline Klaiber 1912 in zwei Bänden in J. F. Lehmann's Verlag, München, unter dem Titel »Die Eroberung des Südpols. Die norwegische Südpolfahrt mit der Fram 1910–1912« erschien. Ihr sind die Abbildungen für diese Edition entnommen. Die zusätzlichen Fotos auf S. 34 und 149 entstammen dem Verlagsarchiv.

Textauswahl und Redaktion: Gernot Giertz

Lizenzausgabe für den Verlag Neues Leben Berlin

ISBN 3-355-00473-1

Verlag Neues Leben, Berlin 1987
Lizenz Nr. 303 (305/110/87)
LSV 7343
Schutzumschlag und Einband: Olaf Rethfeldt
Schrift: 10 p Timeless
Gesamtherstellung: Offizin Andersen Nexö, Graphischer Großbetrieb, Leipzig III/18/38
Bestell-Nr. 6442795
00980

Inhalt

Vorwort
Seite 7

Die Geschichte der Südpolarforschung
Seite 13

Die Teilnehmer an der norwegischen Südpolfahrt 1910–1912
Seite 53

Winter auf der Eisplatte
Seite 55

Zum Pol
Seite 80

Wissenschaftlicher Beweis, dass Roald Amundsen mit seinen vier Gefährten den Südpol erreicht hat
Seite 231

Zeittafel
Seite 235

Vorwort

Wenn der Entdecker den Sieg gewonnen hat, jubeln ihm bei seiner Heimkehr alle entgegen. Wir sind alle stolz auf die vollendete Tatsache, für unser Volk – für die ganze Menschheit! Es ist uns, als hätten wir eine neue Feder auf unserem Hut und als hätten wir sie billig erworben.

Wie viele von denen, die heute mitjubeln, sind wohl damals dabei gewesen, als es die Ausrüstung des Unternehmens galt, als es am Allernotwendigsten fehlte, als Zusammenschluß und Unterstützung am dringendsten und notwendigsten waren? Sind die Leute da Sturm gelaufen, um mit dabei zu sein? O nein, da stand der Leiter der Forschungsreise meist allein, allzu oft mußte er erfahren, daß die größten Schwierigkeiten daheim überwunden werden müssen, ehe das Schiff den Anker lichtet. Wie es einst Kolumbus erging, so erging es seitdem unzähligen anderen.

Und so ist es auch Roald Amundsen ergangen – nicht nur das letztemal, als er mit der »Gjöa« auszog, um Forschungen am magnetischen Nordpol anzustellen und durch die nordwestliche Durchfahrt zu segeln, sondern auch diesmal, als er im Jahre 1910 mit der »Fram« zum Fjord hinauszog, zur Fahrt quer über das Nordpolarmeer. Was hat dieser Mann an Sorgen und Schwierigkeiten durchgemacht, die ihm hätten erspart werden können, wenn bei denen, in deren Hand es lag, sie ihm zu erleichtern, das Verständnis größer gewesen wäre! Und Amundsen hatte doch schon bewiesen, daß er aus dem richtigen Holz geschnitzt ist: Die beiden großen Aufgaben seiner Fahrt auf der »Gjöa« waren ja gelöst worden. Immer hat er das Ziel erreicht, das er sich gesteckt hatte, er, der mit seiner kleinen Jacht durch das ganze Eismeer nördlich von Amerika fuhr, auf dem Weg, der seit vierhundert Jahren vergeblich gesucht worden war. Er setzte sein Leben und seine Fähigkeiten ein – was wäre natürlicher gewesen, als daß wir es uns zur Ehre gerechnet hätten, einen solchen Mann zu unterstützen?

Aber was hat er erleben müssen?

Lange plagte er sich, nur um die Ausrüstung aufzubringen, immer waren die Geldmittel knapp, und gering war und blieb das Interesse für ihn und sein Unternehmen bei allen – die wenigen ausgenommen, die ihm von jeher nach besten Kräften geholfen hatten. Er selbst opferte alles, was er auf dieser Welt besaß. Aber gerade wie das letztemal mußte er auch bei dieser Fahrt mit Sorgen und Schulden beladen seine Heimat verlassen, und ebenso wie damals zog er in einer Sommernacht in aller Stille in die weite Ferne.

Es ging dem Herbst zu, da traf eines Tages ein Brief von ihm ein: Um sich das Geld zu verschaffen, das er daheim zu einer Nordpolfahrt nicht hatte bekommen können, wollte er nun zuerst nach dem Südpol! Die Leute waren starr – sie wußten nicht, was sie sagen sollten. Nach dem Nordpol über den Südpol zu reisen! Dem Plan etwas so Großes und Neues hinzufügen, ohne erst um Erlaubnis zu fragen – das war unerhört! Einige fanden es großartig, anderen kam die Sache zweifelhaft vor, viele schrien, es sei ungehörig, pflichtvergessen – ja, verschiedene wollten sogar, er solle zurückgehalten werden. Aber keine von diesen Äußerungen erreichte ihn. Er hatte seinen Kurs eingeschlagen, er selbst hatte ihn bestimmt, ohne einen Blick zurückzuwerfen.

Dann wurde die Sache allmählich vergessen, jeder dachte wieder nur an seine eigenen Angelegenheiten. Nebel herrschte; Nebel tagaus tagein, Woche um Woche, der kleinen Menschen so wohltuende Nebel, in dem alles verschwindet, was groß und hervorragend ist. Da – ganz unerwartet dringt die helle Frühlingssonne durch die Nebelschicht!

Eine neue Botschaft ist da! Die Leute waren wieder starr – sie sehen in die Höhe: Hoch über ihnen glänzt eine Tat, ein Mann – Jubel erfüllt die Herzen; die Augen leuchten mit den Fahnen um die Wette.

Warum? Wegen der großen geographischen Entdekkungen? Wegen der wichtigen wissenschaftlichen Ausbeute? Ach nein – das kommt erst später und dringt nur zu den wenigen Sachkundigen! Aber das war es, was alle begriffen: Menschengeist und Menschenkraft hatten über Naturgewalt und Naturkräfte gesiegt – dies hebt die Menschen heraus, empor über das Grau des Alltags –, es ist ein Ausblick auf schimmernde Fernen mit himmelhohen Bergen, die sich von einem frostblauen Himmel abheben, auf gletscherbedecktes Land von unermeßlicher Ausdehnung, ein Märchen aus längst entschwundenen Eiszeiten, der Sieg der Lebendigen über das erstarrte Reich des Todes. Von eisernem, zielbewußtem Manneswillen tönt es – durch erstarrende Kälte, durch Schneestürme und Tod hindurch!

Denn diesen Sieg verdankt man nicht den großen Erfindungen der Gegenwart und den vielen neuen Hilfsmitteln auf allen Gebieten; die Mittel sind uralt, es sind dieselben, die der Nomade schon vor Tausenden von Jahren kannte, als er über Sibiriens und Nordeuropas Schneefelder dahinjagte. Aber alles, das Große und das Kleine, war bis in alle Einzelheiten durchdacht – und der Plan wurde glänzend durchgeführt. Auf den Mann kommt es an; hier wie überall.

Wie alles Große sieht das Vollendete ganz einfach und selbstverständlich aus; man meint: Natürlich, so hat es sein müssen!

Wenn ich von den Entdeckungen der Vorgänger absehe – die selbstverständlich eine notwendige Bedingung zum Erfolg waren –, so erscheint sowohl der Plan als die Ausführung wie eine reife Frucht norwegischen Lebens und norwegischer Erfahrung aus alter und neuer Zeit. Es ist das tägliche Winterleben der Norweger in Schnee und Kälte, unserer Bauern beständiger Gebrauch von Schneeschuhen und Schlitten auf den Bergen und im Walde, unserer Seeleute ergiebige Walfischjagd im Eismeer, unserer Entdecker Reisen in den Polargegenden – dies alles, verbunden mit der Verwendung von Hunden als Zugtiere, ist dem Plan zugrunde gelegt worden und hat dessen Ausführung möglich gemacht – als der rechte Mann kam.

Deshalb – wenn der rechte Mann erst kommt, geht es durch alle Schwierigkeiten hindurch, als seien gar keine vorhanden, jede einzelne ist vorausgesehen und im Geiste schon vorher erlebt worden. Darum komme keiner daher und rede von Glück und günstigem Zufall! Amundsens Glück ist das Glück des Starken, der weisen Voraussicht.

Wie sehr entspricht doch das Telegramm, das er heimgeschickt hat, ihm selbst und der ganzen Fahrt! So einfach und schlicht ist es, als handle es sich um einen Osterausflug ins Gebirge. Er spricht von dem, was erreicht ist, nicht von denen, die sich abgemüht haben. Jedes Wort ist mannhaft! So mußte der rechte Mann sein: ruhig und stark.

Noch ist es zu früh, die Tragweite der neuen Entdeckungen messen zu wollen. Aber schon das Telegramm hat den Nebel so weit gelichtet, daß die Umrisse Form annehmen. Sie tauchen schon auf aus dem Nebelheim, diesem Märchenland des Eises, das so ganz verschieden von allen anderen Ländern ist.

In dieser merkwürdigen Eiswelt hat Amundsen seinen eigenen Weg gefunden; von Anfang bis zu Ende sind er und seine Reisegenossen durch ganz unbekannte Landstrecken auf ihren Schneeschuhen gefahren; es gibt in der Weltgeschichte nicht viele Entdeckungsreisen, auf denen eine so lange noch nie betretene, von keinem menschlichen Auge je gesehene Strecke von Menschenfüßen zurückgelegt worden ist. Die Leute hielten es für selbstverständlich, daß Amundsen nach dem von Shackleton entdeckten Beardmore-Gletscher steuern werde, um auf diesem Wege die hohen Schneegefilde in der Nähe des Pols zu erreichen; denn dort konnte er ja sicher sein, vorwärts zu gelangen. Wir aber, die Amundsen kannten, dachten, es sähe ihm ähnlich, sich gerade von da wegzuwenden, wo andere Leute schon gegangen waren. Und glücklicherweise behielten wir recht. Auf der Hinreise zum Pol fällt Amundsens Weg an keiner einzigen Stelle mit dem englischen zusammen.

Dies ist ein großer Gewinn für die Forschung. Wenn in einem Jahr Kapitän Scott mit allen seinen Entdeckungen und Beobachtungen von der anderen Strecke wohlbehalten zurückkehrt, werden Amundsens Ergebnisse sehr im Wert steigen, weil die Verhältnisse dann von zwei Seiten beleuchtet werden. Gerade der gleichzeitige Vorstoß gegen den Pol von verschiedenen Ausgangspunkten aus war das Günstigste, was der Wissenschaft widerfahren konnte. Das durchforschte Gebiet wird dadurch so viel größer, der

Entdeckungen sind es viel mehr, und die Bedeutung der Beobachtungen ist dadurch oft ums Doppelte, ja ums Vielfache größer.

Nehmen wir z. B. die meteorologischen Verhältnisse: Eine Reihe fortlaufender Beobachtungen an einem Ort hat gewiß ihren Wert; wird sie aber gleichzeitig durch die Beobachtungsreihe eines anderen Ortes derselben Gegend ergänzt, so steigt ihr Wert bedeutend, und unsere Kenntnisse der atmosphärischen Bewegungen erweitern sich ungemein. Ebenso ist es bei anderen Untersuchungen. Scotts Reise wird sicherlich auf vielen Gebieten eine reiche und wichtige Ausbeute bringen; aber auch der Wert seiner Beobachtungen wird durch die Zusammenstellung mit denen von Amundsen noch vermehrt werden.

Einen wichtigen Anhang zu Amundsens Polarfahrt bildet die Schlittenreise des Leutnant Prestrud und seiner beiden Gefährten, die diese in östlicher Richtung nach dem im Jahre 1902 von Scott entdeckten unbekannten Edward VII.-Land machten. Es sieht fast aus, als hinge dieses Land mit den Ländermassen und mächtigen Gebirgsketten zusammen, die Amundsen in der Nähe des Pols fand; und schon sehen wir neue Probleme aufdämmern.

Aber nicht allein die Reisen über Eisfelder und Hochgebirge sind meisterhaft durchgeführt worden, unser Dank gebührt auch Kapitän Nilsen und seinen wackeren Leuten; sie haben die »Fram« zweimal durch diese südlichen mit Eis erfüllten Fahrwasser geführt, die verschiedene Sachkundige für so gefährlich hielten, daß die »Fram« unmöglich hindurchkommen könnte. Und beide Male wurde die Fahrt mit einer Schnelligkeit und Sicherheit ausgeführt, wie wenn das Schiff eine stehende Straße zurückgelegt hätte. Der Baumeister der »Fram«, der prächtige Colin Archer, kann mit Fug und Recht stolz darauf sein, wie sein »Kind« auch diese Aufgabe gelöst hat – dieses Schiff, das am weitesten nord- und am weitesten südwärts auf unserer Erde vorgedrungen ist. Aber Kapitän Nilsen und seine Leute an Bord der »Fram« haben noch mehr getan, sie haben eine Forschungsreise ausgeführt, die in Beziehung auf wissenschaftlichen Wert allem gleichgestellt werden kann, was ihre Gefährten in der unbekannten Eiswelt erreicht haben – obgleich die meisten Leute wohl nicht imstande sind, das einzusehen. Während Amundsen und seine Genossen den Winter im Süden verbrachten, hat Nilsen mit der »Fram« das Meer zwischen Südamerika und Afrika erforscht. Nicht weniger als sechzigmal haben sie angehalten, um in diesem wenig bekannten Meeresgebiet in einer Tiefe von 1000 und mehr Metern Temperaturmessungen, Wasser- und Planktonproben aufzunehmen. So haben sie gewissermaßen die beiden ersten Querschnitte durch den südatlantischen Ozean gemacht und dadurch der menschlichen Wissenschaft neue Gebiete der unbekannten Meerestiefe erschlossen. Diese durch Lotungen erhaltenen Aufnahmen sind die vollständigsten und längsten, die von irgendeinem Teile des Weltmeeres bekannt sind.

Wäre es unnatürlich, wenn die, die sich so sehr abgemüht und so viel erreicht haben, nun heimkehrten, um auszuruhen? O nein; aber Amundsen denkt an Größeres. Zunächst ist dies getan, nun gilt es das eigentliche Ziel zu erreichen. Im nächsten Jahre geht es durch die Beringstraße nordwärts in Eis, Kälte und Dunkelheit hinein, quer über das Nordpolarmeer. Die Reise soll fünf Jahre dauern. Das erscheint fast übermenschlich, aber Amundsen ist auch dazu der rechte Mann. Die Hauptforschungsreise, die er jetzt unternehmen will, wird er gerade so sicher durchführen wie die, von der er eben heimkehrt.

Aber während wir hierauf warten, wollen wir uns einstweilen über das freuen, was erreicht ist. Wir wollen den schmalen Schlittenspuren folgen, die die kleinen schwarzen Punkte – Hunde und Männer – über die endlose weiße Fläche dort im fernen Süden wie einen Schienenstrang mitten ins Herz des Unbekannten hinein gezogen haben. Der Wind jagt mit rastlosem Sausen über diese durch die Schneewüste führenden Spuren hin – bald werden sie ausgelöscht sein.

Aber der Schienenstrang der Wissenschaft ist gelegt, unser Wissen ist bereichert worden.

Und die Tat leuchtet hell für alle Zeiten.

Lysaker, 3. Mai 1912. *Fridtjof Nansen.*

Die Geschichte der Südpolarforschung

Das Leben ist ein Spielball
Geworfen vom Zufall

Am 15. Dezember 1911 standen fünf Mann auf dem südlichen Ende unserer Erdachse, pflanzten die norwegische Flagge auf, und gaben dem dortigen Gebiet den Namen des Mannes, für den sie alle mit Freuden Leib und Leben opfern würden, nämlich König-Haakon-VII.-Land. Nun war also der Schleier für immer gelüftet, und eines der größten Geheimnisse des Erdballs hatte aufgehört zu bestehen.

Und weil ich einer von den fünfen war, die an jenem Dezembertag an dieser Enthüllung teilnahmen, ist es mir zugefallen, die Geschichte des Südpols zu schreiben.

Die Südpolarforschung ist schon sehr alt. Schon ehe unser Begriff von dem Aussehen des Erdballs feste Form angenommen hatte, war mit den Reisen nach südlichen Gegenden begonnen worden. Wohl gelangten nur wenige von den Forschern jener fernen Zeiten bis zu dem Gebiet, das wir jetzt als das antarktische bezeichnen, aber die Absicht und die Möglichkeit der Ausführung waren doch vorhanden und berechtigen zu dem Ausdruck Südpolarforschung. Die treibende Kraft bei diesen Unternehmungen war – wie auch sonst so oft – die Hoffnung auf Gewinn. Herrschsüchtige Persönlichkeiten sahen ihre Besitztümer im Geist vergrößert. Geldgierige Männer träumten von ungeahnten Mengen des verlockenden Metalls. Begeisterte Missionare jubelten laut im Gedanken an die vielen verlorenen Schafe. Den bescheideneren Schluß machte die wissenschaftlich gebildete Welt. Aber – alle haben ihren Anteil erhalten: Politik, Handel, Religion und Wissenschaft.

Zu den ersten Forschern rechne ich die vielen Reisenden, die ohne einen sicheren Begriff von dem Aussehen und den Verhältnissen unserer südlichen Halbkugel den Kurs gen Süden lenkten – komme, was da kommen mochte! Mit diesen werde ich mich nur flüchtig beschäftigen, um der anderen Gruppe um so mehr Platz einräumen zu können, nämlich den eigentlichen antarktischen Reisenden, die, mit dem Aussehen des Erdballs vertraut, ihren Kurs über das große Weltmeer nahmen und südwärts fuhren, um das antarktische Ungeheuer – falls es das Glück wollte – mitten ins Herz zu treffen.

Mit Dank und Bewunderung wird man sich immer jener ersten Seefahrer erinnern, die mit ihren bescheidenen Seglern in Sturm und Nebel hineinsteuerten und unsere Kenntnis über die Eisländer im Süden erweiterten. Es waren mutige Männer!

Der Anfang war sehr bescheiden, aber allmählich wurde doch viel gewonnen. Eine Länderstrecke nach der anderen wurde entdeckt und der menschlichen Macht unterworfen. – Die Kenntnis von dem Aussehen unseres Erdballs wurde immer größer und nahm festere Formen an, und wir sind diesen ersten Entdeckern für alle Zeiten großen Dank schuldig.

Heinrich, Prinz von Portugal, verdient in erster Linie als Bahnbrecher auf dem Gebiet der allerersten Polarforschung genannt zu werden. Ein ums andere Mal hatte er seine gutgeschulten tüchtigen Seeleute auf Entdeckungsreisen ausgeschickt. Seiner unermüdlichen Arbeit verdankt man die erste Kreuzung des Äquators. Diese fand ungefähr ums Jahr 1470 – zehn Jahre nach seinem Tode – statt.

Durch Bartolomäus Diaz kam die Welt in der Kenntnis der südlichen Gegenden um einen großen Schritt vorwärts. Er fuhr im Jahr 1487 von Lissabon ab und erreichte die Algoa-Bai in Südafrika. Zweifellos kam dieser furchtlose Seemann auf seiner Reise über den 40.° s. Br. hinaus – das war ein tüchtiger Sprung in der Richtung der antarktischen Gegenden.

Vasco da Gamas Reise im Jahr 1497 ist zu bekannt, als daß sie weiterer Erwähnung bedürfte.

Dann begegnen wir dem größten Seehelden der alten Zeit, Ferdinand Magellan. Er war von Geburt ein Portugiese, machte seine Reisen aber in spanischen Diensten. Im Jahre 1519 zog er aus. Ihm verdanken wir die Entdekkung der ersten Verbindung zwischen dem Atlantischen und dem Stillen Ozean, der Magellanstraße. So weit südwärts war bis dahin keiner gedrungen – bis ungefähr 52° s. Br. Mit einem seiner Fahrzeuge, der »Viktoria«, gelang es ihm, die erste Weltumsegelung zu vollführen und damit festzustellen, daß die Erde wirklich rund ist. Von dieser Zeit an nahm der Gedanke an die antarktischen Gegenden feste Form an. Etwas mußte sich im Süden finden; ob Land oder Wasser, sollte die Zukunft entscheiden.

Im Jahr 1578 stoßen wir zum erstenmal auf den berühmten englischen Seemann Sir Francis Drake. Obgleich man ihn zu den Seeräubern rechnet, müssen wir ihm für geographische Entdeckungen, die er gemacht hat, doch ein klein bißchen Ehre zuerkennen. Er drang am weitesten gegen Süden vor, erreicht den 57.° s. Br. und bewies, daß Feuerland eine bedeutende Inselgruppe und nicht, wie so viele meinten, ein Teil des großen antarktischen Festlands ist.

Im Jahr 1599 wurde die erste wirkliche antarktische Fahrt Tatsache; aber durch einen reinen Zufall. Der Holländer Dirk Gerritsz wollte durch die Magellanstraße einen Plünderungszug nach Indien unternehmen. Nachdem er die Meerenge durchfahren hatte, wurde er auf 50° s. Br. im Stillen Ozean von einem langandauernden Sturm überfallen und befand sich, er wußte nicht wie, plötzlich auf 64° s. Br. unter einem hohen schneebedeckten Land. Man hat angenommen, daß es Süd-Shetland war. Allerlei widersprechende Berichte von dieser Fahrt haben indes das ganze Unternehmen in ein unsicheres Licht gestellt.

Die Seeleute hatten zu jener Zeit so mangelhafte Hilfsmittel zur Bestimmung der Länge und Breite, daß in Beziehung auf die Lage der von ihnen entdeckten Länderstrecken große Unsicherheit herrscht.

Der englische Astronom Halley unternahm im Jahre 1699 die erste wirklich wissenschaftliche Reise nach dem Süden. Aber von tatsächlicher Bedeutung für die Kenntnis der antarktischen Gegenden wurde auch sie nicht.

Der Franzose Bouvet – 1738 – war der erste, der eine größere Strecke längs des südlichen Packeises fuhr. Er brachte uns die erste Meldung von einem gewaltigen, oben flachen antarktischen Eisgebirge.

Im Jahr 1756 kehrte das spanische Kauffahrteischiff »Leon« zurück und berichtete von einem schneebedeckten Land auf 55° s. Br. ostwärts von Kap Hoorn. Wahrscheinlich ist dies das Land, das wir jetzt unter dem Namen Süd-Georgien kennen.

Der Franzose Marion-Dufresne entdeckte im Jahr 1772 die Marion- und die Crozet-Inseln.

Im selben Jahre erreichte Joseph de Kerguelen-Cremarec, auch ein Franzose, die Kerguelen.

Hiermit schließt die Reihe der Forschungsreisen, die ich unter die erste Gruppe rechnen möchte. Die »Antarktika« selbst, oder der sechste Weltteil, lag noch immer unberührt und unbetreten in der Ferne. Aber menschlicher Mut und Scharfsinn waren nun in voller Tätigkeit, den Schleier zu lüften und die vielen Geheimnisse zu enthüllen, die innerhalb des südlichen Polarkreises verborgen lagen.

Kapitän James Cook, einer der kühnsten und tüchtigsten Seefahrer, die die Welt kennt, eröffnet die Reihe der eigentlichen antarktischen Forscher. Die britische Admiralität schickte ihn mit dem Befehl aus, »das große südliche Festland zu entdecken oder zu beweisen, daß keines da sei«. Cooks Ausrüstung war für die damalige Zeit ausgezeichnet. Seine beiden Fahrzeuge »Resolution« und »Adventure« waren besonders stark gebaute Schiffe. Da Cook damals schon viel Erfahrung hatte, war er bei der Ausrüstung immer darauf bedacht, nur solche Lebensmittel mitzunehmen, die seiner Ansicht nach am besten geeignet waren, die unheimliche Krankheit, die von jeher der schlimmste Feind der Polarfahrer gewesen ist, den Skorbut, wenn auch nicht ganz auszuschalten, so doch möglichst einzuschränken. In allem zeigte Cook bei der Ausrüstung seiner Schiffe so viel Sorgfalt und Umsicht, daß man gleich die Überzeugung bekam, daß hier der rechte Mann für das schwierige Unternehmen gefunden worden war.

Die Schiffe verließen Plymouth am 13. Juli 1722. Nach einem kurzen Aufenthalt auf Madeira erreichten sie am

30. Oktober Kapstadt, wo Cook die Nachricht von der Entdeckung der Kerguelen, der Marion- und der Crozet-Inseln erhielt. Er verließ Kapstadt wieder am 22. November und traf am 10. Dezember in 50°40′ s. Br. und 20° ö. L. auf das erste Eis in Form eines ungeheuren Eisbergs – einer richtigen Eisinsel. Die Zahl der Eisberge nahm am nächsten Tage zu, die See ging sehr hoch, und ein von dichtem Nebel begleiteter Sturm machte die Fahrt höchst unbehaglich. An demselben Tag passierten sie die Breite, wo Bouvet Land gesehen zu haben meinte. Aber sie begegneten nur Treibeis und Eisbergen. Später erreichten sie indes auf 59° s. Br. eine östliche Länge von 10°, und da dieser Punkt 500 km von der Stelle entfernt ist, wo Bouvet Land gesehen zu haben meinte, stellte Cook damit fest, daß das in Frage stehende Land – wenn es vorhanden war – jedenfalls nicht mit dem großen südlichen Erdteil zusammenhing.

Am 17. Januar 1773 wurde zum erstenmal der südliche Polarkreis überschritten; das ist ein großer Merktag in der Geschichte der antarktischen Forschung.

Cook hatte nun alle früheren Forschungsreisenden weit überholt, aber sein Versuch, noch weiter südlich vorzudringen, wurde durch eine ständig zunehmende Menge Eisberge und durch zusammenhängendes festes Packeis vereitelt. Auf 67°15′ s. Br. und 39°35′ ö. L. wurde deshalb der Kurs gegen Norden gerichtet. Die Jahreszeit war aber schon so weit vorgeschritten, daß der Gedanke an ein weiteres Vordringen aufgegeben werden mußte. Der Kurs wurde indes auf die neuentdeckten Kerguelen, Marion- und die Crozet-Inseln zur Untersuchung der in diesen Gegenden herrschenden Verhältnisse gehalten. Es gelang Cook – wieder durch eine Wendung nach Süden –, in gerader Richtung auf 62° s. Br. und 95° ö. L. (24. Februar 1773) zu beweisen, daß diese Inseln nichts mit dem großen südlichen Festland zu tun hatten.

Von da fuhr er den 60. Breitengrad entlang bis 147° ö. L. (16. März 1773). Nun aber war er ernstlich gezwungen, den Kiel gegen Norden zu wenden. Am 26. März kamen seine Schiffe nach Neuseeland. Am 3. November richtete Cook seinen Kurs wieder südwärts. Der 60.° s. Br. wurde auf 177° w. L. gekreuzt, von da auf

62° s. Br. in südöstlicher Richtung weitergesteuert, am 12. Dezember das erste Eis angetroffen und am 20. Dezember auf 147°30′ w. L. der Polarkreis überschritten. Nach dreitägiger Fahrt innerhalb des Polarkreises steuerten sie gegen Osten, erreichten am 22. Dezember 67°31′ s. Br. und wurden nun, weil das Wetter zu schlecht und die Anstrengungen zu groß waren, gezwungen, sich wieder gegen Norden zu wenden. Das Schiff hatte am 9. Januar 1774 47°50′ s. Br. und 123° w. L. erreicht. Auf dieser Strecke gelang es Cook, nachzuweisen, daß zwischen Neuseeland oder Kap Hoorn und der Antarktika keine Verbindung war.

Am 30. desselben Monats erreichte Cook seine höchste Breite; 71°10′ s. Br. auf 106°54′ w. L. Eine fest zusammenhängende Masse Treibeis mit dicken gewaltigen Eisbergen dazwischen verbot jeden Versuch eines weiteren Vordringens gegen Süden. Von da aus wurde gegen Osten und Norden gesteuert. Südlich von Afrika kreuzten sie ihren ersten Weg, und die südliche Erdumsegelung war ausgeführt. Cook hat also bewiesen, daß sich zwischen dem südlichst entdeckten Land – es konnten auch Inseln sein – und der großen geheimnisvollen Antarktika keine Verbindung befindet. Eine großartige Seemannstat war ausgeführt, und mit Recht nennt man Cook den größten Seefahrer seines Jahrhunderts.

Cooks Reisen hatten nicht nur reiche wissenschaftliche Ergebnisse gebracht, sondern sie waren auch wirtschaftlich betrachtet von großer Bedeutung. Seine Erzählung von der ungeheuren Menge Seehunde rings um Süd-Georgien gab den Anstoß zur Aussendung einer großen Zahl englischer Seehundjäger. Im Jahr 1791 befanden sich rings um diese Inselgruppe 102 Schiffe von durchschnittlich 200 Tonnen und einer Gesamtbesatzung von ungefähr 3000 Mann, und der Wert des Fangs betrug in diesem Jahr über viereinhalb Millionen Mark.

Die nächste wissenschaftliche Forschungsreise in das antarktische Gebiet, die es wohl wert ist, genannt zu werden, ist das russische Unternehmen von Kapitän Fabian Gottlieb von Bellingshausen. Diese Forschungsreise wurde vom Zaren Alexander I. befohlen. Die dabei verwendeten Schiffe waren die Korvette »Wostok« – Bellingshausens Schiff – und die »Mirni« von 530 Tonnen, die von Leutnant Lazareff geführt wurde. Das erste hatte 177, das zweite 72 Mann Besatzung. Die Ausrüstung und die Versorgung mit Lebensmitteln waren mit aller Sorgfalt vorgenommen worden. Die Schiffe fuhren am 15. Juli 1819 von Kronstadt ab; am 27. Dezember wurde Süd-Georgien gesichtet; der 60. Breitengrad wurde auf 8° w. L. erreicht. Kein anderes Schiff war je vorher bis in diese Gegenden gedrungen. Am 26. Januar 1820 wurde der Polarkreis überschritten, und am nächsten Tag erreichten sie 69°21′ s. Br. Dichtes Packeis verhinderte das weitere Vordringen gegen Süden. – Nachdem sie ostwärts, dem Packeis entlangfahrend, an mehreren Stellen in dieses eingedrungen waren, hielten sie den Kurs auf Sydney, wo sie am 29. März 1820 eintrafen. Am 11. November brachen die Schiffe von Sydney wieder auf und erreichten, nach Süden steuernd, am 7. Dezember 60° s. Br. auf 163° ö. L. Etwas über zwei Monate verblieben sie südlich von dieser Breite und legten eine Entfernung von 145 Längengraden zurück. Am 1. Januar 1821 erreichten sie den südlichsten Punkt dieser Reise auf 69°52′ s. Br. und 92°10′ w. L. – Auf 69° s. Br. und 90° w. L. wurde das erste Land südlich vom Polarkreis entdeckt, die Peter I.-Insel. – Auf 68°43′ s. Br. und 73°10′ w. L. entdeckten sie Alexander I.-Land. Am 11. Februar war die Weltumseglung auf dieser hohen südlichen Breite vollendet, und mit Recht wird Kapitän Fabian Gottlieb von Bellingshausen unter die größten antarktischen Forscher gerechnet.

Der nächste Stern am antarktischen Himmel ist der Engländer Kapitän James Weddell. Seine erste Reise unternahm er von Leith aus auf dem Seehundfänger »Jane«, ein Schiff von 160 Tonnen. Süd-Shetland wurde genau untersucht und aufgenommen. Er gilt auch als Entdecker der Orkney-Inseln.

Auf seiner nächsten Reise hatte er zwei Schiffe. Er selbst führte den Befehl über das schon auf der ersten Fahrt benutzte Schiff »Jane«, während der Nächstkommandierende, Matthäus Brisbane, den Kutter »Beaufoy«, ein Schiff von 65 Tonnen, führte. Am 17. September 1822 wurde die Seereise von England aus angetreten, und am

Weddells »Jane« und »Beaufoy«

12. Januar 1823 kamen die Süd-Orkneyinseln in Sicht, auf deren genauere Untersuchung einige Zeit verwendet wurde, am 22. Januar richteten dann beide Schiffe ihren Kurs nach Süden und erreichten am 27. Januar 64°58′ s. Br. auf 39°40′ w. L. – Am 4. Februar, als sie 200 km von der Sandwich-Inselgruppe entfernt waren, entschloß sich Weddell, so weit wie möglich nach Süden vorzudringen. Am 20. Februar 1823 erreichte er die höchste südliche Breite 74°15′; die frühere höchste Leistung Cooks mit 71°10′ war also glänzend überholt.

Dann kommen wir zu dem berühmten französischen Seemann Admiral Jules Sébastien Dumont d'Urville. Er verließ Toulon am 7. September 1837 mit den Schiffen »Astrolabe« und »Zélée«. Sie liefen zuerst die Magellanstraße an, wo eine Menge wissenschaftlicher Arbeiten ausgeführt wurden. Im Januar 1838 steuerten sie nach Süden, um in denselben Gegenden, wo Weddell gearbeitet hatte, näher zum Pol vorzudringen, als es bisher irgendeiner Nation gelungen war. – Das Louis-Philippe-Land wurde am 27. Februar 1838 entdeckt und benannt, desgleichen die Joinville-Inseln. Viel mehr wurde in diesem Jahr nicht ausgeführt.

Anfang 1840 begegnen wir diesen zwei Schiffen wieder in den antarktischen Gewässern. Sie verließen Hobart am 1. Januar und fuhren in südöstlicher Richtung mit dem magnetischen Null-Meridian als Ziel. Die Hauptaufgabe der Forschungsreise war, nach Aussage der Führer, die Untersuchung der magnetischen Verhältnisse in der Nähe des magnetischen Südpols. Am 2. Januar wurde auf 66°30′ s. Br. und 138°21′ ö. L. Land entdeckt. Mit Ausnahme von einigen wenigen kahl daliegenden Inseln war es vollständig mit Schnee bedeckt. Es erhielt den Namen Adélie-Land und ein Teil der westlich davon liegenden Eiswand den Namen Clarie-Küste. Es ist indes keine Sicherheit vorhanden, daß »Clarie-Küste« festes Land ist.

Dann taucht wie ein leuchtender Stern der Mann auf, der stets unter die kühnsten Polarforscher und tüchtigsten Seeleute, die die Welt je hervorgebracht hat, gezählt werden wird, Admiral Sir James Clark Roß. Da dieser Seefahrer viel mehr als irgendein anderer den Weg zum Südpol eröffnet hat, finde ich es richtig, ihm eine eingehendere Besprechung zu widmen als irgendeinem der vorhergehenden Forscher.

Roß wurde am 15. April 1800 zu London geboren. Sein Vater George Roß war Kaufmann daselbst. Zwölf Jahre alt, trat James in die Marine ein und diente da bis 1818 unter seinem Onkel Sir John Roß. Im Jahr 1819 begleitete er an Bord der »Hecla« Edward Parry auf dessen berühmter Fahrt zur Auffindung der nordwestlichen Durchfahrt. Acht Jahre lang diente er unter Parrys Kommando und nahm an mehreren arktischen Forschungsreisen teil. Einen tüchtigeren Lehrmeister als Sir Edward Parry hätte Roß nicht bekommen können. 1827 finden wir Roß zum Commander befördert. 1829 begleitete er seinen Onkel John Roß nach dem Norden, um die nordwestliche Durchfahrt zu finden. Auf dieser Reise gelang es ihm, am 1. Juni 1831 den magnetischen Nordpol zu erreichen und dessen Lage festzustellen. 1834 wurde er zum Kapitän befördert.

Im Jahr 1839 übernahm er den Befehl über eine britische Forschungsunternehmung in die Antarktis. Er selbst führte die »Erebus«, während sein alter Schiffskamerad Francis Crozier den Befehl auf der »Terror« erhielt.

Die »Erebus« war 370 Tonnen groß und ursprünglich dazu bestimmt, Bomben in weite Entfernungen zu schießen. Sie war deshalb außerordentlich stark gebaut. Die »Terror« mit 340 Tonnen war vorher im arktischen Fahrwasser verwendet und aus diesem Grund früher schon verstärkt worden. Alle nur möglichen Vorsichtsmaßregeln wurden bei der Versorgung der Schiffe mit Lebensmitteln beobachtet. Roß hatte mehr als einmal im Kampf mit dem Skorbut gestanden und wußte wohl, welch schrecklicher Feind er war. Alle in Dosen verlöteten Lebensmittel wurden einer gründlichen Untersuchung unterworfen, ehe sie für gut befunden wurden. Eine große Menge Gemüse wurde mitgeführt. Die persönliche Ausrüstung der Leute war die beste, die aufzutreiben war. Dem einzelnen wurde nicht überlassen, sich selbst seine Ausrüstung zu wählen, alles wurde untersucht und von dem Führer selbst bestellt, so daß er genau wußte, was er an Bord hatte. Jedes Schiff hatte eine 64 Mann starke Besatzung, außerdem einen Stab der angesehensten Fachgelehrten.

Nachdem die »Erebus« und die »Terror« am 30. September abgesegelt waren, verloren sie einander schon nach wenigen Tagen in einem Sturm. Die »Erebus« traf am 20. Oktober vor Madeira ein und vier Tage später auch die »Terror«. Am 13. November erreichten beide Schiffe die Kapverdischen Inseln, wo eine Woche auf magnetische Beobachtungen verwendet wurde. Danach wurden Landungen auf St. Paul und Süd-Trinidad vorgenommen. Auf dem ganzen Wege wurden Lotungen und Untersuchungen des Meerwassers gemacht. Am 31. Januar 1840 ankerten beide Schiffe auf der Reede von St. Helena.

Auf dem Wege nach dem Süden wurden sie aufs neue getrennt, trafen aber am 14. Mai im Weihnachtshafen auf der Kerguelen-Insel wieder zusammen, wo während der nächsten zwei Monate magnetische Beobachtungen vorgenommen wurden. Am 20. Juli war diese Arbeit vollendet, und die Schiffe verließen ihren Ankerplatz. Doch bald wurden sie durch furchtbare Stürme mit schwerer See voneinander getrennt, und erst am 16. August trafen sie wieder in Hobart zusammen.

Während sich Roß dort aufhielt, bekam er Nachricht von dem, was Dumont d'Urville gerade in den Gegenden, zu deren Erforschung er von der Admiralität ausgeschickt worden war, geleistet hatte. Auf diese Nachrichten hin änderte Roß seinen Plan und beschloß, dem 170.° ö. L. entlang zu fahren, um womöglich den magnetischen Pol zu erreichen.

Hier hatte wieder einmal der Zufall geherrscht. Hätte Roß diese Aufklärungen nicht erhalten, so hätten möglicherweise die epochemachenden geographischen Entdekkungen seiner Fahrt noch viele Jahre auf sich warten lassen.

Am 12. November machten sich die Schiffe auf ihren Weg nach Süden. Bei Auckland wurde haltgemacht und ein magnetisches Beobachtungshaus errichtet. Auch bei der Campell-Insel wurde kurze Zeit angehalten, um wissenschaftliche Untersuchungen vorzunehmen. Am 17. Dezember verließen die Schiffe diese Insel und nahmen den Kurs nach Süden. Dem ersten Eisberg begegneten sie auf 63°20′ s. Br.

Am Silvesterabend tauchte ein langer dünner weißer Streifen am Horizont auf, und bald ward ihnen klar, daß sie das Packeis vor sich hatten. Am Neujahrsfest 1841 wurde der Polarkreis überschritten. Im Gegensatz zu seinen Vorgängern sah Roß im Treibeis nicht einen höchst gefährlichen Feind, zu welcher Ansicht die früheren Unternehmungen bei ihren schwachen, schlechten Schiffen ja kommen mußten. Er hatte zwei starke Schiffe, und so konnte er das Eis als einen achtungswerten Gegner betrachten, mit dem er freudig den Kampf aufnahm. Am 5. Januar ging er zu Werke und drang mit seinen zwei Segelschiffen in das Packeis ein – ein Versuch, den noch keiner gewagt hatte. Nach etwa einer Stunde andauerndem Stoßen und Rammen in dem schweren, dicken Treibeis gelang es ihm, in eine Reihe kleiner offener Stellen, die durch schmale Kanäle verbunden waren, hineinzukommen.

Auf 66°55′ s. Br. und 174°34′ ö. L. war um die Mittagszeit kein offenes Meer mehr zu entdecken. Überall nichts als Eis. Durch lange schmale Kanäle drängte Roß sich hindurch, allerdings nicht ohne viele kräftige und heftige Stöße von dem derben Packeis aushalten zu müssen. Ganze Scharen von Pinguinen begleiteten die Schiffe auf ihrem Wege. Nicht lange danach begann der dunkle Wasserhimmel im Südosten sichtbar zu werden, zugleich aber

»Erebus« und »Terror« im Packeis

verdichtete sich das Eis ringsum, so daß man nur sehr langsam vorwärts kommen konnte. Aber unter Anwendung jeglichen Mittels gelang es ihnen doch, am 9. Januar um 5 Uhr nachmittags in das offene Meer gegen Süden zu gelangen.

Roß hatte damit das Roß-Meer erreicht, und die kühnste Fahrt, die wir in der antarktischen Forschung wohl kennen, war ausgeführt.

Wenige Menschen nur verstehen heutzutage diese Heldentat, diesen glänzenden Beweis echten Mannesmutes und hoher Tatkraft richtig zu schätzen. Mit zwei schwer zu regierenden Schiffen – reine »Kasten« nach unseren Begriffen – fuhren diese Leute mitten ins Herz des Packeises hinein, was alle Polarfahrer bisher für den sicheren Tod erklärt hatten.

Nun wurde der Kurs auf den magnetischen Pol gerichtet, und die Hoffnung, bald dorthin zu gelangen, glühte in aller Herzen. Da – gerade, als sie sich an den Gedanken gewöhnt hatten, vielleicht bis zum magnetischen Pol offenes Meer zu haben – wurde vom Mastkorb gemeldet: »Hohes Land gerade voraus!« Das erste Land, das sie zu Gesicht bekamen, war volle 100 km entfernt, und dies überzeugte sie sogleich, daß sie es mit einem gewaltigen Gebirgsland zu tun hatten. Je näher sie ihm kamen, desto höher wurde es, und allmählich traten die prächtigen

Zacken und Gipfel deutlich hervor. Ein in der neuen Küstenlinie stark hervorspringendes Vorgebirge erhielt den Namen Kap Adare – ein Name, der später in der antarktischen Forschung oft genannt wird.

Welch ein Märchenland muß das für die ersten Reisenden, die es erblickten, gewesen sein! Gewaltige Gebirgsketten, teils schneebedeckt, teils ganz kahl – hoch und gezackt, wild und zerrissen, mit Gipfeln, die eine Höhe von 2000 bis 3000 m erreichten!

Die magnetischen Beobachtungen ergaben, daß der magnetische Pol 900 km entfernt liegen mußte – weit drinnen hinter den schneebedeckten Gebirgskämmen. – Am Morgen des 12. Januar waren die Schiffe ganz dicht bei einer kleinen Insel angekommen: Roß ruderte mit einigen Begleitern hinüber und nahm das Land in Besitz. Die Insel bekam den Namen Possession-Insel. Ihre Lage ist 71°56′ s. Br. und 171°7′ ö. L. Das Hauptland selbst konnten sie wegen des dichten Treibeisgürtels, der längs der Küste lag, nicht erreichen. Ein furchtbarer Sturm zwang sie, wieder das Weite zu suchen. Der hohe Seegang, so unbehaglich er auch war, wurde von den Mitgliedern der Expedition doch mit Freuden begrüßt, denn er war ein Zeichen, daß das Meer offen war und das Vordringen wahrscheinlich leicht sein würde.

Am 14. hatte sich das Wetter so weit aufgehellt, daß sie wieder auf das Land zusteuern konnten. Nun wurde ihnen zum erstenmal ein wunderbarer Anblick zuteil – die mächtige Gebirgskette, die sich südwärts vom Kap Adare mit Gipfeln von 3600 bis 4200 m erstreckt.

Die Schiffe arbeiteten sich beständig weiter nach Süden vor.

Am 28. wurden zum erstenmal die beiden hohen Berggipfel gesehen, die nach den Schiffen »Erebus« und »Terror« genannt wurden. Beide sind Vulkane, ersterer, 3890 m hoch, war gerade in Tätigkeit: Schwarzer mit Flammen vermischter Rauch stieg zum Himmel empor. Dieses lodernde Feuer, mitten in der kalten erstarrten Landschaft, muß ein wunderbar schöner Anblick gewesen sein. Kapitän Scott benannte später die Insel, auf der die Berge Erebus und Terror liegen, dem kühnen Schiffer zu Ehren Roß-Insel.

Die Kante der Eisplatte unter 78° 15′ s. Br.

Groß waren natürlich die Hoffnungen an Bord. Waren sie nun so weit nach Süden gelangt, so gab es wohl keine Grenze mehr für das weitere Vordringen. Aber hier geschah das, was schon so oft vorher geschehen war. Die Erwartungen wurden getäuscht. Frei von der Roß-Insel – und so weit das Auge gen Osten reichte – erstreckte sich eine hohe, undurchdringliche Eismauer*. »Durch diese Eismauer hindurchzudringen war ebenso unmöglich wie durch die Klippen bei Dover hindurchzukommen«, sagt Roß bei ihrer Beschreibung. Alles, was getan werden konnte, war, zu versuchen, darum herumzukommen. Und nun begann die erste Untersuchung der Wand der großen antarktischen Eisplatte, die später den Namen Roß-Platte** erhielt.

Die magnetischen Beobachtungen stellten fest, daß der magnetische Pol im Norden und Westen der großen Wand lag, und die einzige Möglichkeit war nun, dieser zu folgen und zu sehen, ob sie vielleicht weiter ostwärts gegen Süden abbiege und sich dadurch noch einmal die Möglichkeit einer freien Fahrt nach Süden ergebe. Die Schiffe näherten sich der Wand, so weit sie es wagen durften – bis auf 7 bis 9 km –, und fuhren ihr entlang nach Osten. Roß sagt, die Eismauer sei an dieser Stelle 60 bis 90 m hoch gewesen und habe eine vollständig

* Die Hohe Eiswand (Roß-Barre)

** Das Roß-Schelfeis

ebene Oberfläche gehabt. Fünf Tage lang wurde die Fahrt in östlicher Richtung fortgesetzt. An einzelnen Stellen schien die Wand bis auf den Meeresgrund zu reichen. An andern Stellen wieder war sie deutlich schwimmend. Und daher kamen auch die vielen großen Eisberge, die ab und zu vorbeitrieben – schöne Erscheinungen, aber gefährliche Nachbarn.

Am 2. Februar fuhren beide Schiffe dicht an die Wand heran. Sie erreichten ihre höchste Breite auf dieser Fahrt, nämlich 78°4′ s. Br., und waren da längs der Wand 460 km ostwärts gefahren. Den östlichsten Punkt erreichten sie am 5. Februar unter 167° w. L. Jede Bemühung, noch weiter gegen Osten vorzudringen, war vergeblich, und so waren sie gezwungen, zu wenden, um noch einmal zu versuchen, ob es irgendeine Möglichkeit gebe, den magnetischen Pol zu erreichen. Aber sie mußten dies Unternehmen wegen der vorgerückten Jahreszeit bald aufgeben. So wurde nördlicher Kurs genommen, und am 6. April 1841 hatten sie die Freude, wieder in die bekannten tasmanischen Gewässer einzulaufen.

Am 23. November 1841 ist Roß wieder auf der Fahrt nach dem so heiß ersehnten Süden, in der Absicht, jetzt einen Weg zu finden, der von dem östlichsten Punkt der vorhergehenden Reise in östlicher Richtung nach dem Eisrand führte.

Auf 58° s. Br. und 146° w. L. erschien das erste Eis. Nun wurde in gerader Richtung nach Süden gefahren, bis man am 18. Dezember unter 60° s. Br. auf Packeis stieß.

Aber in diesem Jahre war das Vorwärtskommen bei weitem nicht so leicht wie im vorhergehenden. Am Neujahrsfest 1842 überschritten sie den Polarkreis, wurden aber schon am 10. Januar von wilden Stürmen und der sehr heftigen Strömung auf 65°59′ s. Br. zurückgeworfen. Während eines langen unfreiwilligen Aufenthaltes im Treibeis setzte Roß unverdrossen seine wissenschaftlichen Arbeiten fort und benutzte jede Gelegenheit, seine Ausbeute auf diesem Gebiet zu vermehren; ganz besondere Aufmerksamkeit widmete er den magnetischen Untersuchungen.

Endlich, am 26. Januar, nahm das Eistreiben etwas ab,

und die Schiffe konnten bei einer nördlichen Brise den Kurs nach Süden richten. Eine am 28. Januar vorgenommene Beobachtung ergab 67°39′ s. Br. und 155° w. L. Welch eine niederdrückende Nachricht muß das gewesen sein! Nachdem sie sich durch 1500 km Eis hindurchgeschafft hatten, befanden sie sich nur einen halben Grad südwärts von dem Punkt, den Cook, ohne Eis anzutreffen, erreicht hatte.

Roß blieb nichts übrig, als sich in südwestlicher Richtung durchzuzwängen, denn nach dieser Seite glaubte er eine schwache Andeutung von offener See wahrzunehmen.

Am 1. Februar wurde der Wasserhimmel größer und deutlicher, und in dem Augenblick, wo die Nacht hereinbrach, war das offene Roß-Meer erreicht.

Jetzt war es ihre Aufgabe, gegen Süden und Osten vorzudringen, um den Eisrand östlich von der Stelle, wo sie ihn im vorigen Jahre verlassen hatten, wieder zu erreichen.

Am 22. Februar kam bei einer guten nördlichen Brise die Eiskante in Sicht. Sofort wurde nach Osten gehalten, und die Hoffnung, die östlichste Spitze des Eisrands und damit den offenen Weg nach Süden zu erreichen, flammte wieder in den Herzen auf. Aber diese Fahrt war nicht von sehr langer Dauer; altes und junges zu einem undurchdringlichen Ganzen zusammengefrorenes Eis versperrte den Weg vollständig und zwang Roß, endgültig umzukehren.

Hier hat Roß seine höchste Breite, 78°9′30″, und seine größte Länge, 161°27′ w. L., erreicht. Der Eisrand war an dieser Stelle ungefähr 30 m hoch. Er strich nach Nordosten und erreichte an einzelnen Stellen nur 24 m, so daß man da zum ersten Male vom Gipfel des Mastbaums aus gut über den Eisrand hinwegsehen konnte.

Am 17. Dezember 1842 begibt sich Roß auf seine dritte und letzte antarktische Fahrt.

Sein Plan war, dem 55.° w. L. zu folgen, in der Hoffnung, auf eine Fortsetzung von Louis-Philippe-Land zu stoßen; dieser Küste entlang hoffte man auch, eine sehr

Seehundjagd

hohe südliche Breite zu erreichen. Sollte es sich erweisen, daß dieser Weg versperrt war, dann wollte man Weddells Spuren zu folgen versuchen und auf diesem Wege die hohe südliche Breite gewinnen. Auf 61° s. Br. sah man den ersten Eisberg, und am 26. Dezember war das Packeis auf 52° w. L. erreicht; um von hier zwischen das Eis und das Festland hineinzugelangen, wurde die Fahrt in westlicher Richtung fortgesetzt.

Am 28. Dezember kam Joinville-Land in Sicht. Ein Versuch, sich durch das südlich gelegene Eis hindurchzuzwängen, endete damit, daß man auf 65° s. Br. nicht mehr weiter konnte. Ein zweiter Versuch fiel noch unglücklicher aus und brachte das Schiff auf 64° s. Br. zurück. So wurde der Gedanke, einen Weg längs des Joinville-Lands zu finden, aufgegeben und ein anderes Vorgehen beschlossen. Die Schiffe steuerten ostwärts, Weddells Weg wurde am 14. Februar gekreuzt, aber die Verhältnisse waren jetzt ganz andere als damals. Die Eisgrenze lag jetzt auf 65°13′ s. Br., während Weddell 1000 km südlich von dieser Breite keine Spur von Eis angetroffen hatte. Endlich, auf 12° w. L., bog das Eis südwärts ab, und am 1. März wurde der Polarkreis überschritten.

Einige Tage später erreichte Roß die höchste Breite dieser Reise: 71°30′ s. Br. auf 14°51′ w. L. Damit schloß Roß seine Versuche, den Südpol zu erreichen.

Seine Leistungen auf diesem Gebiet sind bewunderungswürdig.

Allerdings lag der Südpol noch immer fern und unerreicht da, aber die Ehre, den Weg zu ihm eröffnet zu haben, gebührt Roß.

Am 2. September 1843 kehrten die Schiffe in die Heimat zurück, und selten oder niemals hat wohl eine antarktische Forschungsreise so viele wertvolle Ergebnisse erzielt.

Ein denkwürdiger Abschnitt in der antarktischen Forschung wurde durch die belgische Forschungsreise an Bord der »Belgica« unter dem Befehl des Kommandanten Adrien de Gerlache eingeleitet, der am 16. August 1897 von der Reede zu Antwerpen aus in See stach.

Der wissenschaftliche Stab dieser Forschungsreise war mit der größten Umsicht gewählt worden, und es war de Gerlache wirklich geglückt, außerordentlich tüchtige Leute zu gewinnen.

Das ursprüngliche Ziel dieser Reise, zum magnetischen Südpol vorzudringen, mußte schon recht bald aus Mangel an Zeit aufgegeben werden, denn ein längerer Aufenthalt in den interessanten Kanälen des Feuerlandes verzögerte die Abfahrt von dort bis zum 13. Januar 1898. An diesem Tag erst verließ die »Belgica« die Staaten-Insel und wandte sich gen Süden.

Von Kap Hoorn bis Süd-Shetland wurde eine Reihe wichtiger Lotungen vorgenommen. Da dieses Fahrwasser bisher ununtersucht war, sind diese Lotungen natürlich von recht großer Bedeutung. Aber die Hauptarbeit in geographischer Richtung wurde an der Nordküste von Graham-Land geleistet.

Ein großer südwestwärts laufender Kanal, der die Brabant-Insel und Antwerpen-Insel vom Hauptland trennt, wurde hier entdeckt. Es ist der Wasserweg, dem später von den belgischen Behörden der Name Gerlache-Straße gegeben wurde. Drei Wochen wurden auf die Kartenlegung und auf wissenschaftliche Beobachtungen verwendet, und eine reiche Ausbeute war der Lohn des unermüdlichen Fleißes.

Am 12. Februar war diese Arbeit vollendet; nun verließ

die »Belgica« die Gerlache-Straße und fuhr längs der Küste von Graham-Land immer weiter südwärts, und zwar zu einem Zeitpunkt, wo alle früheren Forscher es eilig gehabt hatten, den Kiel ihrer Schiffe zu wenden und heimwärts zu steuern.

Am 15. Februar wurde der Polarkreis bei südwestlichem Kurs überschritten, und am nächsten Tag kam Alexander I.-Land in Sicht, dem man aber wegen des undurchdringlichen Packeises nur auf 37 km nahe kam.

Am 28. Februar hatte die »Belgica« 70°20′ s. Br. und 85° w. L. erreicht. Da fuhr ein heftiger Nordwind über das Eis, und unter seinem Brausen öffneten sich große nach Süden laufende Kanäle. Sofort wurde der Kurs auf Süden gehalten, und aufs Geratewohl pflügte man sich einen Weg in das antarktische Treibeis hinein.

Am 3. März befand man sich auf 70°30′ s. Br., aber von da war jedes weitere Vordringen aussichtslos. Ein Versuch, hinauszugelangen, scheiterte; die »Belgica« war wie in einer Falle gefangen, und mußte sich damit abfinden.

Viele Monate in Nacht und Kälte hatte die »Belgica« nun vor sich. Und was mochte dann kommen?

Sofort wurden die Wintervorbereitungen in Angriff genommen. Was nur immer an Seehunden und Pinguinen aufzuspüren war, wurde geschossen und aufgespeichert.

Am 17. Mai verschwand die Sonne und zeigte sich 70 Tage lang nicht mehr, und die erste antarktische Nacht begann. Die »Belgica« war nicht zur Überwinterung ausgestattet, deshalb war es auch mit der persönlichen Ausstattung der Gefährten gleich von Anfang an schlecht bestellt. Sie halfen sich, indem sie sich Kleider aus den Kojendecken nähten; die unglaublichsten Erfindungen, die des Musterschutzes wohl wert gewesen wären, wurden im Laufe des Winters gemacht. Ja, die Not ist die Mutter der Erfindungen!

Am 5. Juni fand eine höchst gefährliche Eispressung statt; aber glücklicherweise schoben sich die ungeheuren Schollen unter das Schiff und hoben es empor, ohne es zu beschädigen. Im übrigen verlief der erste Teil des Winters den Umständen entsprechend gut.

Doch allmählich traten Krankheiten auf, die eine furchtbare Gefahr für die Reisenden bedeuteten – Skorbut und Wahnsinn. Eine von beiden wäre schon vollständig genug gewesen. Ganz besonders griff der Skorbut um sich und richtete solche Verwüstungen an, daß schließlich jeder einzelne Mann an Bord von der entsetzlichen Krankheit stark mitgenommen war.

Am 22. Juli kehrte die Sonne zurück. Die Zeit verging, der Sommer kam heran, mit heißer Sehnsucht wartete man auf eine Veränderung im Eis. Aber aus dem Eis, in das man so leicht hineingeschlüpft war, war nicht ebenso leicht wieder herauszukommen.

Das Neujahrsfest ging vorbei, ohne irgendeine Veränderung im Eis zu bringen. Jetzt wurde die Lage ernstlich gefahrdrohend. Ein weiterer Winter im Eis war gleichbedeutend mit Tod und Untergang.

Der findige Schiffsarzt F. A. Cook schlug vor, einen Kanal auszusägen, um durch diesen in die nächste Wake* zu kommen. Der Vorschlag wurde den Reisegenossen unterbreitet und angenommen, denn der Plan und die Arbeit waren wohl ausgedacht und zurechtgelegt.

Und siehe: Nach dreiwöchentlicher harter Arbeit gelangten sie wirklich bis zur nächsten Wake.

Aber noch immer war die »Belgica« nicht aus dem Eis herausgekommen. Nachdem man sich bis in die Wake hineingearbeitet hatte und noch eine kleine Strecke weiter gefahren war, versperrte undurchdringlich dichtes Packeis jeden Weg in das offene Meer, das von jenseits herüberleuchtete.

Einen ganzen Monat lang lag das Schiff fest. Das unermeßliche Meer wallte auf, hob das schwere Eis hoch in die Höhe und ließ es dann gegen die Schiffswände niedersausen. Eine Hölle auf Erden war dieser Monat für die armen Seefahrer! Wunderbarerweise kam indes die »Belgica« doch unbeschädigt davon, und am 28. März 1899 dampfte sie nach Punta Arenas in die Magellanstraße hinein.

Die moderne wissenschaftliche antarktische Forschung war damit eröffnet, und de Gerlache hat sich für immer einen Platz in der ersten Reihe der antarktischen Forscher erworben.

---

* Öffnung in der Eisdecke

Doch während die »Belgica« sich aufs äußerste abmühte, aus dem Eis herauszukommen, arbeitete ein anderes Schiff ebenso eifrig daran, hineinzugelangen.

Dies war das Schiff »Southern Cross« der englischen Forschungsreise unter der Führung von Carsten Borchgrevink. Sein Arbeitsfeld lag auf der gegenüberliegenden Seite der Erdkugel, denn er folgte den Spuren des berühmten Roß.

Am 11. Februar 1899 fuhr »Southern Cross« auf 70° s. Br. und 174° ö. L. in das Roß-Meer hinein, beinahe 60 Jahre, nachdem Roß es verlassen hatte.

Der Teil der Reisegenossen, der hier zu überwintern gedachte, wurde an Land gesetzt, das Schiff selbst überwinterte in Neuseeland.

Im Januar 1900 wurde die ausgeschiffte Abteilung abgeholt und nun mit dem Schiffe eine Erforschung der Eisplatte vorgenommen. Auf dieser Reise gelang zum erstenmal eine Besteigung der Eisplatte, die seit Roß' Zeiten immer für unersteigbar gegolten hatte. An der Stelle, wo die Landung stattfand, bildete die Eisplatte eine kleine Bucht, und das Eis fiel ziemlich sanft gegen das Meer ab.

Wir müssen anerkennen, daß Borchgrevink durch die Besteigung der Eisplatte einen Weg nach Süden eröffnet und für die nachfolgenden Südpolforscher das größte Hindernis aus dem Wege geräumt hat. Welch ein Schritt vorwärts war zu verzeichnen, als diese Reisenden im März 1900 in die zivilisierte Welt zurückkehrten!

Von nun an schritt die antarktische Forschung rasch vorwärts, und das 20. Jahrhundert wurde durch die glänzend ausgestatteten englischen und deutschen Reisen eingeleitet. Die Forschungsreise mit der »Discovery« wie auch die mit der »Gauß« waren beide staatliche Unternehmungen.

Der Befehl über die »Discovery« war Kapitän Robert F. Scott übertragen, und in bessere Hände hätte er nicht gelegt werden können. Er war wie dazu geboren, ein Schiff zu befehligen, und auch in den verschiedenen Zweigen der Wissenschaft wohl bewandert.

Der erste Offizier war Leutnant Armitage, der schon an

der Jackson-Harmesworthischen Nordpolfahrt teilgenommen hatte.

Die anderen Offiziere waren Royds, Barne und Shackleton.

Am 6. August 1901 verließ das Schiff Cowes.

Der amtliche Auftrag für diese Forschungsreise war, Natur und Ausdehnung des aufzufindenden Südpolarlandes so genau wie möglich festzustellen und zugleich auch magnetische Beobachtungen vorzunehmen. Ob dabei überwintert werden sollte oder nicht, blieb der Entscheidung der Leiter überlassen.

Robert F. Scott

Zum voraus war bestimmt worden, daß im nächsten Jahre ein Entsatzschiff die Reisenden aufsuchen und sich in Verbindung mit ihnen setzen sollte.

Am 1. Januar 1902 traf das Schiff ungefähr auf dem Polarkreis das erste Eis, und nachdem es sich mehrere Tage durch dieses hindurchgearbeitet hatte, gelangte es auf 70°25′ s. Br. und 173°44′ ö. L. ins offene Roß-Meer. Am 9. Januar ging man an Kap Adare an Land und fand dort alles genau so, wie die »Southern Cross« es verlassen hatte. Von da ging es in südlicher Richtung weiter, dazwischen wurde mehrmals gelandet, um Warten zu bauen. Am 22. Januar ließ sich ein Teil der Mannschaft am Fuße des Vulkans Terror ausschiffen. Darauf begann die »Discovery« eine höchst wichtige Erforschung der nach Osten laufenden Eiskante und nahm auf dem ganzen Wege Lotungen und Messungen vor. Auf diesem Teil der Fahrt wurde König-Edward VII.-Land entdeckt; aber bei dem dichten Treibeis konnte von einer Landung keine Rede sein.

Auf dem Rückweg fuhr das Schiff in dieselbe Bucht, in die Borchgrevink im Jahre 1900 auch hineingeraten war. Hier wurde ein Aufstieg mit dem Ballon auf dem Eisrand vorgenommen.

Von da kehrte die »Discovery« nach der McMurdo-Bucht zurück, der Roß ihren Namen gegeben hatte. Für das Winterlager wurde ein geeigneter Platz gesucht und alles vorbereitet, um dem Winter standhalten zu können. Auf einem der vielen Ausflüge, die während des Herbstes gemacht wurden, entdeckte man, daß das Land, auf dem die Gesellschaft überwinterte, eine vom Hauptland durch den McMurdo-Sund getrennte Insel war, die nun den Namen »Roß-Insel« erhielt.

Diese Überwinterung fand auf einer viel höheren Breite statt als alle früheren, und sie verlief auch recht glücklich. Allerdings zeigten sich Spuren von Skorbut, aber durch eine verständige Behandlung gelang es, die Krankheit in den ersten Anfängen zu ersticken.

Mit dem Frühling begannen die Schlittenfahrten. Vorratslager wurden angelegt, und am 2. November 1902 machten sich Scott, Shackleton und Wilson bereit, um endgültig die Wanderung nach dem Süden zu unternehmen.

Zu Anfang hatten sie 19 Hunde bei sich. Am 27. November überschritten sie den 80.° s. Br. Aber sie kamen nur langsam vorwärts, die höchste Breite wurde am 30. Dezember erreicht, nämlich 82°17′ s. Br. Neues Land wurde entdeckt – eine Fortsetzung von Süd-Victoria-Land. Das war eine Eiswelt! Hohe Berggipfel, der eine immer gewaltiger als der andere, ragten im Süden auf.

Der Rückweg war ein fortgesetzter Kampf ums Leben. Von den Hunden erlag einer nach dem andern, und die

Männer mußten die Schlitten selbst ziehen. Das ging ganz gut, solange sie gesund waren; aber dann erkrankte plötzlich Shackleton, so daß er nichts mehr leisten konnte, und von da an mußten die beiden andern die Schlitten allein ziehen.

Endlich, am 3. Februar, erreichten sie nach einer 93tägigen Abwesenheit ihr Schiff wieder.

Indessen hatte Armitage zum erstenmal, seit die Weltgeschichte besteht, die mächtige antarktische Festlandshochebene, die sich 2700 m ü. d. M. erhebt, erreicht.

Im Lauf des Sommers erhielten auch die wissenschaftlichen Sammlungen reiche Beiträge.

Das Entsatzschiff »Morning« war am 9. Dezember von Littleton abgefahren. Auf dem Weg kam es an der Roß-Insel vorbei, und am 25. Januar erblickte man weit drinnen die Mastspitzen der »Discovery«.

Aber der McMurdo-Sund lag während dieses ganzen Jahres zugefroren da, und so kehrte die »Morning« am 3. März nach Hause zurück.

Nun mußten da draußen in der öden Eisregion die Vorbereitungen zu einer zweiten Überwinterung getroffen werden; aber nachdem ein tüchtiger Vorrat frisches Fleisch herbeigeschafft worden war, konnte man der langen Nacht ohne Angst vor dem Skorbut entgegensehen.

Diesmal bestanden die Schlittenfahrten in der Hauptsache in einer von Scott geleiteten Reise auf die Eisplatte, und man fing auch schon sehr bald an, alle Vorbereitungen zu treffen, das Schiff aus dem nur zu guten Winterhafen hinauszubringen. Es bestand die Absicht, einen Kanal bis zum offenen Meer herauszusägen.

Am 5. Januar 1904 traf die »Morning« zum zweitenmal ein. Sie war jetzt von der »Terra Nova« begleitet, einem Seehundfänger aus Neufundland.

Groß war der Schmerz, als sie den Befehl brachte, daß die »Discovery« verlassen werden sollte, wenn es nicht gelinge, sie aus dem Eis herauszuschaffen.

Dem Befehl, die »Discovery« aufzugeben, wurde, so hart es auch war, sogleich Folge geleistet. Die Instrumente und wissenschaftlichen Sammlungen sowie anderes Wertvolle wurden an Bord der Entsatzschiffe geschafft und alles zur Abfahrt bereit gemacht.

Kaum war man damit fertig, als das Eis aufbrach; am 3. Februar bestand zwischen dem Meer und der »Discovery« nur noch eine Entfernung von 10 km. Nun wurde von allen Schiffen die gesamte Mannschaft zum Eissägen und Sprengen verwendet, und am 12. Februar war der Eisgürtel nur noch 3 Meilen breit. Am 14. Februar brach dann auch das übrige Eis so schnell vollends auf, daß alle Schiffe, ehe man sich's versah, dicht beieinander lagen.

Am 19. März landete Scott in Laurie Cove auf den Auckland-Inseln, und im September 1906 kehrte er mit reicher Ausbeute nach Hause zurück.

Indessen hatte die deutsche Forschungsreise unter Professor Erich von Drygalski an einer anderen Stelle Ausgezeichnetes geleistet.

Der Plan dieser Reise war, die antarktischen Gebiete südlich von der Kerguelen-Insel zu untersuchen, nachdem zuvor eine Niederlassung auf dieser Insel errichtet und ein Stab von wissenschaftlich gebildeten Männern ausgeschifft waren, die dort arbeiten konnten, während die Hauptaufgabe der Forschungsreise, die Fahrt in das Eis, ausgeführt wurde. Drygalskis Schiff, die »Gauß« war in Kiel nach dem Muster der »Fram« gebaut worden.

Am 11. August 1901 verließ das Schiff Kiel und hielt den Kurs auf Kapstadt.

Nachdem die »Gauß« die Crozet-Inseln besucht hatte, ankerte sie am 31. Dezember im Royal-Sund der Kerguelen-Insel und verblieb einen ganzen Monat dort; dann fuhr man weiter südwärts, um das Gebiet zwischen dem Kemp- und Knox-Land zu erforschen. Auf 60° s. Br. begegnete dem Schiff schon eine Menge Eisberge.

Am 14. Februar hatten sie eine Lotung von 3460 m zu verzeichnen, sie konnten indes in dieser Gegend wegen des dichten Treibeises nur sehr langsam vorwärtskommen.

Doch ganz plötzlich, am 19. Februar, loteten sie nur 264 m Tiefe in ganz eisfreiem Meer, und am Morgen des 21. Februar hatten sie Land in Sicht, das ganz mit Eis und Schnee bedeckt war. Doch hier wurde die »Gauß« von einem heftigen Sturm überrascht, der eine Menge Eisberge um sie her zusammentrieb und Treibeis dazwischen schob, so daß keine Rede von irgendeinem Vorwärtskommen mehr sein konnte. Es blieb nichts anderes übrig, als in den sauren Apfel zu beißen und an die Überwinterung zu denken.

Nun wurden Beobachtungshäuser aus Eis gebaut und so rasch, als es die Bodenbeschaffenheit zuließ, Schlittenfahrten bewerkstelligt. In drei und einem halben Tage erreichten sie Land und entdeckten da 90 km von dem Schiffe entfernt einen ungefähr 300 m hohen, kahlen Berg. Das Land erhielt den Namen Kaiser-Wilhelm II.-Land, und der Berg wurde Gauß-Berg getauft.

Der Winter wurde mit Beobachtungen der verschiedensten Art verbracht. Das Wetter war außerordentlich stürmisch und kalt; aber der Winterhafen in Lee von den großen gestrandeten Eisbergen erwies sich als recht gut, so daß die Seefahrer kein einziges Mal unangenehmen Überraschungen ausgesetzt waren.

Am 8. Februar 1903 konnte die »Gauß« sich wieder rühren. Von dem Augenblick an, wo sie ins offene Meer hinausgelangte, bis zum 9. Juni, wo sie Kapstadt erreichte, wurden die wissenschaftlichen Beobachtungen fortgesetzt.

Eine größere, in die Augen fallende Entdeckung wurde nicht gemacht, aber eine wissenschaftliche Arbeit wurde geleistet, auf die das deutsche Volk stolz sein kann.

Wenige antarktische Unternehmungen sind wohl so vorzüglich wissenschaftlich ausgestattet gewesen, wie es die »Gauß« sowohl in Beziehung auf die Ausrüstung als auch auf die Teilnehmer war.

In der ersten Reihe unserer neueren antarktischen Forscher steht der französische Gelehrte Dr. Jean Charcot. Ihm ist es auf seinen beiden Fahrten von 1903 bis 1905 und 1908 bis 1910 gelungen, große Strecken des unbekannten Festlandes zu entschleiern. Ihm verdanken wir die genauere Kenntnis von Alexander I.-Land, ebenso ist die Entdeckung von Loubet-Fallières- und Charcot-Land sein Werk.

Sir Ernest Shackleton! Dieser Name hat einen frischen Klang. Sobald er genannt wird, sehen wir einen Mann vor uns, dem unbeugsame Willenskraft und ein unbegrenzter

Mut aus den Augen leuchten. Er hat uns gezeigt, was der Wille und die Tatkraft eines einzelnen Mannes auszurichten vermögen. Seine ersten Erfahrungen auf dem Gebiete der antarktischen Forschung sammelte er als Teilnehmer der britischen antarktischen Forschungsreise an Bord der unter Kapitän Scotts Befehl stehenden »Discovery«, wo er eine harte Schule durchgemacht hat. An Bord waren Scott, Wilson und Shackleton, die mit der

Ernest Shackleton

Absicht, die höchste südlichste Breite zu gewinnen, südwärts gefahren waren. Sie erreichten 82° 17′ s. Br., was für damals eine großartige Leistung war. Doch Shackleton mußte, da er vom Skorbut heftig befallen war, die erste Gelegenheit zur Heimreise benutzen. Sehr kurz nach seiner Rückkehr aber trat er mit neuen Plänen hervor. Niemand hatte Vertrauen zu ihm. Shackleton? Ach, war das nicht der Polarfahrer, der schon im ersten Jahre von der »Discovery« hatte zurückkehren müssen? Wozu wollte er denn wieder hinaus? Er hatte doch deutlich genug gezeigt, daß er sich für die Arbeit auf dem antarktischen Gebiet nicht eignete!

Mit erstaunlicher Offenheit erklärte er, daß er auf eigene Faust den Südpol zu erreichen versuchen wolle. Soviel ich weiß, war er der erste, der offen auszusprechen wagte, daß der Südpol sein Ziel sei. Da die ganze Unternehmung in England sehr wenig Aufsehen erregt hatte, wurde sie nach Shackletons Abfahrt rasch wieder vergessen.

Plötzlich, in der zweiten Hälfte des März 1909, traf eine Meldung ein, die gewaltiges Aufsehen erregte. Nun hatten die Telegraphen der ganzen Welt vollauf zu tun. Sie tickten und tickten, bis klar und deutlich geschrieben stand, daß eine der denkwürdigsten Taten innerhalb der Polarforschung getan worden war. Die Leute standen wie versteinert da. War es möglich? Konnte es wahr sein? Shackleton hatte sich bis 88°23′ s. Br. durchgekämpft!

Selten hat ein Mensch einen so großen Triumph gefeiert, selten auch war dieser Triumph mehr verdient!

Der ursprüngliche Plan der Forschungsreise war folgender gewesen: Zu Anfang des Jahres 1908 wollte Shackleton Neuseeland verlassen und auf dem antarktischen Festland mit der notwendigen Ausrüstung und genügend Lebensmitteln ein Winterlager aufschlagen, das Schiff aber sollte nach Neuseeland zurückkehren und die Überwinterungsabteilung im nächsten Jahre wieder abholen.

Zwölf Mann wollten also diesen langen Winter dort verbringen. Sie teilten sich in drei Gruppen; die eine sollte ostwärts nach König-Edward VII.-Land ziehen, um dieses zu erforschen, die zweite westwärts nach dem magnetischen Südpol und die dritte nach dem geographischen Südpol.

Als Zugtiere verwendete Shackleton Ponys und Hunde, und zwar in erster Linie Ponys, die sich nach Shackletons Erfahrung für die Erforschung der Eisplatte am besten eigneten, während die Hunde mehr als »Ersatztiere« betrachtet wurden. Ferner nahm man einen Motorschlitten mit; im übrigen hatte man die gewöhnliche Polarausrüstung: Schlitten, Schneeschuhe, Zelte usw.

Am 7. August 1907 verließ Shackleton mit seinen Gefährten England an Bord der »Nimrod«, und am 23. November erreichten sie Neuseeland, wo die letzten Vorbereitungen für die lange Reise getroffen wurden.

Am 1. Januar 1908 begann die Fahrt, indem die »Nimrod« von dem Dampfer »Koonya« südwärts geschleppt wurde. Die »Nimrod« war schwer beladen, und das Schleppen durch das stürmische Fahrwasser war durchaus keine leichte und angenehme Sache.

Nach einer äußerst beschwerlichen Fahrt erreichte die »Nimrod« am 15. Januar das Packeis. Bei dem hohen Seegang hatte man ein Pony eingebüßt; aber dafür hatte eine Hündin den Bestand ihrer Rasse um mehrere neue Vertreter vermehrt, und so war der Verlust nicht gefährlich. Die Reise wurde ohne größere Hindernisse zurückgelegt; Packeis war fast keines zu sehen, dagegen aber Eisberge im Überfluß. Auf 70°43′ s. Br. und 178°58′ ö. L. gelangten die Polarforscher ins offene Roß-Meer. Shackletons Annahme, daß dem 180. Meridian entlang der Weg am leichtesten zurückzulegen sei, bewahrheitete sich. Am 23. Januar bekamen sie die Roß-Platte in Sicht.

Shackleton und seine Gefährten machten zuerst einen vergeblichen Versuch, König-Edward VII.-Land zu erreichen und dann westwärts zu steuern. Auf dem Rückweg fuhren sie wieder an der Walfischbucht vorüber, und nach Shackletons Bericht hatte nun der Eisgang in der Bucht selber begonnen, und das Eis war im Begriff, ins Meer hinauszutreiben.

Dies war am 24. Januar gewesen. Am 3. Februar erreichten die Reisenden Kap Royds auf der Roß-Insel im McMurdo-Sund, und hier beschloß Shackleton, das Winterlager aufzuschlagen. Schon nach wenigen Tagen war es ganz eingerichtet. Die Lebensmittel und die Ausrüstung waren an Land gebracht, die Häuser gebaut und in Ordnung, obgleich die Arbeit, allzuschlechten Wetters halber, mehreremal hatte eingestellt werden müssen.

Sobald die Hütte gebaut war, zog eine Abteilung von sechs Mann weiter. Es gelang ihnen, den Erebus-Berg zu erklimmen und eine Höhe von 4073 m zu erreichen. Nachdem dieses Unternehmen geglückt war, wurde das Winterlager aufgesucht und alle notwendigen Vorbereitungen zu den Schlittenfahrten getroffen, die bei An-

Die Erforschung der Antarktis

bruch des Frühlings vorgenommen werden sollten. Der Winter wurde in einer warmen guten Hütte verbracht, und der allgemeine Gesundheitszustand war ausgezeichnet.

Im August, September und Oktober wurden Vorratslager errichtet. Das südlichste davon wurde auf 79°36′ s. Br. angelegt und enthielt 80 kg Mais für die Ponys. Von dem Motorschlitten hatte man recht wenig Nutzen, denn er konnte beinahe gar nicht verwendet werden.

Am 29. Oktober 1908 brach die nach Süden bestimmte Abteilung auf. Sie bestand aus Shackleton, Adams, Marschall und Wild mit vier Schlitten, vier Ponys und 400 kg Lebensmitteln, einem Vorrat für 91 Tage. Das Gewicht der täglichen Nahrung für jeden Mann betrug nicht ganz 1 kg und bestand aus Pemmikan, Zwieback, Käse, Schokolade, Kakao, Zucker und Hafergrütze, außerdem aus Tee, Pfeffer und Salz. Die Schlittenzwiebäcke waren für diese Reise besonders hergestellt worden.

Schon am ersten Tage fielen die Ponys zusammen, und zwei davon waren ganz und gar erschöpft. Nach weiteren zwei Tagen rissen sie sich los und machten einen Angriff auf die Nahrungsmittel. Selbst die Riemen ihres Geschirrs hatten sie sich teilweise zu Gemüt geführt. Schon nach kurzer Zeit hatte man die größte Mühe, die Ponys über die gefährlichen Spalten im Eis hinüberzubringen. Shackleton klagt beständig über die Unebenheit und daß die Ponys deshalb sehr wenig leisteten. Am 21. November zwischen 80° und 81° s. Br. wurde das erste Pony, Chinaman, geschlachtet und das Fleisch im Vorratslager niedergelegt. »Der angestrengte Marsch hatte ihn das Leben gekostet«, sagt Shackleton. Häufig spricht er auch von Schneeblindheit. Diese unangenehme und hemmende Krankheit scheint recht häufig vorgekommen zu sein.

Am 26. November wurde Scotts südlichste Breite, 82°17′, überschritten. Am 27. November erkrankte eines der Ponys an Schneeblindheit. Später ging es einem andern ebenso. Am 28. November mußte das zweite Pony erschossen werden, ungefähr auf 82°40′ s. Br. Dort wurde das dritte Vorratslager errichtet. Shackleton meint, die Schneeblindheit trage die Hauptschuld an der Erschöpfung der Ponys.

In Shackletons Bericht heißt es dann am 29. November: »Wir sind jetzt auf knappe Kost gesetzt, denn wir müssen nach Kräften sparen, um so weit wie möglich südwärts zu kommen.« 30. November: »Wir brachen morgens um 8 Uhr auf. Quan (ein Pony) ist sehr hinfällig, und es geht offenbar zu Ende mit ihm. Beide Ponys sind schneeblind; wir haben ihnen Scheuklappen aufgesetzt. Ich hoffe, das hilft.« 1. Dezember: »Aufbruch morgens um 8 Uhr. Quan wurde mit jeder Stunde schwächer, und wir mußten seinen Schlitten tatsächlich selbst ziehen.« Quan wurde noch an demselben Tag auf 83°16′ s. Br. erschossen.

Von da an mußten drei Mann den einen mit 300 kg beladenen Schlitten ziehen, während der vierte das letzte Pony leitete. Am 4. Dezember erreichten sie die Verbindung zwischen der Eisplatte und Süd-Victoria-Land auf ungefähr 83°20′ s. Br. Sie stießen auf viele Spalten, kamen aber ohne Unfall darüber weg. 7. Dezember: »Wir brachen vormittags um 8 Uhr auf. Adams, Marschall und ich zogen den einen Schlitten, während Wild und Socks (das letzte Pony) nachfolgten. Es ging über kleine Hügel, immer hinauf und hinunter, bei sehr losem Schnee; Socks sank oft bis an den Bauch ein, und wir selbst mußten die ganze Zeit mitten hindurch, was eine höchst beschwerliche Arbeit war. Rechts von uns zeigten sich verschiedene Spalten, und links waren sie überaus zahlreich. Die blendende Helle griff die Augen sehr an, und wir konnten die Spalten nur schwer unterscheiden.

Um 1 Uhr wurde Rast gemacht und eine Mahlzeit gehalten. Als wir wieder aufbrachen, war das Licht milder geworden, und während des Marsches beglückwünschten wir uns gegenseitig dazu. Da hörten wir plötzlich Wild laut um Hilfe rufen. Wir hielten sofort an und eilten zu ihm zurück. Sein Schlitten war mit dem Vorderteil in eine Spalte gefallen, und Wild gab sich verzweifelte Mühe, ihn festzuhalten. Von dem Pony war nichts zu sehen. Wild war bald aus seiner gefährlichen Lage befreit, aber Socks war und blieb verloren. Der vordere Zug, also wir drei mit dem einen Schlitten, hatte eine ganz mit Schnee bedeckte Spalte glücklich überschritten, aber als Wild unseren Spuren folgte, brach der Schnee unter dem Gewicht des Ponys ein. Es fiel durch – in einer Sekunde war alles vorüber.«

Auf ungefähr 84° s. Br. standen nun also diese Polarforscher ohne Zugtiere und waren ganz darauf angewiesen, ihre beladenen Schlitten selbst vorwärts zu bringen. Von da an hatte jeder Mann ungefähr 120 kg zu ziehen. Und nun kam der weite schwere Marsch über den Beardmore-Gletscher, wo sie immer nur einen Schlitten auf einmal vorwärts bringen konnten und also den Weg wiederholt zurücklegen mußten.

Um dem Leser einen Eindruck zu geben, auf welch ganz andere Weise als wir sich Shackleton hat durcharbeiten müssen, führe ich weiteres aus seiner Beschreibung des Marsches über die Hochebene an:

14. Dezember: »Dies ist einer der härtesten Tage für uns gewesen. Ununterbrochen ging es in südsüdwestlicher Richtung bergauf. Dazu hat es bei sehr hoher Temperatur den ganzen Tag geschneit, so daß alles tropfnaß ist. Aber wir sind heute 300 m gestiegen und befinden uns nun in einer Höhe von 1700 m ü. d. M. Danach müssen die Berge im Westen 3000 bis 4500 m hoch sein. Der Aufstieg war überaus schwierig, und wir sind oft gestürzt. Gerade ehe wir unser Lager aufschlagen wollten, fiel Adams in einen Schneebruch, konnte sich aber glücklich noch vor einem weiteren Fall in eine furchtbare Spalte retten. Es kostet unendliche Anstrengungen, die Schlitten in dieser Höhe zu ziehen, besonders bei dem glatten Eis, auf dem man so leicht ausgleitet. Früher ist hier offenbar eine ungeheure Eisbildung gewesen, die jetzt im Verschwinden begriffen ist ... Heute abend leben wir der frohen Hoffnung, daß der Aufstieg nun bald beendet ist und wir in kurzem die Hochebene erreichen können. Und dann geht es im Ernst südwärts. Alles hängt von dem Lebensmittelvorrat ab. Heute haben wir 14 km zurückgelegt.«

18. Dezember: »Beinahe oben! Heute abend beträgt die Höhe 2250 m ü. d. M. Dies ist wieder einer unserer schwersten Tage gewesen, aber dafür haben wir jetzt auch bald die Hochebene erreicht. Morgens 7 Uhr 30 Min. wurde aufgebrochen, und im Lauf des Tages wurden 11 km zurückgelegt.«

23. Dezember: »2700 m über dem Meere, und noch immer geht es zwischen Eispressungen und Eiswänden nach der Hochebene aufwärts. Nach mehrstündigem Marschieren sahen wir, daß das Gelände immer steiler wurde, und unsere Hoffnung, die Hochebene erreicht zu haben, wurde dadurch vernichtet. Die Eisspalten waren heute

viel gefährlicher als je vorher, weil sie unter dicken Schneeschichten verborgen lagen.«

25. Dezember: »Weihnachten bei 25 °C unter Null und einem beißend scharfen Wind von Süden her mit heftigem Schneetreiben! Wir haben uns die gewohnte Zeit hindurchgekämpft; aber es ging eine der steilsten Eiswände hinauf, die wir bis jetzt auf unserem Wege angetroffen haben, und sie war überdies da und dort von Spalten zerrissen. Wir befinden uns jetzt auf 85°55′ und in einer Höhe von 2 900 m ü. d. M....

Wir haben etwa 900 km zurückzulegen, um an den Pol und wieder zurück zu gelangen. Noch haben wir für einen Monat Lebensmittel, aber Zwieback nur noch für drei Wochen, wir müssen also das wöchentliche Maß auf zehn Tage strecken. Von nun an werden wir also zum ersten Frühstück einen Zwieback, zum Mittag drei und abends zwei bekommen. Anders läßt sich die Sache durchaus nicht einrichten. Morgen lassen wir alles zurück, was nicht durchaus nötig ist.«

28. Dezember: »Den ganzen Vormittag ging es bergauf, aber das Gelände wechselte beständig. Zuerst trafen wir auf breite Schichten festen Schnees, dann kam tiefer loser Schnee, in den wir bis über die Knöchel einsanken. Gestern trafen wir auf die letzte Eisspalte. Wir sind jetzt 3 100 m ü. d. M., und die Hochebene wird immer flacher, aber die Anstrengungen waren noch ebenso groß. Die bedeutende Höhe und die niedere Temperatur von −26 °C erschweren das Atmen ungeheuer. Heute abend sind wir auf 86°31′ s. Br. angelangt. Wir hoffen über die letzten 111 km recht rasch hinwegzukommen, indem wir hier noch ein Vorratslager errichten und darin alles, was wir noch entbehren können, niederlegen. Bei gutem Wetter hoffe ich den Pol am 12. Januar zu erreichen und am 28. Februar wieder im Winterlager einzutreffen. Wenn wir den Schlitten eine Stunde lang gezogen haben, sind wir jetzt so müde, daß wir uns auf den Rücken legen, um nur drei Minuten auszuruhen. Heute haben wir in 10 Stunden 26 km zurückgelegt.«

1. Januar: »Mein Kopf schmerzt so, daß ich nicht schreiben kann. Wir haben 20 km überwunden, und unsere Breite ist 87°6½′, so daß wir alle Höchstleistungen

sowohl im Norden als im Süden geschlagen haben. Wir sind von der ungenügenden Nahrung alle sehr angegriffen. Nun sind wir nur noch 320 km vom Pol entfernt. Unsere Höhe beträgt 3280 m ü. d. M.«

2. Januar: »Heute schrecklich ermattet. Wir brachen vormittags 6 Uhr 45 Min. auf, bei ziemlich guter Bodenbeschaffenheit. Aber bald nachher kam weicher, tiefer Schnee, in den wir bis über die Knöchel einsanken. Wir sind die ganze Zeit gestiegen und befinden uns nun 3370 m ü. d. M. Aber wir haben heute nur 18 km zurückgelegt. Da wir jetzt ungenügend ernährt sind, geht uns der Wind bei −26 °C durch Mark und Bein, und in dieser Höhe ist jede Bewegung eine Anstrengung.«

4. Januar: »Das Ende ist nahe. Wir können nur noch drei Tage so fortmachen, denn unsere Kräfte verfallen rasch. Knappe Kost im Verein mit Wind und Schneegestöber von Süden her, sowie eine Temperatur von −26 °C geben uns deutlich zu verstehen, daß wir das äußerste geleistet haben....

Wir hoffen jetzt bis auf 185 km an den Pol hinzugelangen. Unter den obwaltenden Verhältnissen können wir nicht mehr erwarten. Ich bin überzeugt, daß der Pol auf dieser meilenweit von jedem wahrnehmbaren Land entfernten Hochebene liegt, die wir hier entdeckt haben. Die Temperatur beträgt −30 °C.«

6. Januar: »Dies war der letzte Tag, an dem wir mit der Zeltausrüstung südwärts gezogen sind. Morgen müssen wir mit etwas Mundvorrat in der Tasche so weit wie möglich nach Süden vordringen und dann die Flagge aufpflanzen.«

7. Januar: »Heulender, rasender Sturm den ganzen Tag hindurch bei einer Temperatur von −30 bis −40 °C. Es war unmöglich, aus dem vollständig eingeschneiten Zelt auch nur herauszukommen. Wir haben den ganzen Tag in den Schlafsäcken gelegen. Der aufgewirbelte feine Schnee dringt durch die Wände des schlechten Zelts herein und legt sich in einer dünnen Schicht auf unsere Schlafsäcke. ... Wir sind nur unzulänglich ernährt, und es fällt uns sehr schwer, uns zwischen den mageren Mahlzeiten in dieser Höhe – 3540 m ü. d. M. – warm zu erhalten.«

9. Januar: »Unser letzter Marsch südwärts ist zu Ende. Wir haben getan, was wir konnten. Das Ergebnis ist 88°23′ s. Br. und 162° ö. L.

Der Wind legte sich morgens 1 Uhr. Um 4 Uhr machten wir uns auf den Weg mit der Flagge, einem messingnen Zylinder voll Briefmarken und Briefen, dem Photographieapparat, Fernglas und Kompaß. Um 9 Uhr vormittags erreichten wir nach einem strammen Marsch 88°23′ s. Br. Der Weg war nach dem letzten Sturm hart gefroren. Es war uns ganz sonderbar, daß wir ohne unsere gräßliche Plage, den Schlitten hinter uns herziehen zu müssen, so dahinwandern konnten. Nun pflanzten wir die Flagge des Königs auf, dann unsere eigene, und dann ergriffen wir im Namen des Königs Besitz von dem Lande. Während unsere Flagge sich bei schneidend kaltem Wind, der einem durch Mark und Bein ging, entfaltete, richteten wir unser ausgezeichnetes Fernglas nach Süden, konnten aber weit und breit nichts anderes sehen als die unendliche weiße Schneefläche. Nirgends war auf der Hochebene, die sich bis zum Pol hin erstreckte, eine Unterbrechung wahrzunehmen, und wir sind überzeugt, daß das Ziel, das wir nicht erreicht haben, auf dieser Hochebene liegt. Wir verweilten nur wenige Minuten auf dieser Stelle, packten dann die Flagge des Königs wieder zusammen, drehten um und traten den Rückweg an. Unsere magere Mahlzeit verzehrten wir unterwegs. Um 3 Uhr nachmittags waren wir wieder bei unserem Zelt und wanderten dann noch weiter nordwärts, waren aber nach zwei Stunden so todmüde, daß wir das Lager aufschlagen mußten. Nun geht es also wirklich rückwärts. So enttäuscht wir auch sind, wir haben doch den Trost, daß wir alles getan haben, was in unsern Kräften stand.«

Der Rückweg dieser kühnen Pfadfinder war ein fortgesetzter Kampf ums Leben, was ja bei dem erschöpften Zustand, in dem sie sich nach den ungeheuren Anstrengungen und Entbehrungen befanden, nur natürlich war. Glücklicherweise fanden sie alle ihre Vorratslager wieder, sonst wäre ihnen der Tod sicher gewesen.

Am 4. März erreichten alle vier das Winterlager, nachdem sie während der letzten Wochen sozusagen mit dem

Shackletons südlichster Punkt: 88° 23′ am 9. Januar 1909

Tod um die Wette gelaufen waren. Ganz erschöpft trafen sie im Winterlager ein, und hier wartete ihrer ein neues Mißgeschick – Seuche und Krankheit. Sie wurden von Dysenterie ergriffen und litten unaussprechlich. Aber mit übermenschlicher Anstrengung gelang es ihnen schließlich, auch diesen neuen Feind zu überwinden.

Wer immer diese Tagebuchaufzeichnungen liest, wird von grenzenloser Bewunderung für diese vier Helden erfüllt werden. Ein deutlicheres Zeugnis dafür, was ein Mensch leisten kann, wenn er seine ganze Kraft und seinen ganzen Willen einsetzt, wird es wohl kaum in der Weltgeschichte geben.

Die Entfernung, die diese Leute auf dem Hin- und Rückweg zurückgelegt haben, beträgt 1530 Seemeilen oder 2830 km. Dazu brauchten sie 127 Tage – nämlich 73 Tage hin und 54 Tage zurück. Der tägliche Durchschnittsmarsch beträgt demnach ungefähr 22 km.

Shackletons Großtat ist einer der stolzesten Abschnitte in der Geschichte der antarktischen Forschung.

Mehr als irgend sonst jemand haben diese Männer dazu beigetragen, den Schleier zu lüften, der über der »Antarktika« ruhte.

Aber ein kleiner Zipfel bedeckte sie doch immer noch.

*

Amundsen hatte seit 1907 eine Forschungsreise mit der »Fram« Fridtjof Nansens ins nördliche Eismeer zur Untersuchung der noch unbekannten Gegenden geplant, die in der »Eroberung« des Nordpols gipfeln sollte. Als ihm dabei 1909 der Amerikaner Robert E. Peary zuvorkam, beschloß er, dieses Vorhaben zu »erweitern« und zunächst zum Südpol zu fahren, den als erster zu erreichen sich Scott seit Shackletons Scheitern vorgenommen hatte. Und während die Öffentlichkeit noch glaubte, Amundsen rüste sich weiterhin zur Fahrt nach Norden, stach Scotts Schiff, die »Terra Nova«, am 15. Juni 1910 von Cardiff aus in See.

Am 9. August verließ die »Fram« den Hafen von Kristiansand in Südnorwegen und nahm Kurs auf den offenen Atlantik. Nicht einmal die Besatzung wußte zu diesem Zeitpunkt, wohin die Reise gehen sollte. Erst auf Madeira setzte Amundsen sie und seine Geldgeber von seinen geänderten Plänen in Kenntnis – ebenso Scott, den die Nachricht in Melbourne erreichte.

Als Scott am 5. Januar 1911 beim Kap Evans am Fuße des Vulkans Erebus im McMurdo-Sund antarktischen Boden betrat, war sein Vorsprung gewaltig geschmolzen, denn schon neun Tage später landete die »Fram« in der Walfischbucht, nur 650 km von den Engländern entfernt.

Der Wettlauf zum Pol hatte seine entscheidende Phase erreicht, und trotz der verschiedenen Voraussetzungen schienen die Bedingungen für beide Expeditionen gleich zu sein: Scott wollte der schwierigen Route Shackletons folgen und verließ sich auf einen Motorschlitten sowie zehn Ponys als Zugtiere. Amundsen hatte sich für die Walfischbucht als Ausgangspunkt entschieden, die rund einhundert Kilometer näher zum Pol lag, und – auf Nansens Rat – für grönländische Schlittenhunde. Scotts Wahl war verhängnisvoll: Der Motorschlitten war in dem zerklüfteten Gelände nicht zu benutzen, und noch bevor er auf seinem Marsch den Beardmore-Gletscher erreichte, mußten er und seine Gefährten die entkräfteten Ponys erschießen und die Schlitten fortan selber ziehen.

Fürs erste aber galt es für beide Mannschaften, die antarktischen Herbsttage zu nutzen, Winterquartiere einzurichten und den Marsch zum Pol vorzubereiten, der dann in den ersten Frühlingstagen ohne Verzögerung in Angriff genommen werden sollte.

Am 14. Januar 1911 hatte die »Fram« unweit der unteren, sechs Meter hohen Eisplatte angelegt, und rasch war vier Kilometer östlich des Landeplatzes ein geeigneter Ort für das Winterlager gefunden, wohin nun die Ausrüstung, die Lebensmittel und die 115 Hunde geschafft wurden. Eine in Norwegen gebaute und für den Transport zerlegte Hütte aus einzeln numerierten Bestandteilen, die den neun Mann der »Landabteilung«, der eigentlichen Pol-Mannschaft also, Platz bot, wurde fast anderthalb Meter tief ins Eis hineingebaut und bildete den Kern der Station, die »Framheim« getauft wurde. In fieberhafter Aktivität wurde das 8× 4 m große, 6 m hohe Holzhaus errichtet und war am 28. Januar bezugsfertig. Außerdem wurde in der gleichen Zeit die gesamte Ladung der Fram gelöscht: 15 große Zelte, 10 Hundeschlitten, 20 Paar Hickory-Skier, 6 kleine Zelte, eine Vielzahl wissenschaftlicher Instrumente, Hausrat, Winterkleidung, Schlafsäcke, Decken und Material verschiedenster Art, insgesamt 4,5 Tonnen Lebensmittel und Proviant für Mensch und Tier in 900 Holzkisten, ferner noch Kohlen, Brennholz und Öl für die Überwinterung. Die Scharen von Seehunden in der Walfischbucht lieferten einen zusätzlichen Vorrat an frischem Fleisch, der für den ganzen Winter ausreichte.

Am Morgen des 4. Februar versetzte ein scheinbares Trugbild die Norweger in fassungsloses Staunen: Neben der »Fram« lag ein weiteres Schiff, die »Terra Nova«, wie sich bald herausstellte. Mit ihr hatte die »Ostabteilung« von Scotts Expedition das König-Edward VII.-Land erforschen sollen, es aber nicht erreichen können, und befand sich nun auf dem Rückweg in den McMurdo-Sund. Amundsen empfing die Engländer zu einem Frühstück in Framheim, ging auch mit einigen Begleitern zu einem Imbiß an Bord, man tauschte in aller Freundlichkeit Komplimente aus, und am Nachmittag fuhr die »Terra Nova« weiter.

Am 15. Februar verließ auch die »Fram« die Walfischbucht. Aufgabe der Mannschaft, der sogenannten »Seeabteilung«, war es, das Schiff in Buenos Aires überholen zu lassen, die Lebensmittelvorräte zu ergänzen, dann im Südatlantik ozeanographische Beobachtungen durchzuführen und schließlich Anfang des Jahres 1912 die Landabteilung in der Walfischbucht wieder an Bord zu nehmen.

Planung und Organisation von Amundsens Unternehmung waren perfekt und bildeten die Garanten für das Gelingen des

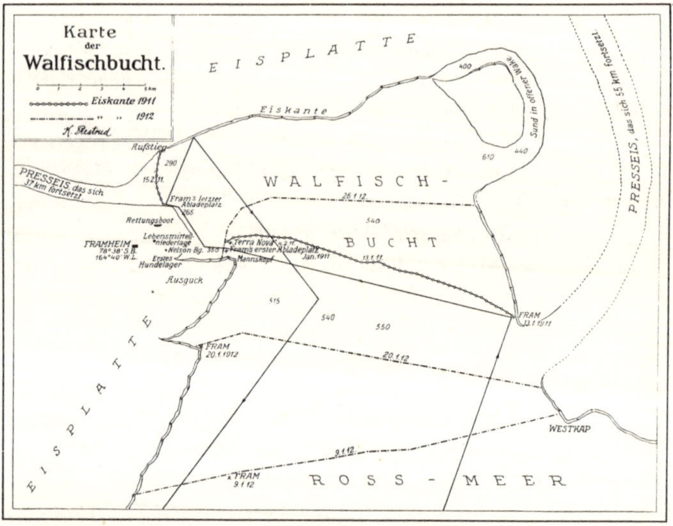

Vorhabens. Nichts wurde übersehen, alles war wohl bedacht und kalkuliert, selbst mögliche Zwischenfälle sollten die Mannschaft nicht unvorbereitet treffen. Da es nicht nur darum ging, den Pol überhaupt, sondern noch vor Scott zu erreichen, wurde alles getan, um den Marsch zu erleichtern: Amundsen hatte Framheim nicht allzuweit von einem relativ leicht begehbaren Aufstieg zur 30 m hohen Eisplatte, dem eigentlichen Schelfeis, errichtet. Im Februar und März wurden in einem Abstand von je einem Breitengrad (= 111 km) entlang der vorgesehenen Route drei Vorratslager angelegt und dort ausreichend Proviant und Material deponiert. Gleichzeitig erfolgte der Ausbau des Winterlagers. Die Hütte erhielt Anbauten, die durch überdachte Gänge miteinander verbunden waren (die Schreinerwerkstatt, der »Kristallpalast« u. a.), und schon bald war alles – eine komplette unterirdische Wohn- und Arbeitsanlage – von tiefem Schnee bedeckt, aus dem nur die Lüftungsschächte und der Kamin der Hütte herausragten.

Um zusätzlich Zeit zu gewinnen, hatte Amundsen einen sogenannten »Abgangsplatz« ausgewählt, der rund 5 km von Framheim entfernt oben auf der Eisplatte lag. Dorthin sollten gegen Winterende die im Lager gepackten Schlitten geschafft werden, wo sie bleiben konnten, bis dann am ersten Frühlingstag der Start nach Süden erfolgen würde.

Helmer Hanssen am Fuß der Eiskante

Die Teilnehmer an der norwegischen Südpolfahrt 1910–1912

Roald Amundsen, geb. 16. VII. 72.

Th. Nilsen, geb. 9. VIII. 81, Kapitän der »Fram«, Marineleutnant.

Christian Prestrud, geb. 22. X. 81, I. Steuermann der »Fram«, Leiter der Forschungsreise nach König Edward VII.-Land, Marineleutnant.

Hj. Fr. Gjertsen, geb. 6. VII. 88, II. Steuermann der »Fram«, Marineleutnant.

Hjalmar Johansen, für alles mögliche an Bord, Exkapitän der Armee.

Sverre Hassel, geb. 30. VII. 76, für alles mögliche an Bord, Zollbeamter.

Knut Sundbeck, I. Maschinenmeister der »Fram«.

Jak. Nödtvedt, geb. 17. IX. 57, II. Maschinenmeister der »Fram«.

Halvardus Kristensen, geb. 29. X. 78, III. Maschinenmeister der »Fram«.

Adolf Heinrich Lindström, geb. 17. V. 66, I. Koch, Polarkoch.

Karenius Olsen, geb. 5. VIII. 90, II. Koch.

Oskar Wisting, geb. 6. VI. 71, für alles mögliche an Bord, Unteroffizier der Marine.

Helmer Hanssen, geb. 24. IX. 70, Eislotse der »Fram«, Zollbeamter.

Andreas Beck, geb. 8. X. 64, Eislotse der »Fram«, Schiffer.

Ludwig Hansen, geb. 16. VII. 71, Eislotse der »Fram«, Schiffer.

Jörgen Stubberud, geb. 17. IV. 83, für alles mögliche an Bord, Gärtner.

Olaf Bjaaland, geb. 5. III. 73, für alles mögliche an Bord, Ski- und Schlittenfabrikant.

Martin Rönne, geb. 14. IX. 63, Segelmacher der »Fram«, Unteroffizier der Marine.

Alexander Kutschin, Ozeanograph aus Rußland.

Winter auf der Eisplatte

Am 10. Februar 1911 begannen wir in südlicher Richtung vorzudringen, um Vorratslager zu errichten. Bis zum 11. April waren drei solche Lager fertig: auf 80°, 81° und 82° s. Br. Das Lager auf 80° s. Br. enthielt: Seehundfleisch, Hundepemmikan, Zwieback, Butter, Milchpulver, Schokolade, Zündhölzer und Petroleum sowie einen Teil Ausrüstung, und das gesamte Gewicht dieser Vorräte betrug 1900 kg. Auf 81° s. Br. lagen 500 kg Hundepemmikan, auf 82° s. Br. Menschen- und Hundepemmikan, Zwieback, Milchpulver, Schokolade, Petroleum und ein Teil der Ausrüstung. Das Gewicht dieser Vorräte belief sich auf 620 kg. Da keine Landmarken da waren, mußten wir den Ort jedes Vorratslagers mit Flaggen bezeichnen, die in einer Entfernung von je 7 km in östlicher und westlicher Richtung angebracht wurden. Die große Eisplatte war am leichtesten zu überschreiten, und sie war für die Hundebeförderung ganz besonders gut geeignet. Am 15. Februar fuhren wir mit unseren Schlitten 100 km weit. Jeder Schlitten wog 300 kg und war mit sechs Hunden bespannt. Die Oberfläche der Eisplatte* war gleichmäßig und feinkörnig. An einzelnen Stellen zeigten sich Spalten, die aber nur an zwei Punkten gefährlich waren. Die Platte zog sich wellenförmig lang und gleichmäßig dahin. Das Wetter war ausgezeichnet, entweder war es ganz ruhig, oder es wehte ein schwacher Wind. Am 4. März maßen wir die niedrigste Temperatur auf dieser Fahrt: −45 °C.

---

* Das Südpolarland ist von einer Firn- und Gletscherkappe überdeckt, aus welcher nur die höheren Berge hervorragen. Die einzelnen Eisströme bewegen sich über die Küste ins Meer hinaus, vereinigen sich dort und bilden die »Eisplatte«; sie liegt an seichteren Stellen auf dem Grunde, an tieferen schwimmt sie, wobei etwa $\frac{1}{8}$ der ganzen Dicke über dem Wasser ist. Von Zeit zu Zeit, besonders im Winter, wenn die Temperatur des Wassers von der der Luft sehr verschieden ist, brechen große Stücke der Platte ab und treiben als Eisberge nach Norden.

Die »Fram« in der Walfischbucht

Aufbruch nach Süden, um Vorratslager anzulegen

Als wir von unserem ersten Ausflug am 5. März in unser Winterlager zurückkehrten, erfuhren wir, daß die »Fram« uns schon verlassen hatte. Mit Freude und Stolz hörten wir von den Zurückgebliebenen, daß es unserem kühnen Kapitän gelungen war, das Schiff weiter nach Süden vorzubringen, als irgendein anderes Schiff je gekommen war. Die alte gute »Fram« hat also die norwegische Flagge am weitesten nach Norden und auch am weitesten nach Süden getragen. Die größte südliche Breite, die die »Fram« erreichte, ist 78° 41′.

Ehe der Winter begann, hatten wir 60000 kg Seehundfleisch in unserem Winterlager. Das genügte für unsere 110 Hunde. Wir hatten acht Hundehütten sowie eine Anzahl Verbindungszelte und Schneehütten gebaut. Nachdem so für die Hunde gesorgt war, dachten wir auch an uns selbst. Unsere kleine Hütte war fast ganz mit Schnee bedeckt, und erst Mitte April beschlossen wir, uns künstliches Licht darin einzurichten. Dies geschah mit Hilfe einer Luxlampe von 200 Normalkerzen, die eine wundervolle Helle verbreitete und auch den ganzen Winter die Temperatur in der Hütte auf ungefähr 20 °C erhielt. Die Lüftung war ausgezeichnet, wir hatten ganz genügend fri-

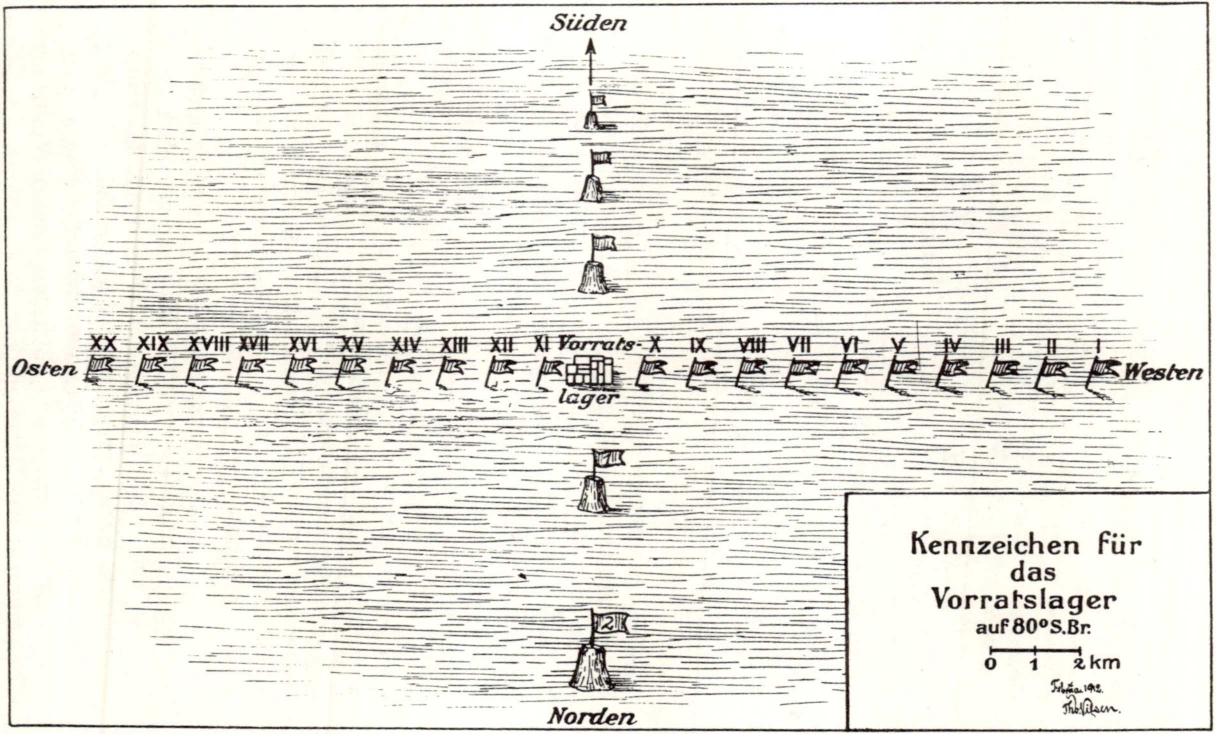

Süden
XX XIX XVIII XVII XVI XV XIV XIII XII XI Vorrats- X IX VIII VII VI V IV III II I
Osten
lager
Westen
2
Norden
Kennzeichen für
das
Vorratslager
auf 80° S.Br.
0 1 2 km

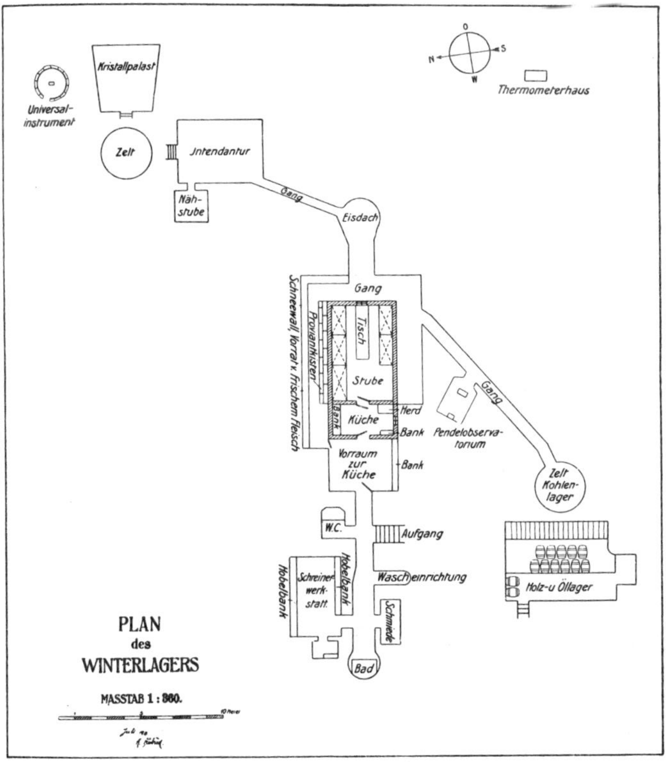

sche Luft. Die Hütte stand in direkter Verbindung mit dem Haus, wo unsere Werkstatt, die Vorratskammer, der Lagerraum, der Keller und außerdem auch ein Badezimmer und ein Beobachtungsraum waren. So hatten wir alles unter Dach und Fach und auch leicht zugänglich, falls das Wetter so kalt und stürmisch werden sollte, daß wir uns nicht hinauswagen konnten.

Die Sonne verließ uns am 22. April, und wir sahen sie erst nach vier Monaten wieder. Während des Winters arbeiteten wir unsere persönliche Ausrüstung vollständig um; denn als wir die Vorratslager anlegten, hatte es sich gezeigt, daß diese Ausrüstung für die ebene Eisplatte viel zu schwer und plump war. Daneben führten wir all die wissenschaftlichen Arbeiten aus, die zu erledigen waren. Wir machten eine Menge bemerkenswerter meteorologi-

Der Eingang zur Hütte (in der Bildmitte der Giebel des Hauses, links oben Hunde- und Vorratszelte)

scher Beobachtungen. Es war sehr wenig Schnee vorhanden, obgleich sich offenes Wasser in der Nähe befand. Wir hatten gehofft, im Laufe des Winters eine höhere Temperatur verzeichnen zu können, aber sie hielt sich sehr niedrig. Fünf Monate lang wurde die Temperatur gemessen; die Aufnahmen schwankten zwischen −50 °C und −60 °C. Die niedrigste hatten wir am 13. August, nämlich −59°. Das Wetter war still; am 1. August hatten wir −58 °C bei einer Windgeschwindigkeit von 6 m in der Sekunde. Die Mitteltemperatur des Jahres betrug −26 °C. Von einem Tag zum andern erwarteten wir einen Orkan, hatten aber nur zwei mäßige Stürme.

Die Südlichter konnten wir nach allen Himmelsrichtungen hin sehr gut beobachten. Den ganzen Winter hindurch war unser Gesundheitszustand ausgezeichnet.

Am 16. August begannen wir mit dem Packen der Schlitten. Zwei wurden im »Kristallpalast«, zwei in der

Intendantur aufgestellt, und es war ein großer Vorteil, daß das Packen unter Dach vorgenommen werden konnte.

Um diese Zeit tanzte die Temperatur förmlich Cancan zwischen −50 °C und −60 °C, ab und zu mit einer kleinen abkühlenden Brise von 6 m in der Sekunde. Es wäre also unter diesen Umständen fast eine Unmöglichkeit gewesen, das Packen im Freien vorzunehmen, wenn es wirklich sorgfältig und dauerhaft gemacht werden sollte. Und das war Bedingung. Unsere festen Stahldrahtseile mit geklopftem Tauwerk zusammenzunähen kostete Zeit. Aber wenn sie nur ordentlich gemacht waren, wie dies jetzt geschah, dann standen die Kisten wie in einem Schraubstock und hatten keine Möglichkeit, sich zu bewegen. Die Zinkplatten, die wir unter den Schlitten hatten, um sie bei losem Schnee zu verwenden, waren weggenommen worden, ihren Nutzen konnten wir nicht einsehen. Dafür hatten wir einen Ersatzschneeschuh unter jeden Schlitten gebunden, der uns später von großem Nutzen war.

Am 22. August standen alle Schlitten fertig gepackt da und warteten nur noch aufs Fortfahren. Den Hunden schien das kalte Wetter, das wir nun so andauernd gehabt hatten, nicht zu gefallen. Wenn die Temperatur bis auf −50 °C hinunterging, sah man ihren Bewegungen an, daß ihnen die Kälte weh tat. Sie hoben die Pfoten abwechselnd auf und hielten sie eine Weile in der Höhe, ehe sie sie wieder auf den kalten Boden stellten.

Wir verloren im Lauf des Winters nicht viele Hunde. Zwei, Jeppe und Jakob, starben an irgendeiner Krankheit. Bursch wurde erschossen, da er am halben Leibe räudig war. Madeiro, so genannt nach seinem Geburtsorte, verschwand gleich im Herbst. Tom verloren wir später. Die beiden sind ohne Zweifel in eine Spalte gefallen. Wir hatten zweimal gute Gelegenheit zu sehen, wie das zugeht. Beide Male sahen wir den Hund in der Spalte verschwinden und konnten ihn dann von oben aus ganz gut beobachten. Er wanderte da drunten ganz ruhig hin und her, ohne einen Laut von sich zu geben. In diesen Fällen waren die Spalten nicht tief, aber sehr steil, so daß der Hund nicht ohne Hilfe herauskommen konnte. Die beiden oben genannten Hunde hatten ohne Zweifel auf dieselbe

Weise ihren Tod gefunden – leider einen langsamen Tod, wenn man bedenkt, welch ein zähes Leben so ein Hund hat. Einige Male geschah es, daß ein Hund plötzlich verschwand, mehrere Tage wegblieb und dann plötzlich wieder erschien. Vielleicht war er in eine Spalte gefallen, und es war ihm doch schließlich gelungen, wieder herauszukommen. Sonderbarerweise kümmerten sich die Hunde wenig um Wind und Wetter, wenn sie sich auf solche Ausflüge begaben. Wenn sie der Hafer stach, verschwanden sie auch an einem Tag, wo die Temperatur auf −50 °C herabgesunken war.

Der 23. August brach an, etwas umwölkt, mit −42 °C. Ein besseres Wetter, um unsere Schlitten herauszuschaffen und nach dem Abgangsplatz zu führen, hätte man sich nicht wünschen können. Die Schlitten mußten durch die nach oben führende Tür der Intendantur ins Freie geschafft werden; diese war die größere von den beiden, da konnte man die jetzt vollbepackten Schlitten leichter hindurchbringen. Doch zuerst mußten wir den Schnee wegschaffen, der sich in der letzten Zeit ungehindert da hatte ansammeln dürfen, weil die Intendanturleute immer den inneren Gang benutzt hatten. Der Schnee hatte sich derart angehäuft, daß von einem Zugang keine Spur mehr zu sehen war; aber mit ein paar festen Schaufeln und ein paar handfesten Männern zum Anpacken war der Eingang bald wieder frei. Mehr Zeit nahm das Herausschaffen der Schlitten in Anspruch. Jeder wog 400 Kilo, und der Weg zur Oberfläche hinauf war steil. Eine Art Winde wurde hergestellt, und mit Ziehen und Schieben wurde einer nach dem andern ans Tageslicht befördert und bis auf den Platz vor dem Instrumentenhäuschen hingezogen, von wo wir freien Weg zur Abfahrt hatten. Die Hunde waren ganz keck und ausgelassen und mußten ordentlich Platz haben. Keine Kiste und kein Ballen – von Pfosten oder gar dem Instrumentenhäuschen gar nicht zu reden –, um die sie nicht hätten herumlaufen müssen. Um den Widerspruch des Schlittenlenkers hätten sie sich den Kuckuck gekümmert.

An diesem Morgen waren die Hunde nicht losgelassen worden, und jeder Mann war nun in seinem Zelt, um sie einzuschirren. Indessen betrachtete ich mir die gepackten

Prestrud und Hanssen beim Verschnüren der Schlitten

Schlitten, die für die weite Reise zur Abfahrt bereit standen. Und ich versuchte ein bißchen poetisch zu werden – »der nie ruhende Menschengeist« ... »die mystische grauenvolle Eiswüste«! – Nein, es ging nicht; es war wohl noch zu früh am Morgen! Ich gab den Versuch auf, nachdem ich zu der Überzeugung gekommen war, daß jeder Schlitten unter der Last seiner schwarz angestrichenen Kisten mehr einem Sarg glich als irgend etwas anderem.

Es war genau so, wie wir es uns gedacht hatten – die Hunde waren fast nicht zu bändigen. War das ein Leben und ein Spektakel, bis sie endlich eingespannt waren! Sie konnten keinen Augenblick stillstehen. Entweder mußte einem Freund guten Morgen gesagt werden, oder man mußte sich rasch mit einem Feind etwas balgen oder irgend sonst was sehen und besorgen. Mit den Beinen ausschlagen, daß der Schnee hoch aufstob, oder einander herausfordernd ansehen, war sehr oft die Einleitung zu einem Kampfgemenge. Bemerkten wir das noch zur rechten Zeit, dann konnten wir durch ein hurtiges, bestimmtes Eingreifen die beabsichtigten Kämpfe noch verhindern; aber wir konnten ja unsere Augen nicht überall

Packen der Schlitten in der Intendantur

zugleich haben, und die Folge davon war eine Reihe wilder Kämpfe. Sonderbare Tiere! Nun hatten sie verhältnismäßig ruhig hier in ihrem kleinen Reich gelebt, aber sobald sie eingeschirrt waren, wollten sie auf Leben und Tod miteinander kämpfen. Endlich war alles fertig, und nun ging's los. Diesmal fuhren wir zum erstenmal mit einem Gespann von zwölf Hunden, und wir waren natürlich äußerst begierig, wie der Versuch ausfallen würde.

Es ging über Erwarten gut – wenn auch nicht wie geschmiert, aber das konnte man ja beim ersten Mal auch nicht verlangen.

Einige Tiere waren im Lauf des Winters zu dick geworden und konnten nur schwer mitkommen; für diese war der erste Ausflug eine harte Aufgabe. Aber die meisten waren in ausgezeichneter Verfassung – feine runde Formen und doch nicht schwammig. Diesmal dauerte es nicht lange, bis wir den Hügel erklommen hatten. Die meisten mußten zwar mit der Peitsche ein bißchen aufgemuntert werden, aber einige liefen auch ohne jegliches Anhalten. Da oben sah alles noch genau so aus, wie wir es im April verlassen hatten. Die Flagge stand genau so da, wie wir sie hineingesteckt hatten, und sah nicht besonders mitgenommen aus. Und was noch besser war, wir fanden auch unsere alten, südwärts laufenden Spuren wieder. Nachdem alle Schlitten gut angekommen waren, spannten wir die Hunde aus und ließen sie los. Keiner von uns zweifelte daran, daß sie sofort jubelnd davonstürzen und den Weg nach den Fleischtöpfen einschlagen würden. Ein großer Teil von ihnen bereitete uns auch hierin keine Enttäuschung. Lustig und vergnügt schlugen sie den Rückweg ein, und bald war das Eis in der Richtung nach Framheim mit Hunden übersät. Sie führten sich auch durchaus nicht wie artige Kinder auf; an einzelnen Stellen stand ein förmlicher Nebelfleck auf dem Eis; das war der Schneestaub, der die Kämpfenden einhüllte. Aber bei der Ankunft daheim waren sie doch tadellos; daß da oder dort einer ein wenig hinkte, wurde nicht gerechnet. Beim Nachzählen stellte sich heraus, daß zehn Stück fehlten. Konnten denn alle zehn in Spalten gefallen sein? Das war doch sehr unwahrscheinlich!

Am nächsten Morgen machten sich zwei Mann nach dem Abgangsplatz auf den Weg, um nach den fehlenden Hunden Ausschau zu halten. Sie kamen über ein paar Spalten, aber keine Hunde waren zu sehen. Als sie jedoch an die Stelle kamen, wo die Schlitten standen, lagen alle zehn Nachzügler zusammengerollt daneben und schliefen; und überdies lag jeder neben seinem eigenen Schlitten. Den Herankommenden schienen sie nicht die geringste Aufmerksamkeit zu schenken, der eine oder andere öffnete wohl die Augen und glotzte sie an, das war aber auch alles. Als sie nun aufgestöbert und durch handgreifliche Zeichen darauf aufmerksam gemacht wurden, daß man ihre Gegenwart zu Hause wünschte, taten sie aufs äußerste erstaunt. Ja, einige glaubten es einfach nicht, sie drehten sich nur ein paarmal um sich selbst und legten sich wieder auf denselben Fleck nieder. Es mußte ihnen wirklich erst etwas Prügelsuppe gegeben werden.

Könnte man sich etwas Unerklärlicheres denken? Da lagen sie bei −40 °C 5 km von ihrem warmen, behaglichen Heim entfernt, wo, wie sie wußten, Überfluß ihrer wartete. Und obgleich sie nun schon 24 Stunden da zuge-

Framheim im Schnee

bracht hatten, machte doch keiner Miene, den Ort zu verlassen. Wäre es noch Sommer gewesen, sonnig und warm, da hätte man es begreifen können. Aber jetzt – nein –, das ging über unseren Verstand!

Der Tag für die endgültige Abreise konnte noch nicht festgestellt werden. Wir mußten warten und uns in Geduld fassen, bis die Temperatur einigermaßen annehmbar war; denn solange es noch so kalt war, konnten wir nicht ans Aufbrechen denken. Immerhin waren alle unsere Sachen fertig auf der Eisplatte; es brauchten nur die Hunde eingespannt zu werden, um loszufahren. Wenn jemand zu uns hereingesehen hätte, würde er zwar eigentlich nicht den Eindruck bekommen haben, daß wir ganz bereit seien; denn da drinnen wurde mehr als je mit Schere und Nadel gearbeitet. Alles, was einem möglicherweise bei ein paar Gelegenheiten als Nebensache von minderer Bedeutung aufgefallen war, die man bei gegebener Zeit ausführen oder auch ganz lassen könnte, erschien einem nun plötzlich als das Wichtigste von der ganzen Ausrüstung. Und heraus flog das Messer und schnitt ritsch ratsch!, bis große Haufen von Fetzen umherlagen. Dann kam die Nadel an die Reihe, und Saum um Saum wurde gestichelt. Die Tage vergingen, aber die Temperatur ließ den Frühling noch nicht ahnen. Ab und zu schwang sie sich bis in die dreißiger empor, aber nur um ebenso schnell wieder auf −50 °C hinunterzufallen. Solch ein Warten ist kein Vergnügen. Ich bekomme dann immer den Eindruck, als wartete ich allein, während alle andern schon unterwegs sind. Wie ich merkte, war ich nicht der einzige, der also dachte. »Möchte wissen, wie weit der Scott heute ist?« – »Ach, der ist bei Gott noch nicht draußen! Für seine Ponys ist es noch zu kalt, das kannst du dir doch denken!« – »Ja, aber wer sagt denn, daß es bei denen so kalt ist wie bei uns? Dort an der Bergwand ist es wahrscheinlich viel wärmer, und darauf kannst du Gift nehmen, die liegen nicht auf der faulen Haut. Diese Burschen haben wahrhaftig gezeigt, was sie leisten können!« Solche Reden konnte man täglich hören. Die Ungewißheit plagte viele – nicht alle –, und mich persönlich plagte sie sogar sehr. Ich war fest entschlossen, eiligst abzufahren, sobald sich nur die geringste Möglichkeit zeigte. Mit dem Einwand, daß es nachteilig sein könnte, wenn man sich zu früh auf den Weg machte, konnte ich mich nicht recht einverstanden erklären. Und wenn es wirklich noch zu kalt sein sollte, so konnten wir ja wieder umkehren, da war leicht abgeholfen. Irgendein Wagnis war also meiner Ansicht nach nicht dabei.

Der September kam mit −42 °C. Na, bei dieser Temperatur hätte man es schon aushalten können, aber wir wollten doch noch ein wenig warten. Vielleicht war es nur ein Lockvogel gewesen! Am nächsten Tag −53 °C; still und klar. Am 6. September −29 °C. Endlich trat die Veränderung ein, und unserer Ansicht nach war es nun auch höchste Zeit. Am nächsten Tag −22 °C. Wahre Frühlingsbotschaft war in dem Lüftchen, das von Osten dahergezogen kam! Ja, nun hatten wir jedenfalls eine gute Temperatur zur Abreise. Alle Mann klar! Morgen geht es los!

Der 8. September brach an. Wir standen wie gewöhnlich auf, verzehrten unser Frühstück und setzten uns dann in Bewegung. Viel war nicht zu tun. Die leeren Schlitten, mit denen wir nach dem Abfahrtsplatz fahren wollten, standen bereit, und wir brauchten nur noch ein paar Sachen daraufzuwerfen. Aber siehe da, gerade weil sie so leicht waren, brauchten wir sehr lange zum Einspannen. Vor jeden Schlitten mußten ja zwölf Hunde gespannt werden, und uns ahnte, daß der Aufbruch eine lebhafte Sache sein werde. Zu zwei und zwei halfen wir einander, die Hunde herbeizuholen und einzuspannen. Die besonders Vorsichtigen hatten ihre Schlitten an einem festen Pfahl im Schnee verankert, während die andern sich damit begnügten, den Schlitten umzustürzen, und wieder andere noch leichtsinniger gewesen waren. Alle mußten fertig sein, ehe der erste abfuhr. War dies nicht der Fall, dann konnte man die Hunde unmöglich mehr regieren, und die Folge war, daß sie halbeingespannt davonrasten. Hu, welch ein entsetzliches Durcheinander und Spektakel herrschte an jenem Morgen unter den Hunden! In zwei Zügen waren einige Hunde läufig, und sie vollführten nicht allein in ihrem eigenen Zug, sondern auch unter den andern einen fürchterlichen Tumult. Der eine Schlittenlenker war so klug, seine Hündin wieder auszuspannen und sie in der Schreinerwerkstatt einzusperren. Aber deshalb hatte er doch noch Schererei genug mit seinem Zug. Die Hunde stellten sich auf die Hinterpfoten, sprangen herum und rissen an den Seilen, um zu der Werkstatt hinzukommen. Aber der Lenker lächelte verschmitzt. Er wußte, wenn sie erst unterwegs waren, gingen alle Liebesgefühle in der Lust, vorwärtszukommen, unter. Der andere Lenker dagegen behielt seine Hündin im Zug. Das sei so ein gutes Tier, sagte er, wenn sie nicht dabei sei, könne er gar nichts mit seinem Zug anfangen, die ganze Polarfahrt wäre dann eine Unmöglichkeit.

Nun war fast alles bereit, wir warteten nur noch auf eine Kleinigkeit. Da hörte ich plötzlich ein wildes Hallo, und wie ich mich umdrehte, sah ich einen Zug ohne Führer auf und davon laufen. Der nächste Lenker sprang zu, um beim Aufhalten zu helfen. Das hatte zur Folge, daß sich auch seine Hunde in Trab setzten – die beiden Schlitten voraus und die Lenker im vollen Galopp hinterher. Aber dieser Wettbewerb war zu ungleich, und schon nach wenigen Augenblicken blieben die Lenker weit zurück. Die beiden ausgerissenen Züge hatten eine südwest-

Die zur Abfahrt bereiten Südpolschlitten

liche Richtung eingeschlagen, und mit Windeseile ging es dahin. Das war ein böser Dauerlauf für die beiden Lenker. Das Galoppieren hatten sie längst aufgegeben, nun gingen sie in den Schlittengeleisen, und sie erreichten die Eispressungen erst eine gute Weile, nachdem die Hunde dahinter verschwunden waren. Wir andern warteten indessen. Die Frage war – was tun die beiden, wenn sie ihre Schlitten erreicht haben? Kehren sie hierher zurück, oder fahren sie gleich auf den Arbeitsplatz? Das Warten war jedenfalls nicht angenehm, und so beschlossen wir, jetzt gleich nach dem Abfahrtsplatz zu fahren und, wenn es notwendig sein sollte, lieber dort zu warten. Gesagt, getan – und es ging von dannen. Na, jetzt würde man ja sehen, wie es mit unserer Herrschaft über die Hunde bestellt war, denn aller menschlichen Berechnungen nach würden nun die noch übrigen Züge denselben Weg einzuschlagen versuchen, den die Ausreißer genommen hatten. Diese Furcht erwies sich jedoch als unbegründet. Dreien gelang es, mit ihren Hunden abzubiegen und sie in die richtige Spur zu leiten, nur den beiden andern liefen die Hunde in der neuen Richtung davon. Sie behaupteten freilich nachher, sie hätten gemeint, alle sollten nun den neuen Weg einschlagen, aber ich lächelte nur und sagte kein Wort. Es war mir selbst schon wiederholt zugestoßen, daß die Hunde den Oberbefehl an sich gerissen hatten, und ich hatte mich jedesmal ein bißchen beschämt gefühlt, aber lieber Gott …

Erst um 12 Uhr mittags waren wir alle mitsamt unseren Schlitten wieder vereint. Die Lenker hatten einen ordentlichen Strauß mit den Durchgängern auszufechten gehabt und waren tropfnaß vor lauter Anstrengung. Ich dachte halb und halb daran, wieder umzukehren, da uns drei junge Hunde nachgelaufen waren, die erschossen werden mußten, wenn sie noch weiter mitliefen. Aber nach der überstandenen Mühe wieder umzudrehen und dann wahrscheinlich am nächsten Morgen dieselbe Prozedur noch einmal durchzumachen – nein, das waren keine angenehmen Aussichten, und schließlich Lindström sich vor Lachen biegend unter der Tür stehen zu sehen –, nein, da lieber vorwärts! Darin stimmten wir sicher alle überein.

Jetzt wurden die Hunde vor die gepackten Schlitten gespannt und die leeren Schlitten aufeinandergestellt. Um ½1 Uhr ging's von dannen. Die Geleise, die wir gesehen hatten, verschwanden zwar rasch, aber wenn wir nur auf die richtigen Flaggen trafen, die auf der letzten Vorratslagerreise in Abständen von je 1 km ausgesteckt worden waren, dann hatte es keine Not. Die Bahn war ausgezeichnet, und es ging blitzschnell südwärts.

An diesem ersten Tag fuhren wir nicht sehr lange – 19 km –, und um ½4 Uhr wurde das Lager aufgeschlagen. Die erste Nacht draußen pflegt nie sehr angenehm zu sein, aber diese war fürchterlich. Die obenerwähnte »Dame« war die ganze Nacht hindurch die Ursache heftigster Auftritte. Unsere 90 Hunde vollführten einen Lärm, daß wir Menschen kein Auge schließen konnten und es als eine Wohltat empfanden, als es morgens 4 Uhr war, wo man ans Aufstehen denken konnte. Ein gewisser Lenker hatte bis zum Morgen auch seine Ansicht geändert. Jetzt wollte er das Frauenzimmer nicht mehr in seinem Zug haben – die Polarfahrt wäre eine Unmöglichkeit mit ihr.

Als wir dann Mittagsrast machten, gab ich Befehl, die Hündin zu erschießen, desgleichen die drei jungen

Hündchen. Die Bahn war an diesem Tag ebenso gut wie am vorhergehenden – sie hätte nicht besser sein können. Die Flaggenstangen, denen wir folgten, standen noch genau so, wie wir sie verlassen hatten. Keine Spur von Niederschlag war an ihnen zu entdecken. An diesem Tag legten wir 25 km zurück. Die Hunde waren noch nicht wieder eingeübt, aber es ging mit jeder Stunde besser, schon nach der zehnten schienen sie wieder ganz auf der Höhe ihrer Leistungen zu sein. An diesem Tag konnte kein einziger Lenker seinen Zug zurückhalten, alle wollten nur immer vorwärts, so daß eine Koppel in eine andere hineinfuhr und ein großer Wirrwarr entstand. Das war eine böse Sache. Die Hunde strengten sich unnötig an, und die Zeit, die man zum Entwirren brauchte, war verloren. An diesem Tag waren die Hunde vollständig wild. Wenn zum Beispiel Lassesen seinen Freund Hans, der vor einen andern Schlitten gespannt war, nur mit einem Auge erblickte, dann munterte er sofort seinen Freund Fix zur Beihilfe auf. Sogleich jagten dann diese beiden davon, was das Zeug hielt, und die Folge war, daß die andern von der Koppel über die plötzliche Zunahme der Fahrgeschwindigkeit aufgeregt wurden und selbst so rasch wie nur möglich weiterstrebten. Und was der Lenker auch anstellte, es half alles nichts. Weiter und weiter ging's, bis der Schlitten erreicht war, vor dem sich das Ziel für Fix' und Lassesens Streben befand. Dann aber fuhren die beiden Züge aufeinander los, und man hatte 96 Hundepfoten zu entwirren. Da blieb dann den Lenkern, die ihre Koppel nicht zurückhalten konnten, nichts anderes übrig, als ein paar Hunde auszuspannen und an den Schlitten zu binden. Auf diese Weise kam man dann endlich befriedigend weiter. An dem Tag legten wir 30 km zurück.

Am Montag, dem 11. September, erwachten wir bei einer Temperatur von −55,5 °C. Es war ein herrliches Wetter – still und klar. Aber den Hunden konnte man wohl anmerken, daß es ihnen nicht gefiel; denn sie hatten sich in der Nacht verhältnismäßig ruhig verhalten. Die Kälte hatte großen Einfluß auf die Bodenbeschaffenheit. Jetzt war der Boden zäh und schwierig. Wir trafen auf einige Spalten, und Hanssens Schlitten, der schon in eine hineingeraten war, wurde noch glücklich aufgehalten und kam unbeschädigt wieder heraus. Während wir marschierten, empfanden wir die Kälte nicht, im Gegenteil, manchmal war es uns zu heiß. Unser Hauch stand uns wie eine Wolke vor dem Munde, und so dicht war der Dampf über jeder Koppel Hunde, daß man den einen Zug nicht von dem andern unterscheiden konnte, obgleich die Schlitten dicht hintereinander fuhren.

Am 12. September hatten wir −52 °C mit direktem Gegenwind. Das war tatsächlich bitter, und es war auch leicht zu merken, daß die Temperatur den Hunden lästig war. Am Morgen besonders boten sie einen traurigen Anblick. Da lagen sie mit der Schnauze unter dem Schwanz zusammengerollt dicht beieinander. Von Zeit zu Zeit lief ein Zittern durch ihren Körper, ja, einige zitterten beständig. Man mußte sie aufrichten und ins Geschirr hineinstellen.

Ich mußte zugeben, daß sich die Fortsetzung der Reise bei dieser Temperatur nicht lohnte. Das Wagnis war zu groß, und es wurde beschlossen, nur bis zum ersten Vorratslager auf 80° s. Br. zu fahren und unsere Ladung dort niederzulegen. An diesem Tag machten wir auch die unangenehme Entdeckung, daß die Flüssigkeit in unseren Spiritusthermometern eingefroren und die Kompasse unbrauchbar waren. Das Wetter war sehr trüb geworden, und man hatte nur eine ganz schwache Ahnung, wo sich die Sonne befand. Unter diesen Umständen war das Vorwärtskommen eine zweifelhafte Sache. Vielleicht hielten wir den richtigen Kurs, aber ebensogut – ja wahrscheinlicher – konnten wir auf falschem Wege sein. Das beste, was wir unter diesen Umständen tun konnten, war das Lager aufzuschlagen und auf Besserung zu warten. An dem Abend wurden die Instrumentenmacher, die die Kompasse geliefert hatten, mit Lobreden überhäuft – das ist sicher und gewiß.

Es war 10 Uhr vormittags, als wir die Fahrt einstellten. Um für den langen Tag, den wir nun wartend verbringen mußten, eine gute Unterkunft zu haben, beschlossen wir, Schneehütten zu bauen. Der Schnee war zwar durchaus nicht dazu zu gebrauchen, aber mit Blöcken, die wir von allen Seiten herbeischleppten, gelang es doch, die Hütten zu bauen. Hanssen war der Baumeister der einen, Wisting der der andern. Bei einer Temperatur, wie wir sie jetzt hatten, ist eine Schneehütte dem Zelt weit vorzuziehen, und wir fühlten uns deshalb außerordentlich behaglich, als wir glücklich darin waren und der Primuskocher sprühte.

In dieser Nacht hörten wir ein sonderbares Rumpeln ringsum. Ich steckte den Kopf hinaus, um zu sehen, ob wir weit hinuntergerutscht seien, aber es war nirgends eine Veränderung zu bemerken. In der andern Hütte hatte man gar nichts gemerkt. Später fanden wir heraus, was das Geräusch bedeutet hatte. Der Schnee hatte sich »gesetzt«. Mit diesem Ausdruck wird eine Bewegung bezeichnet, die vor sich geht, wenn große Strecken der Schneefläche einbrechen und sich setzen. Diese Bewegung, bei der man das unbehagliche Gefühl hat, als weiche der Boden unter einem, ist von einem donnerähnlichen Dröhnen begleitet, bei dem die Hunde und oftmals auch die Lenker entsetzt auffahren. Auf der Hochebene war dieses Dröhnen einmal so stark, daß wir Kanonendonner zu hören vermeinten; aber man gewöhnte sich rasch daran.

Am nächsten Tag hatten wir −52 °C, aber stilles, klares Wetter. Wir legten 30 km zurück und hielten mit Hilfe der Sonne die Richtung ein. Als wir das Lager aufschlugen, waren es −56 °C. Diesmal hatte ich etwas getan, was ich sonst immer bekämpft hatte. Ich hatte nämlich Alkohol mitgenommen, in Form einer Flasche Aquavit und einer Flasche Wacholderbranntwein. Jetzt schien uns die Zeit dafür gekommen zu sein, und ich ließ den Wacholderbranntwein holen. Er war durch und durch eingefroren. Beim Auftauen zersprang die Flasche, und wir warfen sie auf den Schnee hinaus, worauf plötzlich alle Hunde zu niesen anfingen. Auch die nächste Flasche, Aquavit Nummer I, war fest gefroren. Doch nun waren wir durch Schaden klug geworden, und mit aller Vorsicht gelang es uns, sie aufzutauen. Wir warteten, bis alle in ihren Säcken lagen, dann machte der erwärmende Trank die Runde. Ich war sehr enttäuscht. Er schmeckte nicht so, wie ich gedacht hatte. Aber ich bin froh, daß ich ihn versucht habe; denn nun tue ich es nie wieder. Die Wirkung war gleich Null, ich fühlte gar nichts, weder im Kopf noch in den Beinen.

Am 14. September war es ordentlich kühl, die Temperatur hielt sich auf −56 °C. Zum Glück war helles Wetter, so daß wir sehen konnten, wo wir gingen. Wir waren noch nicht lange gegangen, als sich eine hellschimmernde Erhöhung auf der ganz ebenen Fläche zeigte. Heraus mit dem Fernglas! Das Vorratslager! – Richtig, dort gerade in der Richtung, in der wir steuerten, lag es. Hanssen, der die ganze Zeit an der Spitze gefahren war, ohne Vorläufer und meistens auch ohne Kompaß, brauchte sich nicht zu schämen. Wir stimmten alle darin überein, daß er seine Sache gut gemacht habe; an diesem Dank mußte er sich genügen lassen. Vormittags um ¼11 Uhr waren wir dort und machten sofort die Schlitten los. Wisting übernahm die nichts weniger als angenehme Aufgabe, uns bei −56 °C eine Tasse warmer Milch zu verschaffen. Er stellte den Primuskocher hinter zwei Proviantkisten und zündete ihn an. Merkwürdigerweise war das Petroleum in dem Behälter flüssig geblieben, was wohl daher kam, daß es in der Kiste gut geschützt gewesen war. Die Tasse »Horlicks Malzmilch« schmeckte mir an diesem Tag besser als beim letzten Mal, wo ich sie versucht hatte – nämlich in einem Gasthaus in Chicago. Als der Schmaus vorbei war, warfen wir uns auf die fast leeren Schlitten und fuhren heimwärts. Die Bahn war zäh, aber bei dem leichten Gewicht, das die Hunde jetzt zu ziehen hatten, kamen sie rasch vorwärts. Ich war bei Wisting aufgesessen, da ich seine Koppel für die stärkste hielt. Die Kälte hielt sich unverändert, ich habe mich oft darüber gewundert, daß wir ohne zu frieren so ruhig auf den Schlitten sitzen konnten, wie wir es jetzt taten. Aber es ging alles gut. Einige von den Lenkern kamen den ganzen Tag nicht von den Schlitten herunter, die meisten sprangen allerdings von Zeit zu Zeit ab, um sich wieder warm zu laufen. Ich selbst hatte Schneeschuhe angeschnallt und ließ mich hinter dem Schlitten herziehen. Dieser häßliche Sport hat mir nie gefallen, aber unter diesen Umständen ging er doch an. Ich bekam wieder warme Füße und hatte damit meinen Zweck erreicht. Ich tat es später auch wieder, aber da war der Grund ein anderer.

Am 15. September, als wir am Abend in unserem Zelt saßen, unser Abendessen kochten und uns unterhielten, sagte Hanssen plötzlich: »Bei Gott, ich glaube, meine Ferse ist weg!« Herunter kamen die Strümpfe, und heraus kam eine große talgähnliche tote Ferse. Das sah nicht gut aus. Er rieb und knetete daran herum, bis er meinte, er »fühle jetzt wieder etwas«, worauf er die Strümpfe wieder anzog und in seinen Schlafsack kroch. Aber nun kam Stubberud an die Reihe. – »Wahrhaftig, ich glaube, jetzt ist es bei meiner Ferse geradeso«, sagte er. Derselbe Vorgang – dasselbe Ergebnis. Na, das war behaglich – zwei zweifelhafte Fersen und 75 km von Framheim entfernt!

Als wir am nächsten Morgen abfuhren, war das Wetter glücklicherweise milder geworden, fast sommerlich −40 °C. Das war eine ganz behagliche Temperatur. Der Unterschied zwischen −40 °C und −50 °C ist meiner Ansicht nach sehr fühlbar. Man wird vielleicht meinen, wenn man erst soweit sei, spielten ein paar Grade mehr oder weniger keine Rolle mehr. Doch – doch – sie spielen eine Rolle! An diesem Tag hatten wir während der Fahrt mehrere Hunde loslassen müssen, weil sie nicht mehr mitkommen konnten. Wir dachten, sie würden den Spuren folgen. Adam und Lazarus zeigten sich nie wieder. Sara fiel ohne vorausgehende Anzeichen plötzlich tot um. Kamilla war auch unter den Losgelassenen.

Auf dem Rückweg fuhren wir in derselben Ordnung wie an den andern Tagen. Hanssen und Wisting gewannen, wenn sie nicht anhielten und warteten, in der Regel einen großen Vorsprung. Es ging mit Windeseile vorwärts. Bei der 16. Meilenflagge, wie wir es nannten, oder 30 km von Framheim entfernt, beabsichtigten wir, haltzumachen und auf die andern zu warten; da aber das Wetter so gut war wie noch nie, und da wir unsere Spuren vom Südweg den ganzen Tag deutlich sehen konnten, beschlossen wir, weiterzufahren. Je früher man die beiden erfrorenen Fersen unter Dach und Fach bringen konnte, desto besser für sie.

Die beiden ersten Schlitten trafen nachmittags 4 Uhr zu Hause ein, der nächste um 6 Uhr, die beiden anderen um ½7 Uhr. Der letzte kam erst am nächsten Tag mittags

½1 Uhr an – Gott mochte wissen, was mit dem unterwegs geschehen war.

Bei der niederen Temperatur, die wir auf dieser Reise gehabt hatten, begegneten wir einer eigenartigen Schneebildung, die ich noch nie gesehen hatte. Feiner, außerordentlich feiner Stöberschnee ballte sich zusammen und bildete kleine zylinderförmige Körper, durchschnittlich von 3 cm Durchmesser und von ungefähr derselben Höhe, doch waren die Größen auch verschieden. In der Regel rollten sie wie ein Rad über die Schneefläche hin, sammelten sich in Haufen, von wo sie dann wieder einer nach dem andern oder zu mehreren weiterrollten. Wenn man einen von diesen Zylindern auf die Hand nahm, konnte man nicht das geringste Gewicht wahrnehmen; wenn man einen der größten nahm und ihn zusammenpreßte, so blieb sozusagen nichts davon übrig. Bei −40 °C sah man sie nicht mehr.

Sobald wir daheim waren, wurden die Fersen behandelt. Prestrud hatte seine beiden etwas erfroren, die eine leicht, die andere stärker, aber soviel ich sehen konnte, doch nicht so stark wie die beiden andern. Das erste, was wir taten, war, die großen Blasen aufzuschneiden, die sich gebildet hatten, und die darin enthaltene Flüssigkeit herauszudrücken. Dann wurden Borwasserumschläge gemacht, die morgens und abends gewechselt wurden. Die Behandlung mußte ziemlich lang fortgesetzt werden. Endlich konnte die alte Haut entfernt werden. Die neue lag frisch und schön darunter. Die Fersen waren geheilt.

Aus allerlei Gründen sah ich die Notwendigkeit ein, meine Gesellschaft in zwei Teile zu scheiden. Die eine sollte den Marsch nach dem Pol machen, die andere aber König-Edward VII.-Land zu erreichen suchen und sehen, was dort zu tun war, sowie die Umgebung der Walfischbucht untersuchen. Zu dieser Abteilung gehörten Stubberud und Johansen unter der Führung von Prestrud.

Diese neue Einteilung hatte viele Vorteile. Vor allem würde eine kleinere Abteilung leichter vorwärts kommen als eine große. Die vielen Leute und die große Anzahl Hunde hatten auf den vorhergehenden Fahrten deutlich bewiesen, daß diese Anordnung nicht günstig war. Der immer vier Stunden in Anspruch nehmende Aufbruch

Arbeitsabend in der Hütte

am Morgen war sicherlich nur eine Folge der umfangreichen Ausrüstung, die für eine so große Abteilung notwendig war. Aber die Hälfte oder nur eine Zeltabteilung hoffte ich um diese Jahreszeit in der halben Zeit hinzubringen. Die Bedeutung der Vorratslager war selbstverständlich dann um so größer, da sie ja nur fünf Personen der ursprünglich gedachten Abteilung zu versorgen hatten und sie damit viel länger reichten. Vom rein wissenschaftlichen Standpunkt aus bot außerdem die Veränderung so glänzende Vorteile, daß es unnötig ist, näher darauf einzugehen. In der folgenden Zeit arbeiteten wir deshalb sozusagen in zwei Lagern. Die Polabteilung sollte aufbrechen, sobald der Frühling erstlich eingesetzt hätte. Den Aufbruch der andern Abteilung zu bestimmen, überließ ich Prestrud, da er die Fahrt ja zu leiten hatte. Für sie eilte es auch nicht so sehr, und sie konnten sich Zeit lassen. Jetzt begann der alte Eifer mit der Ausrüstung wieder, und die Nadeln wurden die ganze Zeit über fleißig gehandhabt.

Zwei Tage nach unserer Rückkehr zogen Wisting und Bjaaland aus, um bis zu einer Entfernung von 30 km die losgelassenen, aber noch nicht zurückgekehrten Hunde zu suchen und nach Hause zu holen. Sie machten 60 km in sechs Stunden und brachten dann auch glücklich alle zehn Zurückgelassenen zurück. Die am weitesten zurückgebliebenen lagen neben der Flaggenstange. Keiner machte Miene aufzustehen, als die Schlitten ankamen. Sie mußten aufgehoben und eingespannt werden. Einige hatten wunde Pfoten, und diese wurden gefahren. Wahrscheinlich wären die meisten nach einigen Tagen von selbst zurückgekommen. Aber unbegreiflich war es uns doch, daß so gesunde, mutige Hunde, wie mehrere von ihnen waren, sich niederlegen und dann ruhig liegenbleiben konnten.

Am 24. September wurde uns die erste Frühlingsbotschaft zuteil, als Bjaaland mit der Nachricht, daß er einen Seehund geschossen habe, vom Eise heimkam. Daß die Seehunde wieder aufs Eis herausstiegen, war ein gutes Zeichen. Am nächsten Tage wurde der Seehund geholt, und dabei erlegten wir noch einen zweiten. Hei, wie die Hunde sich gebärdeten, als sie frisches Fleisch bekamen, von dem frischen Speck ganz zu schweigen! Und wir Menschen schlugen ein frisches Seehundschnitzel auch nicht aus.

Am 27. September nahmen wir das Dach über unserem Wohnzimmerfenster weg. Das Licht, durch einen großen Holzschacht heruntergeführt, war zwar bedeutend abgeschwächt, bis es zu uns hereinkam, aber Licht – wirkliches Tageslicht – war es eben doch, und wir freuten uns wie die Kinder darüber.

Am 26. kehrte Kamilla nach zehntägiger Abwesenheit heim. Sie war auf der letzten Fahrt 110 km von Framheim entfernt losgelassen worden, und als sie ankam, war sie dick und fett wie immer. Wahrscheinlich hatte sie sich dort draußen in der Einsamkeit an einem ihrer Kameraden gütlich getan. Sie wurde mit großen Ehrenbezeigungen von ihren vielen Bewunderern empfangen.

Am 29. September zeigte sich als ein noch zuverlässigerer Frühlingsbote eine Schar antarktischer Sturmschwalben. Sie kamen dahergeflogen, um uns die frohe Botschaft zu verkündigen, daß der Frühling jetzt im Ernst komme. Wir freuten uns sehr, diese schönen raschen Vögel wieder zu sehen. Sie umkreisten unser Haus mehrere Male, um sich zu vergewissern, daß wir alle noch da seien. Die Hunde benahmen sich höchst komisch dabei. Im Anfang flogen die Vögel ziemlich dicht am Boden. Als nun die Hunde sie gewahr wurden, stürzten sie heraus – die ganze Gesellschaft miteinander –, um sie zu fangen. Gestreckten Laufs, daß ihre Leiber fast den Boden berührten, rasten sie auf die Vögel los, und jeder wollte natürlich der erste sein. Da plötzlich flog die ganze Vogelschar in die Höhe, so hoch, daß die Hunde sie aus den Augen verloren. Diese standen eine Weile starr da und glotzten einander an, offenbar ungewiß, was sie nun tun sollten. Aber eine solche Ungewißheit dauerte in der Regel nicht lange. Mit aller nur wünschenswerten Geschwindigkeit entschlossen sie sich, einander in die Haare zu fahren, um sich zu katzbalgen.

Nun der Frühling wirklich gekommen war, galt es nur noch, die paar Fersen vollends auszuheilen, und dann – auf nach dem Pol!

Zum Pol

Endlich, am 20. Oktober, konnten wir aufbrechen. Das Wetter war in den letzten Tagen nicht sehr zuverlässig gewesen, bald windig, bald still, bald regnerisch, bald hell und klar, kurzum richtiges Aprilwetter. Auch an diesem Tag war es nicht beständig, unsichtig und neblig bis zum Morgen, es sah also nicht vielversprechend aus. Um ½10 Uhr kam doch schließlich ein leichter Wind dahergezogen, und gleichzeitig hellte sich der Himmel auf. Nun brauchte ich nicht lange nach der Ansicht der Begleiter zu forschen. »Was meint ihr – sollen wir aufbrechen?« – »Ja, natürlich ziehen wir los!« Alle ohne Ausnahme waren dieser Meinung. In größter Eile wurden die Hunde eingeschirrt, und mit einem kurzen Gruß, wie wenn man »Morgen auf Wiedersehen!« sagen würde, ging's von dannen. Ich glaube, Lindström stand nicht einmal unter der Tür, um uns abfahren zu sehen. So ein alltägliches Ereignis! Wer macht sich da noch was draus!

Wir waren fünf Mann, Hanssen, Wisting, Hassel, Bjaaland und ich, mit vier Schlitten und je 13 Hunden.

Bei der Abreise waren unsere Schlitten sehr leicht; es war nichts auf ihnen als unsere Ausrüstung, da ja alle Kisten auf 80° wohlgepackt für uns bereitstanden. So konnten wir uns also selbst auf die Schlitten setzen und flott die Peitsche schwingen. Ich saß rittlings auf Hassels Schlitten, und wer uns so gesehen hätte, würde die Fahrt nach dem Pol gewiß sehr einladend gefunden haben.

Drunten auf dem Meereis stand Prestrud mit dem Apparat für die kinematographischen Aufnahmen und drehte unaufhörlich, als wir vorüberkamen. Als wir jenseits zur Eisplatte hinaufstiegen, stand er auch wieder da und drehte weiter. Das letzte, was ich sah, als wir auf dem Bergrücken landeinwärts zogen und alles Bekannte hinter uns verschwand, war der Kinematographenapparat. In hellem Galopp ging es weiter. Ich war eben dabei gewesen, das vor uns liegende Gelände mit den Augen abzusuchen, als ich mich umwendete zum letzten Blick nach dem Ort, der für uns jetzt der Inbegriff aller Herrlichkeit der Welt war, was sah ich – ja, was meint ihr wohl? Einen Kinematographenapparat! Doch jetzt konnte er wohl nichts weiter als Luft aufnehmen, ja kaum das. Schließlich verschwand auch er am Horizont.

Die Bahn war ausgezeichnet; aber je weiter wir landeinwärts kamen, desto nebeliger wurde es. Während der ersten 20 km war ich bei Hassel aufgesessen; als ich aber merkte, daß Wistings Zug die Last von zwei Menschen besser fahren konnte als die andern, setzte ich mich zu ihm. Hanssen fuhr voraus; er konnte nur nach dem Kompaß steuern, da der Nebel zugenommen hatte. Hinter Hanssen kam Bjaaland, dann Hassel, und den Schluß bildeten Wisting und ich.

Wir waren eben eine kleine Anhöhe hinaufgefahren, als es plötzlich auf der andern Seite ebenso steil eine Senkung von ungefähr 20 m abwärts ging. Ich saß mit dem Rücken nach vorne, betrachtete die zurückgelegte Strecke und freute mich über die flotte Schlittenfahrt. Plötzlich fällt der Boden neben dem Schlitten steil ab und zeigt einen gähnenden schwarzen Schlund, groß genug, um uns alle zu verschlingen. Ein paar Zoll weiter nach der einen Seite, und um die Polfahrt wäre es geschehen gewesen. An dem hügeligen Gelände, das voller Kuppen war, merkten wir wohl, daß wir zu weit ostwärts geraten waren, und hielten daher mehr nach Westen. Sobald wir wieder auf sicherem Grund waren, schnallte ich mir die Schneeschuhe an, band mir ein Seil um und ließ mich ziehen. Auf diese Weise wurde das Gewicht mehr verteilt. Es dauerte nicht mehr lange, da hellte sich das Wetter etwas auf, und wir sahen vor uns eine unserer Merkstangen, auf die es geradewegs zuging. Nun hatten wir 37 km zurückgelegt; und sehr befriedigt von unserem ersten Tag, schlugen wir nach der langen Fahrt vergnügt das Lager auf. Meine Annahme, daß alles rascher vonstatten ginge und auch viel weniger anstrengend wäre, wenn wir nur ein einziges Zelt zu versorgen hätten, erwies sich sofort als richtig. Das Zelt stand wie durch einen Zauberschlag plötzlich da, und alles ging uns so hurtig und flink von der Hand, als hätten wir uns seit langer Zeit darauf eingeübt. Das Zelt war vollständig groß genug, und die Art und Weise, wie wir uns darin einrichteten, hätte nicht behaglicher und zweckdienlicher sein können. Wir hielten es folgendermaßen: Sobald wir Halt machten, versammelten sich alle zum Zeltaufschlagen. Die Pflöcke am Zeltmantel wurden eingeschlagen, Wisting kroch in das Zelt hinein und richtete die Stange auf, während wir andern die Seile ausstreckten. War dies geschehen, so ging ich hinein und nahm alles in Empfang, was herein sollte: Schlafsäcke, Küchenkisten und Lebensmittel. Alles wurde gleich auf den richtigen Platz getan, der Primuskocher angezündet und der mit Schnee gefüllte Kochtopf daraufgestellt.

Indessen fütterten die andern ihre Hunde und ließen sie los. Statt der Schutzwand wurde nun loser Schnee um das Zelt hergeschaufelt, und dieser Schutz genügte vollkommen – die Hunde hatten Achtung vor dem Wall. Von allen Schneeschuhen wurden die Bindungen abgenommen und mit anderen leichtbeweglichen Gegenständen entweder in die Küchenkisten hineingesteckt oder mit den Hundegeschirren oben auf die Schneeschuhe gehängt, die aufrechtstehend an den Rand der Schlitten gebunden wurden. Das Zelt war in allen Teilen ausgezeichnet; die dunklen Farben dämpften das Licht und machten es behaglich.

Als wir 10 km auf der Ebene zurückgelegt hatten, mußte Neptun, ein prächtiger Hund, losgelassen werden, denn er war so fett, daß er nicht mehr mitkommen konnte; wir glaubten ganz bestimmt, er werde uns nachlaufen, aber darin täuschten wir uns. Da nahmen wir an, er werde umgedreht und die Richtung nach den Fleischtöpfen eingeschlagen haben. Aber merkwürdigerweise war auch dies nicht der Fall; er ist nicht in Framhein eingetroffen. Es ist ganz rätselhaft, wo das Tier hingekommen ist. Rotta – ein anderes prächtiges Tier – mußte auch losgelassen werden; denn er bekam einen aufgetriebenen Leib und konnte nicht mehr laufen; er fand sich später in Framhein ein. Der Hund Ulrik wurde zuerst auf dem Schlitten gefahren und erholte sich später wieder. Björn hinkte hinter dem Schlitten her, Peary war arbeitsunfähig; er wurde losgelassen, lief noch eine Weile hinterdrein und verschwand dann. Uranus und Fuchs waren sehr schlechter Laune und zogen schlecht. Das war ein riesiger Abfall gleich am ersten Tag, aber dafür waren alle die Hunde, die wir jetzt noch hatten, Goldes wert.

In der Nacht erhob sich eine östliche Brise, aber sie flaute gegen Morgen ab, so daß wir doch um 10 Uhr aufbrechen konnten. Das Wetter hielt sich indes nicht lange; der Wind kehrte mit erneuter Stärke aus derselben Richtung zurück und brachte dichten Nebel mit. Trotzdem legten wir eine gute Strecke zurück und kamen an einer Merkflagge nach der andern vorüber. Nachdem wir 31 km gefahren waren, erreichten wir eine Anfang April von uns errichtete Schneewarte, die trotz der dazwischenliegenden sieben Monate noch ganz gut und fest war. Das zeigte uns, daß man sich auf diese Warten verlassen konnte; sie fielen nicht zusammen. Auf die hier gewonnene Erfahrung begründeten wir unser späteres mächtiges Wartensystem auf dem Weg nach dem Pol.

Im Laufe des Tages drehte sich der Wind nach Westen; er wehte tüchtig, aber glücklicherweise hatte das Schneegestöber aufgehört. Die Temperatur betrug −24,2 °C, und der Marsch war sehr anstrengend. Als wir am Abend Halt machten und unser Zelt aufschlugen, hatten wir eben unsere Spuren vom vorigen Mal wiedergefunden. Scharf und deutlich lagen sie da, obgleich sie nun schon sechs Wochen alt waren. Wir waren sehr vergnügt, als wir sie entdeckten; denn wir hatten während des letzten Teils der Fahrt keine Flaggen mehr gesehen und näherten uns allmählich dem 75 km von Framheim entfernten »Schweineloch«, so daß große Vorsicht geboten war.

Der nächste Tag, der 22. Oktober, brachte dichtes Schneegestöber, eine scharfe Brise aus Südosten mit Niederschlägen und Schneetreiben. An diesem Tage war es nicht ratsam, am »Schweineloch« vorbeizufahren, es sei denn, daß wir unsere früheren Spuren finden würden. Wir hätten sie allerdings nicht weit voraussehen können, aber sie hätten uns doch wenigstens die Richtung gezeigt. Um nun ganz sicher zu sein, hielt ich den Kurs auf Nordost zum Osten, zwei Strich östlicher als den ursprünglichen Kurs. Noch einen letzten Blick auf den Zeltplatz, um zu sehen, daß nichts vergessen war, und dann hinein ins

Olaf Bjaaland

Schneegestöber! Es war ein richtiges Schweinewetter. Es schneite von oben herunter, und außerdem wirbelte der Schnee auch von unten auf, so daß man ganz geblendet wurde. Man konnte so wenig voraussehen, daß wir auf dem letzten Schlitten oft kaum den ersten vor uns im Schneegestöber unterschieden. Bjaaland fuhr voraus; es war nun schon seit längerer Zeit merklich abwärts gegangen, und das war gegen die Annahme. Aber eine genauere Berechnung konnte man ja bei dem Wetter gar nicht machen.

Wir waren schon über mehrere Spalten hinübergekommen, die aber nicht besonders breit gewesen waren. Plötzlich sehen wir Bjaalands Schlitten umsinken. Er selbst springt ab und greift nach der Zugleine. Der Schlitten bleibt einige Augenblicke in schräger Stellung, dann sinkt er immer tiefer in den Boden hinein, schließlich verschwindet er ganz. Bjaaland hatte festen Fuß im Schnee gefaßt, und die Hunde lagen flach auf dem Boden und krallten ihre Pfoten in den Schnee. Indessen sank der Schlitten immer tiefer. Alles das spielte sich in ein paar Sekunden ab. »Jetzt kann ich nicht mehr!« rief Bjaaland. Doch in diesem Augenblick waren Wisting und ich bis zu ihm hingelangt. Er hielt die Leine krampfhaft fest und stemmte sich, so fest er konnte, gegen den Boden. Aber es nützte alles nichts, der Schlitten sank, sank. Auch die Hunde sahen aus, als verstünden sie den Ernst der Lage. Auf dem Schnee ausgestreckt, krallten sie die Zehen in den Boden und wehrten sich aus Leibeskräften gegen das Versinken. Aber es nützte nichts. Zoll um Zoll, unaufhaltsam sanken sie in die Tiefe. Bjaaland hatte ganz recht, wenn er ausgerufen hatte: »Jetzt kann ich nicht mehr!« Noch ein paar Sekunden, und sein Schlitten mit den 13 Hunden hätte das Licht des Tages nie wieder gesehen. Doch im letzten Augenblick kam die Hilfe. Hanssen und Hassel, die, als es geschah, schon eine Strecke voraus waren, hatten ein Gletscherseil vom Schlitten gerissen und eilten nun herbei. Dieses Seil wurde fest an die Zugleine gebunden, und zweien von uns – Bjaaland und mir – gelang es nun, indem wir uns aus Leibeskräften dagegen stemmten, den Schlitten schwebend zu erhalten. Dann wurden zuerst die Hunde abgespannt, hierauf Hassels Schlitten herbeigeholt und quer über die schmalste Stelle der Spalte, wo die Kanten fest waren, gestellt. Dann wurde der Schlitten, der nun schon weit drunten hing, mit vereinten Kräften, soweit wir es vermochten, heraufgezogen und mit Hilfe der Rückensterzen der Hundegeschirre an Hassels Schlitten festgebunden. Jetzt durfte man nachgeben und die Leine loslassen; der eine Schlitten hing nun sicher an dem andern, und wir konnten wieder aufatmen.

Aber nun handelte es sich darum, den Schlitten vollends heraufzubringen, und um dies zu bewerkstelligen, mußte er abgeladen werden. Ein Mann mußte sich, am Gletscherseil angebunden, hinunterlassen, die Verschnürungen über den Kisten lösen und diese heraufreichen. Alle wollten diese Aufgabe übernehmen, aber Wisting erhielt sie. Er band sich das Seil um den Leib und ließ sich hinunter. Bjaaland und ich hatten unsere früheren Plätze wieder eingenommen und dienten als Anker. Indessen berichtete Wisting, was er da drunten sah. Die Kochkiste hing fast ganz heraus und war am Hinunterfallen. Sie wurde sofort gesichert und kam ans Tageslicht herauf. Hassel und Hanssen zogen die Kisten herauf, sobald Wisting sie klar hatte. Die beiden bewegten sich da am Rande des Abgrundes mit einer Nachlässigkeit, die ich im Anfang mit bewundernden Blicken betrachtete. Ich habe Mut und Todesverachtung von jeher bewundert; aber so wie diese beiden es schließlich trieben, ging es doch etwas über das Erlaubte hinaus. Sie spielten förmlich Fangball mit dem Schicksal. Wistings Mitteilung, der Boden, auf dem sie stünden, sei eine nur wenige Zentimeter dicke vorstehende Schicht über dem Abgrund, schien gar keinen Eindruck auf sie zu machen. Im Gegenteil, um so sicherer schienen sie zu stehen.

»Wir haben Glück gehabt, daß wir diesen Platz gefunden haben«, erklärte Wisting, »es ist nämlich die einzige Stelle, wo die Spalte so schmal ist, daß man den Schlitten quer darüber stellen kann. Wären wir nur ein klein wenig weiter links gefahren« – Hanssen sah begehrlich in die angegebene Richtung –, »dann wäre keiner von uns mit dem Leben davongekommen. Dort ist gar keine übergreifende Oberfläche, nur eine ganz papierdünne Rinde. Übrigens sieht es hier unten durchaus nicht einladend aus. Ungeheure Eiszapfen starren einem von allen Seiten entgegen, und sie würden einen aufspießen, ehe man weit hintergekommen wäre.«

Diese Beschreibung war nicht sehr erbaulich; welches Glück, daß wir einen so »guten« Platz gefunden hatten.

Indessen war Wisting mit seiner Arbeit fertig geworden und wurde selbst wieder heraufgezogen. Auf die Frage, ob er sich freue, daß er glücklich wieder oben sei, antwortete er lächelnd, es sei ganz gut und geschützt da unten gewesen. Jetzt zogen wir den Schlitten herauf, und vorläufig war nun alles wieder gut.

»Aber«, sagte Hassel, »wir müssen sehr vorsichtig sein, wenn wir hier weiter wollen; denn als Hanssen und ich vorhin den Schlitten herschafften, war ich nahe daran einzubrechen.« Er lächelte dabei, als denke er an eine schöne Erinnerung.

Ja, Hassel hatte recht gesehen, hier war wahrlich Vorsicht vonnöten, man brauchte die Spalten nicht erst zu suchen, es gab hier buchstäblich nichts anderes. In diesem »Schweineloch« weiterzugehen – denn darüber waren wir längst einig, daß wir trotz unserer Vorsichtsmaßregeln an dem berüchtigten Ort angekommen waren –, nein, das war nicht ratsam; wir mußten also einen Platz suchen, um das Zelt aufzuschlagen, wenn es überhaupt möglich war, einen solchen zu finden. Aber das war leichter gesagt als getan. Das Zelt wurde schließlich auf einem dem Anscheine nach festen Grund aufgestellt und die Seile nach allen Richtungen über Spalten hinübergezogen. Allmählich waren wir ganz vertraut mit dem Gelände. Dieser Spalt lief da und da hin, jener hatte eine Nebenspalte, die so und so lief, genau wie die Schüler in der Schule eine Gebirgskarte beschreiben.

Indessen hatten wir alle unsere Sachen so gut wie möglich in Sicherheit gebracht. Die Hunde blieben angespannt, um die Gefahr, sie zu verlieren, zu verringern.

Wisting wollte eben zu seinem Schlitten hingehen – eine Strecke, die er schon wiederholt zurückgelegt hatte –, als ich plötzlich nur noch seinen Kopf, seine Schultern und Arme über dem Schnee sah. Er war eingebrochen, hielt sich aber fest, indem er im Fallen die Arme nach beiden Seiten ausstreckte. Auch diese Spalte war, wie die andern, bodenlos. Gottlob konnten wir ihm wieder heraushelfen; dann gingen wir ins Zelt und kochten uns Labskaus. Wir ließen das Wetter Wetter sein und machten es uns im Zelt so behaglich wie nur möglich. Es war mittags 1 Uhr. Der Wind flaute indessen langsam ab, und ehe wir's uns versahen, herrschte vollkommene Stille.

Um 3 Uhr wurde es etwas heller, und wir gingen hinaus, um Ausschau zu halten. Das Wetter klarte offenbar auf, und am Horizont im Norden sah man sogar Anzeichen von blauem Himmel, gegen Süden jedoch war es ganz trübe. In weiter Ferne konnte man durch den Nebel hindurch ganz schwach die Umrisse einer kuppelartigen Höhe wahrnehmen. Wisting und Hanssen wurden auf Kundschaft ausgeschickt, und es zeigte sich, daß es eine von den kleinen, heuschoberförmigen Erhöhungen war, die wir in dieser Gegend schon früher bemerkt hatten. Sie schlugen mit dem Stock darauf, und richtig, sie war hohl, und unter ihr gähnte der schwärzeste Abgrund. Hanssen gluckste förmlich vor Wohlbehagen, als er dies erzählte, und Hassel warf ihm neidische Blicke zu.

Um 4 Uhr war es so hell geworden, daß eine aus drei Mann bestehende Abteilung ausziehen konnte, um einen

Weg aus diesem schrecklichen Gelände herauszufinden. Ich selbst befand mich unter den dreien, deshalb waren wir an einer langen Gletscherleine angeseilt. Ich kann das Einbrechen nicht leiden, wenn ich weiß, daß eine kleine Vorsichtsmaßregel es verhindern kann. Wir richteten den Kurs auf Osten, nach derselben Richtung, in der wir das letztemal aus diesem Gelände hinausgekommen waren. Und siehe, kaum waren wir eine kleine Strecke gegangen, da hatten wir es vollständig hinter uns.

Mittlerweile war es so hell geworden, daß wir uns umsehen konnten. Unser Zelt stand in der nordöstlichen Ecke des mit kleinen Kuppen bedeckten Geländes, und nun konnten wir mit Sicherheit feststellen, daß wir tatsächlich in das »Schweineloch« geraten waren. Wir gingen noch eine kleine Strecke weiter ostwärts, bis wir unseren Weg deutlich vor uns sahen, und kehrten dann zum Zeltplatz zurück. Nun wurde rasch alles gepackt und zum Aufbruch fertig gemacht. Welch eine Erleichterung war es, als wir wieder festen Grund unter den Füßen hatten. Nun ging es mit Windeseile südwärts. Daß wir indes noch immer nicht ganz aus dem gefährlichen Gelände heraus waren, zeigte uns südlich gerade voraus eine Anzahl der heuschoberartigen Erhöhungen. Sie erstreckten sich quer über unsere Weglinie, und tiefe, wenn auch schmale Spalten, die wir überschreiten mußten, mahnten noch zur Vorsicht. Als wir in die Nähe der Kuppenreihe kamen, die sich gerade quer über unseren Weg hinzog, machten wir Halt und hielten Rat über unsere Aussichten.

»Wenn wir den Weg quer hindurchlegen, anstatt außen herumzufahren, sparen wir viel Zeit«, sagte Hanssen.

Das mußte ich einräumen; aber andererseits war das ein viel größeres Wagnis.

»Ach, lassen Sie es uns doch versuchen«, fügte Hanssen noch hinzu; »wenn es nicht geht, dann geht es eben nicht.«

Ich war schwach genug, mich überreden zu lassen, und aufs neue ging es zwischen die Kuppen hinein. Hanssen freute sich unverhohlen, das war etwas für ihn! Jetzt ging's auf Tod und Leben. Merkwürdig genug kamen wir über mehrere von den Kuppen hinüber, ohne daß etwas Besonderes zu bemerken gewesen wäre, und wir hofften

Zerklüftetes Gelände auf der Eisplatte

schon, es würde uns vollends glücken. Da verschwanden plötzlich die drei ersten Hunde Hanssens, und die andern hielten jäh an. Doch es gelang ihm, die drei ohne zu große Schwierigkeit wieder heraufzuziehen und über die Spalte hinwegzukommen, und wir andern kamen ohne Unfall hinter ihm drein. Aber die weiteren Fortschritte erschienen mir allmählich zweifelhaft, denn nach wenigen Schritten brachen schon wieder drei Hunde ein. Wir waren in einem vollkommen ähnlichen Gelände wie vorher. Viele verzweigte Spalten erstreckten sich nach allen Richtungen. Doch nun hatte ich genug und wollte nicht mehr an dieser Todesfahrt teilnehmen. Ich erklärte daher aufs bestimmteste, daß wir wenden und, unseren Spuren folgend, außen herumfahren müßten.

Hanssen sah ganz betreten aus und meinte: »Aber wir sind ja gleich drüben.«

»O ja«, erwiderte ich, »das ist wohl möglich, aber zuerst müssen wir zurück.«

Das fiel ihm offenbar sehr schwer. In eine dieser Hügelbildungen hatte er sich geradezu verliebt, und er wollte gar zu gerne seine Kraft an ihr erproben. Es war Schraubeneis, wie es sich ebensogut mitten im Packeis bilden kann, und es sah aus, als sei es aus vier großen, aufrecht gegeneinander gestellten Eisschollen gebildet. Ohne es näher zu untersuchen, wußten wir, was es enthielt – einen gähnenden Abgrund. Hanssen schenkte dieser Bildung einen letzten wehmütigen Blick und wendete ihr dann den Rücken zu. Wir konnten jetzt deutlich die ganze Umgebung sehen; diese ganze Strecke lag, wie schon gesagt, in einer Talsenkung, die wir nun umgingen, so daß wir ohne weiteren Unfall auf die nach Süden führende Höhe gelangten.

Hier erblickten wir gleich unsere Flaggen. Sie standen im Osten, und damit wurde unsere Vermutung, daß wir zu weit westlich geraten waren, bestätigt. Wir bekamen indes noch einmal Fühlung mit diesem zerrissenen Gelände, denn es ging abermals über einige Spalten und auch an einem großen Loch vorüber, in das wir selbstverständlich einen Blick hineinwarfen. Dann aber hatte der Greuel ein Ende, und wir konnten uns wieder eines festen Bodens erfreuen.

Am Abend erreichten wir die beiden Schneehütten, die wir bei unserem letzten Hiersein gebaut hatten, und hier, 42 km vom Vorratslager entfernt, wurde Rast gemacht. Die Hütten waren zugeschneit, und wir ließen sie unberührt, denn das Wetter war jetzt so schön und mild, daß wir das Zelt vorzogen.

Das war ein ereignisreicher Tag gewesen, und wir konnten froh sein, daß wir so gut davongekommen waren. Der Weg war nachher sehr gut geworden, und wie im Spiel war es vorwärts gegangen.

Als wir am nächsten Morgen aufbrachen, war der Himmel mit Wolken überzogen, und schon nach kurzer Zeit waren wir mitten in einem südwestlichen Sturm mit so dichtem Schneegestöber, daß wir kaum auf zehn Schritt sehen konnten. Wir wollten an diesem Tag das Vorratslager erreichen, aber wenn dieses Wetter anhielt, war es mehr als zweifelhaft, ob wir es finden würden. Wir beeilten uns indes, soviel wir konnten; es war noch weit hin, wir brauchten also noch nicht zu fürchten, daß wir daran vorüberführen. Im Zenit war der Himmel klar geblieben, und so gaben wir uns doch noch der Hoffnung hin, der Wind und das Schneegestöber würden bald aufhören. Aber so gut sollte es uns doch nicht gehen, es wurde eher schlimmer als besser.

Auf Wistings Schlitten hatten wir unser allerbestes Meßrad, eines, auf das wir uns sicher verlassen konnten. Er prüfte deshalb die Entfernung nach. Um ½2 Uhr nachmittags wendete er sich nach mir um und machte mich darauf aufmerksam, daß die geschätzte Entfernung bis zum Vorratslager jetzt gerade zurückgelegt sei. Ich rief Hanssen zu, er solle seine Augen tüchtig gebrauchen. Da – in demselben Augenblick tauchte das Vorratslager auf einige Schritt Entfernung links von uns auf. In der nebligen Luft sah es wie ein ganzer Schneepalast aus. Wie froh waren wir! Das war eine gute Probe für das Meßrad und den Kompaß gewesen. Wir fuhren ganz dicht heran, und dann wurde Halt gemacht. Drei wichtige Punkte mußten wir auf unserem Wege nach dem Süden erreichen – der erste war nun erreicht. Natürlich waren wir äußerst vergnügt und befriedigt. Die 160 km von Framheim bis zum ersten Lager waren in vier Tagesmär-

Das Vorratslager auf 80° s. Br.

schen zurückgelegt worden; wir konnten unsere Hunde jetzt ausruhen lassen und ihnen so viel Seehundfleisch gönnen, wie sie nur fressen konnten. Der Weg hierher war für die Hunde ausgezeichnet gewesen; mit einer einzigen Ausnahme waren jetzt alle in bester Verfassung. Dieser eine war Uranus; was wir auch immer taten, er wollte kein Fett ansetzen, blieb mager und knochig, und beim Vorratslager auf 82° s. Br. erwartete ihn der Tod. Wenn Uranus mager war, dann hätte man von Jaala nicht dasselbe sagen können. Arme Kleine! Trotz ihres Zustands gab sie sich alle Mühe, mitzukommen. Sie tat ihr Äußerstes; aber wenn ihr Umfang bis zur Abfahrt von 82° s. Br. nicht abgenommen hatte, dann mußte sie Uranus in die andere Welt folgen.

Nun wollen wir einen kleinen Gang nach unseren fertig gepackten Schlitten unternehmen und sehen, was darauf liegt! Der von Hanssen ist der erste – nach Süden gerichtet steht er da. Darauf kommen die von Wisting, Bjaaland und Hassel. Einer sieht fast genau so aus wie der andere. Mit Lebensmitteln sind sie vollständig gleich ausgerüstet; die Kiste Nr. 1 enthält ungefähr 5300 Stück Zwieback und wiegt 50,38 kg; Kiste Nr. 2: 112 Rationen Hundepemmikan, elf Würste Milchpulver, Schokolade und Zwieback bis zu einem Gesamtgewicht von 80,40 kg; Kiste Nr. 3: 124 Rationen Hundepemmikan, zehn Würste

Milchpulver und Zwieback – Gesamtgewicht 73,20 kg; Kiste Nr. 4: 39 Rationen Hundepemmikan, 86 Rationen Menschenpemmikan, neun Würste Milchpulver und Zwieback – Gesamtgewicht 74,90 kg; Kiste Nr. 5: 96 Rationen Hundepemmikan – Gesamtgewicht 55,20 kg. Das wirkliche Gewicht sämtlicher Lebensmittel auf jedem Schlitten beträgt 303,2 kg. Mit der Ausrüstung und dem Gewicht des Schlittens beläuft sich das Gewicht auf nahezu 400 kg.

Hanssens Schlitten unterschied sich von den andern dadurch, daß die Beschläge zur Befestigung der Riemen anstatt aus Stahl aus Aluminium waren und sich kein Meßrad auf ihm befand; denn sein Schlitten mußte wegen des Steuerkompasses durchaus frei von allem Eisen sein. Auf jedem der drei andern Schlitten befanden sich auch Meßrad und Kompaß, demgemäß waren wir mit drei Meßrädern und vier Kompassen ausgerüstet. An Instrumenten hatten wir zwei Sextanten und drei künstliche Horizonte, zwei mit Glas und einen mit Quecksilber. Ferner ein Hypsometer für die Höhenmessung und ein Federbarometer. Für meteorologische Beobachtungen waren vier Thermometer vorhanden und außerdem noch zwei Ferngläser. An Arzneien hatten wir eine kleine Reiseapotheke von Boroughs Welcome & Co. und außerdem noch viele medizinische Instrumente: eine Zange zum Zahnausziehen und – einen Rasierapparat. Die Nähausrüstung war sehr reichhaltig; schließlich führten wir auch noch ein kleines Zelt mit, für den Fall, daß jemand zurückkehren müßte, denn da wäre es höchst notwendig gewesen. Ferner hatten wir zwei Primuskocher und einen reichlichen Vorrat an Petroleum bei uns, von dem 120 Liter auf drei Schlitten verteilt waren. Wir behielten die gewöhnliche Verpackung bei, aber sie erwies sich als zu schwach; zwar büßten wir kein Petroleum ein, aber Bjaaland mußte beständig löten, damit die Behälter nicht leckten. Wir hatten einen sehr guten Lötapparat bei uns. Jeder besaß überdies einen eigenen Sack, in dem er alle Ersatzkleidungsstücke, Tagebücher und Beobachtungsbücher aufbewahrte; ferner eine Anzahl loser Ersatzriemen für die Schneeschuhbindungen. In der ersten Zeit hatten wir doppelte Schlafsäcke, das heißt, einen inneren und einen äußeren. Ferner hatten wir fünf Uhren bei uns, von denen drei Beobachtungsuhren waren.

Die Entfernug von 80° bis 82° s. Br. wollten wir in Tagesmärschen von 28 km zurücklegen. Wir hätten zwar gut das Doppelte leisten können, aber da es sich mehr darum handelte, überhaupt hinzugelangen, als möglichst rasch vorwärtszukommen, machten wir so kurze Märsche. Außerdem hatten wir hier zwischen den Vorratslagern Lebensmittel genug, so konnten wir's uns erlauben. Wir waren sehr neugierig, wie sich die Hunde ihrer Aufgabe, die vollbeladenen Schlitten zu ziehen, stellen würden. Daß sie es leisten konnten, glaubten wir schon, aber wir wußten doch nicht, ob es ihnen leicht oder schwer fallen würde.

Am 26. Oktober verließen wir 80° s. Br. bei einer leichten nordwestlichen Brise und klarem, mildem Wetter. Jetzt war es an mir, die Stellung des Vorläufers zu übernehmen; ich stellte mich also mit den Schneeschuhen in der rechten Richtung ein paar Schritte vor Hanssens Schlitten auf und warf einen letzten Blick zurück. »Alles klar! Los!« Und ich fuhr los. Ich dachte – nein, ich bekam nicht Zeit zu denken. Ehe ich wußte, wie mir geschah, war ich von den Hunden über den Haufen gerannt. In dem Wirrwarr, der nun entstand, hielten die Tiere glücklicherweise an, so daß ich ohne Schaden davonkam. Eigentlich war ich ärgerlich, aber ich war vernünftig genug, einzusehen, daß der schon vorher komische Auftritt doppelt lächerlich sein würde, wenn ich meinen Ärger zeigte, und so schwieg ich fein still. Und wem hätte ich eigentlich auch Schuld geben sollen? Ich selbst war der einzige, der angeklagt werden konnte. Warum war ich nicht rasch genug gelaufen? Ich versuchte auf andere Weise meine Aufgabe zu erfüllen – das ist ja keine Schande – und begab mich ganz nach hinten hin zum Nachtrab. Da machte ich meine Sache besser. »Alles klar! Los!« Es ging wahrhaftig! Zuerst Hanssen los wie ein Meteor, dicht hinter ihm Wisting, dann Bjaaland und Hassel. Sie hatten alle Schneeschuhe an und ließen sich von den Schlitten ziehen.

Ich hatte beschlossen, hinterdrein zu fahren, denn ich dachte, die Hunde würden schon mit der Zeit genug be-

Am Ende des Tagesmarsches

kommen. Aber das war mir bald verleidet. Nachdem die ersten 10 km in einer Stunde zurückgelegt waren, hatte ich mehr als genug. Ich ging zu Wisting hin, band ein Seil um seinen Schlitten, und da blieb ich und ließ mich ziehen, bis wir 85° 5′ s. Br. erreicht, also 560 km zurückgelegt hatten!

Das war eine angenehme Überraschung! So etwas hätten wir uns nicht träumen lassen. Sich nach dem Pol auf Schneeschuhen ziehen zu lassen! Dank Hanssens Meisterschaft als Schlittenlenker war es für uns andere alle ein Kinderspiel. Er meisterte seine Hunde, und die Hunde kannten ihren Herrn. Sie wußten, im selben Augenblick, wo sie ihre Pflicht nicht taten, wurde angehalten und einer nach dem andern ohne Ausnahme durchgewalkt. Natürlich kam es hier, wie sonst überall auf dem Erdenrund, auch vor, daß die Natur den Sieg über die Erziehung davontrug; aber die »Konfirmation«, die dann vorgenommen wurde, machte allen ähnlichen Vorkommnissen für lange Zeit ein Ende.

Auf diese Weise war der Tagesmarsch bald vollendet, und wir schlugen unser Lager auf. Schon am nächsten Tag gewahrten wir die großen Eispressungen im Osten, die wir auf der zweiten Vorratslagerreise zwischen 81° und 82° s. Br. gesehen hatten. Dies war uns ein Beweis, daß das Wetter sehr klar war; aber bei diesem zweiten Male sahen wir trotzdem nicht mehr als damals.

Nach der Erfahrung, die wir mit der Errichtung der Schneewarten gemacht hatten, konnten wir ermessen, welche ausgezeichneten Wegweiser solche Warten für unseren Rückweg sein mußten, und so beschlossen wir, diese Art der Bezeichnung in allerweitester Ausdehnung anzuwenden. Wir bauten im ganzen 150 2 m hohe Warten, zu denen 9000 Blöcke verwendet wurden, die wir mit eigens dazu bestimmten großen Schneemessern aus dem Schnee herausschnitten. In jeder Warte wurde ein Papier niedergelegt, auf dem ihre Nummer und ihre geographische Lage verzeichnet waren, außerdem auch, wie weit und in welcher Richtung man fahren müßte, um die nächste, weiter nördlich gelegene Warte zu erreichen.

Es sieht vielleicht aus, als sei meine Vorsicht übertrieben gewesen. Aber ich hatte immer das Gefühl, als könne man auf diesem unendlichen, keinen Anhaltspunkt bietenden Gelände nicht vorsichtig genug sein. Wenn wir hier den Weg verloren hätten, wäre es außerordentlich schwierig für uns gewesen, den Rückweg zu finden. Außerdem bot dieser Wartenbau noch andere Vorteile, die wir alle einsahen und schätzten. So oft wir anhielten, um eine Warte zu errichten, gewannen die Hunde eine Ruhepause, die ihnen höchst notwendig war, wenn sie aushalten sollten. Die erste Warte wurde auf 80°23′ s. Br. errichtet. Im Anfang begnügten wir uns, alle 13 bis 15 km eine zu errichten.

Am 30. Oktober erschossen wir den ersten Hund. Es war Hanssens Bauer, der fallen mußte. Er war zu alt, um noch mitzukommen, schleppte sich nur noch mit und hinderte die andern. Er wurde in der Warte niedergelegt und war uns – oder wenigstens den Hunden – später ein großer Genuß. An demselben Tag erreichten wir den zweiten wichtigen Punkt – das Vorratslager auf 81° s. Br. Unsere Richtung führte ein ganz klein wenig östlich daran vorüber. Die Kistenbretter, mit denen das Lager nach rechts und links bezeichnet war, sahen wir schon aus weiter Ferne. Bei näherer Untersuchung konnte man keinen Niederschlag an ihnen wahrnehmen, und sie standen noch genau so da, wie sie hineingesteckt worden waren. In der Nähe des Lagers mußten wir über zwei ganz ansehnliche Spalten hinüber. Sie waren allem Anschein nach ausgefüllt und verursachten uns auch keine Schwierigkeiten.

Nachmittags zwei Uhr waren wir am Lager und fanden alles in schönster Ordnung. Die Flagge wehte und sah noch fast wie neu aus; man merkte ihr durchaus nicht an, daß sie nun seit beinahe acht Monaten hier geflattert hatte. Die Schneewehen rings um das Lager her waren ungefähr ½ m hoch.

Am nächsten Tag war strahlend helles, stilles Wetter. Die Sonne brannte einem ordentlich ins Gesicht. Wir breiteten alle unsere Fellkleider zum Trocknen aus, denn etwas Reif bildet sich meist doch unten in den Schlafsäkken. Außerdem benutzten wir die gute Gelegenheit zur Feststellung des Orts und zu einer Nachprüfung des Kompasses. Alles war in Ordnung! Nun wurden die auf dem Wege hierher verbrachten Lebensmittel ersetzt, und am 1. November zogen wir weiter.

An diesem Morgen herrschte dichter Nebel und sehr unangenehmes Wetter; vielleicht fühlten wir es auch nach dem vorhergehenden schönen Tag besonders stark. Als wir auf der ersten Schlittenreise hier ankamen, fielen Hanssens Hunde in eine Spalte; aber nach unseren jetzigen Erfahrungen machte uns das kaum mehr Eindruck. Einstweilen hatten wir an diesem Tag keine Widerwärtigkeiten zu überstehen, und wir erwarteten diesmal auch keine. Aber was man am wenigsten erwartet, trifft auch in diesen Gegenden oft nur zu schnell ein. Der Schnee war lose und das Gehen sehr beschwerlich. Von Zeit zu Zeit trafen wir auf eine schmale Spalte, und einmal fuhren wir im Nebel dicht an einem großen schwarzen Loch vorüber; jedenfalls waren wir nicht weit davon entfernt, sonst hätten wir es bei dem Nebelgewoge nicht sehen können.

Die ersten 22 km ging alles gut; da mußte Hanssen über eine meterbreite Spalte hinüberfahren und hatte dabei das Mißgeschick, daß sich seine Schneeschuhspitze zwischen den Rückensterzen der beiden hintersten Hunde verfing und er quer über die Spalte fiel. Die Hunde waren schon ein paar Meter auf der andern Seite drüben, aber der Schlitten stand gerade quer über der

Spalte und hatte sich, als Hanssen zu Boden fiel, etwas gedreht; nur noch eine kleine weitere Wendung, und er befand sich längs der Spalte und versank in die Tiefe. Die Hunde witterten, daß ihr Herr und Meister in diesem Augenblick nicht fähig wäre, eine »Konfirmation« vorzunehmen, und diese günstige Gelegenheit konnten sie sich nicht entgehen lassen. Wie brüllende Tiger fiel die ganze Koppel übereinander her und balgte sich, daß die Fetzen flogen. Dies bewirkte natürlich kleine scharfe Rucke an den Rückensterzen, mit der Folge, daß der Schlitten immer schräger auf der Spalte zu stehen kam. Gleichzeitig kamen die Hunde in der Hitze des Gefechts dem Rande des Abgrunds immer näher. Wenn sie da erst hinuntersausten, waren sie unrettbar verloren. Einer von uns setzte rasch über die Spalte hinüber, sprang mitten in die Hundeschar hinein und machte dem Kampf glücklich ein Ende, während Wisting gleichzeitig Hanssen ein Seil zuwarf und ihn aus seiner wenig behaglichen Lage befreite. Freilich mußte ich gleich im Weitergehen unwillkürlich denken: Ob diese gefährliche Lage nicht für Hanssen gerade ein Genuß war? Über einem schwindelnden Abgrund ausgestreckt, mit der Aussicht, in der nächsten Sekunde hinabzustürzen – das war etwas für ihn! Auch der Schlitten konnte noch gerettet werden. Dann vollendeten wir unsere 28 km und schlugen das Lager auf. Von 81° s. Br. an errichteten wir jeden neunten Kilometer (entsprechend fünf Breitenminuten) Warten.

Am nächsten Tag hatten wir die niederste Temperatur während dieser ganzen Reise: −35,5 °C. Der Wind blies aus Südost, aber nicht sehr stark, doch eigentlich sommerlich war er auch nicht. Wir führten nun den Brauch ein, den wir auf dem ganzen Weg nach Süden beibehielten, bei dem Bau einer Warte, die mitten auf unserem Tagesmarsch lag, eine Frühstückspause zu machen. Das Frühstück war nicht sehr reichhaltig: drei bis vier trokkene Haferzwiebäcke – Punktum! Wenn man etwas zu trinken dazu haben wollte, konnte man sich die Zwiebäcke mit Schnee vermischen: »Bei Wasser und Brot«, jawohl! Dieses Gericht ist in unseren heimatlichen Gefilden ja nicht sehr gesucht. Aber die geographische Breite spielt hier im Leben eine große Rolle. Wenn uns jemand noch mehr »Wasser und Brot« angeboten hätte, wäre es dankbar angenommen worden.

An diesem Tag trafen wir für lange Zeit auf die letzte Spalte, die überdies nur ein paar Zoll breit war. Das Gelände voraus sah jetzt sehr schön aus, es erstreckte sich in sehr langen, fast unmerklich wellenförmigen Linien, die wir nur daran erkennen konnten, daß die Warten, die wir bauten, oft sehr rasch hinter uns verschwanden.

Am 3. November hatten wir eine scharfe Brise aus Süden mit starkem Schneetreiben. Die Bahn war sehr zäh, aber die Hunde brachten ihre Schlitten über Erwarten gut vorwärts. Wenn der Wind aus Süden blies, stieg die Temperatur meistens, und diesmal hatten wir −10 °C. Bei dieser Temperatur war die Fahrt das reine Vergnügen, selbst wenn es ein wenig blies.

Am nächsten Tag hatten wir leichte Brise aus Norden. Die zähe Bahn vom vorhergehenden Tag war ganz verschwunden; sie war nun so gut, wie man sie sich nur wünschen konnte, und unsere Hunde schlugen plötzlich einen raschen Galopp an.

An diesem Tag sollten wir das Vorratslager auf 82° s. Br. erreichen; da aber vollständiger Nebel herrschte, waren die Aussichten darauf nicht sehr groß. Am Nachmittag hatten wir die Entfernung zurückgelegt, aber kein Lager war zu erblicken. Der Gesichtskreis war freilich auch nicht nennenswert – zehn Schlittenlängen war alles. Unter diesen Umständen war das Vernünftigste, was wir tun konnten, das Zelt aufzuschlagen und zu warten, bis sich der Himmel aufklärte.

Um 4 Uhr morgens brach die Sonne durch die Nebelmassen. Wir ließen sie zuerst ein wenig Wärme verbreiten und den Nebel aufsaugen, dann schauten wir uns um. Was für ein Morgen empfing uns! Strahlend hell und mild! Still, ganz still lag die gewaltige Öde vor uns, eben, ganz eben, weiß in weiß! Doch nein, dort drüben wurde die Einförmigkeit unterbrochen, dort nahm das Weiß eine dunklere Färbung an. Der dritte wichtige Punkt war erreicht, der äußerste Vorposten der zivilisierten Welt nach Süden war gewonnen – dort vor uns lag unser letztes Vorratslager! Das war eine ungeheure Erleichterung. Nun kamen wir uns schon halb und halb als Sieger vor.

Im Nebel waren wir zwar 5,5 km zu weit westwärts gekommen, aber wir sahen nun genau, wenn wir gestern unsern Marsch im Nebel fortgesetzt hätten, wären wir an unserer Flaggenreihe gerade vorbeigegangen. Dort drüben standen alle die Flaggen, eine nach der andern, und die kleinen schwarzen Zeugfetzen schienen sich ganz stolz im Winde zu blähen, als wollten sie über die Art, wie sie ihrer Pflicht nachgekommen waren, gelobt sein.

Unsere Lebensmittelkisten und unsere Ausrüstung, die wir das letztemal hier zurückgelassen hatten, waren ganz eingeschneit, aber es dauerte nicht lange, bis sie wieder herausgegraben waren. Der erste Angriff galt dem niedergelegten Seehundfleisch, damit die Hunde zu fressen bekämen. Sie brauchten wahrlich nicht genötigt zu werden, sich an den großen, herrlichen Speckseiten gütlich zu tun! Zuerst fraßen sie die kleinen Stücke, die wir ihnen zuwarfen, und dann machten sie sich lustig an den »großen Braten«. Es war ein wahres Vergnügen, sie da auf dem Schnee zu sehen, jeden mit einem Stück Fleisch, das ihm so köstlich mundete. Zuerst ging alles ungeheuer friedlich zu; sie waren ja alle hungrig und dachten nichts weiter, als den ersten Hunger zu stillen. Aber als dies getan war, war es auch mit dem Frieden vorbei. Obgleich Hai mit seinem Teil erst halb fertig war, mußte er doch zuerst zu Rap hin und ihm von dem, was der eben verzehrte, etwas wegnehmen. Aber das konnte sich dieser natürlich nicht ohne Kläffen und Heulen gefallen lassen. Plötzlich erschien Hanssen auf der Bildfläche, und da verschwand Hai wie ein Blitz.

Wie wohl war uns, als wir im Zelt waren, denn der Tag war anstrengend gewesen. In der Nacht drehte sich der Wind nach Norden, und aller Schnee, der am vorhergehenden Tage nordwärts geweht worden war, konnte nun denselben Weg wieder zurückkommen – die Bahn war frei, und das Fahren kostete nichts.

Als wir am nächsten Morgen aus dem Zelt traten, konnten wir vor lauter Schneegestöber nicht das geringste sehen. Aber wir konnten mit dem beruhigenden Gefühl, daß es nichts schade, ruhig hier liegen bleiben, denn es war von Anfang an ein Aufenthalt von zwei Tagen hier vorgesehen worden. Aber so im Zelt zu liegen, wie man es nennt, ist nie ein Vergnügen, besonders nicht, wenn man die ganze Zeit in seinem Schlafsack zubringen muß. Des Plauderns wird man bald müde, schreiben kann man auch nicht immerfort. Essen ist ein guter Zeitvertreib, wenn man genug Vorrat hat, und das Lesen auch, wenn etwas zum Lesen da ist. Aber da bei uns die Speisekarte etwas begrenzt ist und die Bücherei auf einer Schlittenreise sehr mangelhaft bestellt zu sein pflegt, so fallen diese beiden Hilfsquellen weg. Eine Unterhaltung hat man indes doch, der man sich unter diesen Verhältnissen ohne Sorge hingeben kann, nämlich einen guten Schlaf. Ja, glücklich, wer an solchen Tagen die Zeit verschlafen kann! Aber diese Gabe wird nicht jedem zuteil, und wer sie hat, will sie nicht einmal anerkennen. Ich habe Leute schnarchen hören, daß ich manchmal ganz ängstlich wurde, sie könnten ersticken; aber dann einräumen, daß sie geschlafen hätten, nein, das wollten sie nicht! Einzelne haben sogar den Mut, zu behaupten, daß sie an Schlaflosigkeit litten; so weit ging indes keiner von uns.

Im Lauf des Tages flaute der Wind ab, und wir gingen hinaus, um etwas zu arbeiten. Zuerst wurde das alte Lager zum neuen hinübergeschafft. Wir hatten ja nun drei volle Schlittenausrüstungen, die wohl kaum gebraucht wurden und deshalb hier stehen bleiben sollten.

Zugleich wurden die Schlitten gepackt, und als der Abend herankam, waren sie zum Aufbruch bereit. Diese Arbeit hätte eigentlich keine so große Eile gehabt, da wir auch noch am nächsten Tag Rast machen sollten. Aber in diesen Gegenden lernt man rasch, daß man am besten tut, die erste gute Stunde zu benutzen, da auf das Wetter gar kein Verlaß ist. Gegen den nächsten Tag war indes durchaus nichts einzuwenden. Man konnte schlafen, schlafen nach Herzenslust, die Arbeit ging doch vorwärts, die Hunde fraßen tüchtig drauflos und sammelten mit jeder Stunde neue Kräfte.

Es war hier genau so wie bei dem Vorratslager auf 81° s. Br., fast kein Niederschlag war zu bemerken. Die Schneewehen um das Lager her hatten auch dieselbe Höhe wie bei dem andern, ungefähr ½ m. Offenbar hatte hier dasselbe Wetter geherrscht wie dort. Das Lager stand noch genau so da, wie wir es errichtet hatten, und auch der Schlitten, wie er von uns niedergelegt worden war; selbst ihn hatten Niederschlag und Nebel nicht zuzudekken vermocht.

An der kleinen Schneewehe, die daneben aufragte, war, da sie festgefroren war, ein ausgezeichneter Platz für das Zelt. Wir machten uns sofort daran, alles zu tun, was hier getan werden mußte. Zuerst wurde Uranus in die andere Welt geschickt. Obgleich er immer den Eindruck großer Magerkeit gemacht hatte, fanden wir beim Zerlegen doch seinen Rücken entlang dicke Fettschichten; die würden schon geschätzt werden, wenn wir hier auf dem Rückweg eintrafen. Jaala sah nicht danach aus, als könnte sie die gestellten Bedingungen erfüllen, eine Nacht wurde ihr noch als Frist gelassen, wenn sie dann nichts geleistet hatte, um so besser für sie! Der Hundepemmikan des Lagers reichte gerade hin, um die Hunde gut zu füttern und die Schlitten wieder zu beladen. Von allem andern Eßvorrat hatten wir noch so viel, daß wir sogar verschiedenes für die Rückreise hier niederlegen konnten.

Am nächsten Tag hielten wir Rasttag, um die Hunde zum letztenmal gründlich ausruhen zu lassen. Wir benutzten das schöne Wetter zum Trocknen unserer Ausstattung und zur Nachprüfung unserer Instrumente. Als der Abend herankam, war alles bereit, und nun konnten wir mit Freuden an unsere gute Herbstarbeit zurückdenken. Wir hatten das vollständig erreicht, was beabsichtigt worden war – nämlich den Ausgangspunkt der eigentlichen Polfahrt von 78°38′ auf 82° s. Br. zu verlegen.

Jaala mußte Uranus folgen. Beide wurden auf dem Vorratslager niedergelegt und daneben die acht Jungen, die das Licht der Welt nie erblickt hatten.

Während unseres Aufenthaltes hier waren wir übereingekommen, südwärts alle 5 km Warten zu errichten und nach jedem ganzen Breitengrad ein Vorratslager anzulegen. Die Hunde zogen die Schlitten freilich jetzt ganz leicht; aber wir wußten wohl, daß es sie auf die Dauer sehr anstrengen würde, wenn sie fortgesetzt schwere Schlitten zu ziehen hätten. Je hurtiger und je mehr wir deshalb abladen konnten, desto besser!

Am 7. November, morgens um 8 Uhr, verließen wir 82° s. Br., und nun lag die unbekannte Weite vor uns, nun ging die ganze Reise erst richtig los. Die Eisplatte sah hier genau so aus wie sonst überall. Sie war ganz eben und bildete eine herrliche Bahn.

Schon bei der ersten Warte, die wir bauten, mußten wir Lussy erschießen. Es tat uns herzlich leid, daß wir das schöne Tier töten mußten, aber es war durchaus nicht zu ändern. Ihre Günstlinge – Karenius, Sauen und Schwartz – schielten beim Vorüberfahren düster nach der Warte hinüber, auf der sie lag. Es kam ihnen sehr hart vor, die Geliebte verlassen zu müssen; aber die Pflicht rief, und die Peitsche strich gefährlich nahe über dem hin, der den Ruf nicht zu hören schien.

Wir hatten unsere Tagesleistung nun auf 37 km erhöht; auf diese Weise würden wir den Grad in drei Tagen überwinden, am vierten Tage wollten wir dann liegen bleiben, um auszuruhen. Die Hunde waren zu unserer Verwunderung mit jedem Tag leistungsfähiger geworden und jetzt, was Gesundheit und Übung betraf, auf ihrem Höhepunkt angekommen. Einen Tagesmarsch mit einer Geschwindigkeit von 7,5 km in der Stunde legten sie mit Leichtigkeit zurück. Wir selbst brauchten keinen Fuß zu rühren; daß wir uns von ihnen auf den Schneeschuhen ziehen ließen, war alles, was sie von uns verlangten.

An demselben Tage mußten wir unserer letzten Dame, Else, den Rest geben; sie war Hassels Stolz und die Schönheit seines Zugs gewesen. Aber was half das! Ihre Aufführung hatte in der letzten Zeit gegen allen guten Ton verstoßen, und darauf war eben bei uns unweigerlich die Todesstrafe gesetzt. Auch sie wurde oben auf einer Warte hingelegt. Als wir an diesem Abend auf 82°20′ s. Br. Halt machten, sahen wir am südwestlichen Horizont große weißlich-braune Wolkenmassen, wie sie meistens über Festland liegen. Trotzdem konnten wir an diesem Abend kein Land feststellen; aber als wir am nächsten Morgen herauskamen und unsere Ferngläser darauf richteten, lag das Land hoch und deutlich in der Morgensonne vor uns. Wir konnten jetzt mit Sicherheit verschiedene Gipfel unterscheiden und feststellen, daß es das Land war, das sich von Süd-Viktoria-Land südöstlich zum Beardmore-Gletscher erstreckt. Unser Kurs war die ganze Zeit über rechtweisend auf Süden gerichtet gewesen, und auf dieser

Stelle befanden wir uns nun ungefähr 400 km ostwärts vom Beardmore-Gletscher, der Kurs würde also auch weiter rechtweisend auf Süden gehalten werden müssen. An demselben Abend, am 9. November, erreichten wir nach unserem Besteck 83° s. Br. Am nächsten Tag ergab die Mittagshöhe 83° 1′ s. Br. Das Vorratslager, das hier errichtet wurde, enthielt auf vier Tage Lebensmittel für fünf Mann und zwölf Hunde. Die Warte war aus harten festen Schneeblöcken im Viereck gebaut, 2 m nach allen Richtungen, und auf dem Gipfel wurde eine große Flagge aufgepflanzt.

An demselben Tag geschah etwas Merkwürdiges. Drei Hunde rissen aus und folgten unseren alten Spuren in nördlicher Richtung. Lussys Günstlinge waren es wohl gewesen, die den Einfall gehabt hatten, umzukehren, um sich nach ihrer Geliebten umzusehen. Das war ein großer Verlust für uns alle, besonders für Bjaaland, zu dessen Zug sie gehörten; es waren lauter ausgezeichnete Tiere, die zu unseren allerbesten gehörten. Er mußte einen Hund von Hanssen entlehnen; es ging zwar nun nicht mehr ganz so flott vorwärts wie zuvor, aber er kam doch mit.

Am 11. November konnten wir die Bergkette ganz drunten rechtweisend von Süden nach Westen peilen. Wir waren dem Land auch schon bedeutend nähergerückt und konnten mit jedem Tage mehr Einzelheiten daran unterscheiden. Mächtige Zinnen, die eine höher und wilder als die andere, erhoben sich bis zu Höhen von 5000 m. Was uns allen sofort auffiel, waren die großen kahlen Wände, die diese Berge zeigten. Wir hatten erwartet, sie mit viel mehr Schnee bedeckt zu finden. Der Fridtjof-Nansen-Berg sah ganz blauschwarz aus, nur ganz oben war er von einem großen mächtigen Eismantel bedeckt, und sein schimmernder Gipfel erhob sich bis zu 5000 m. Weiter gen Süden ragte der Peter-Christophersen-Berg auf, der zwar mehr mit Schnee bedeckt war, dessen langgestreckter, giebelförmiger Gipfel aber doch auch zum großen Teil kahl war. Noch weiter nach Süden sah man die Alice-Wedel-Jarlsberg-, Alice-Gade- und Ruth-Gade-Gipfel auftauchen, alle drei von oben bis unten mit Schnee bedeckt.

Das Vorratslager auf 83° s. Br.

Ich habe noch nie eine schönere, wildere Landschaft gesehen. Schon von hier aus meinten wir, an vielen Stellen Aufstiege wahrnehmen zu können. Dort ist zum Beispiel Liv-Gletscher, der ohne Zweifel einen gleichmäßigen guten Aufstieg bieten würde, aber er liegt zu weit nördlich. Dieser Gletscher ist ungeheuer groß und wäre wohl wert, näher untersucht zu werden. Am Kronprinz-Olaf-Berg sieht es nicht so vielversprechend aus; aber er liegt auch zu weit nördlich. Nein, in gerader Richtung nach Süden, ein klein wenig westwärts, zeigt sich ein anscheinend guter Aufstieg. Die der Eisplatte zunächst liegenden Berge scheinen keine größeren Schwierigkeiten zu bieten. Was man später zwischen Peter-Christophersen- und Fridtjof-Nansen-Berg finden wird, ist nicht gut vorauszusagen.

Am 13. November erreichten wir 84° s. Br. An diesem Tag machten wir die interessante Entdeckung einer nach Osten streichenden Bergkette, die – soweit man es von unserer Stelle aus beurteilen konnte – da, wo sie sich mit dem Gebirge des Süd-Viktoria-Landes vereinigt, eine tiefe Bucht bildet. Diese Bucht lag rechtweisend nach Süden, und unser Weg führte gerade darauf zu. In dem Vorratslager auf 84° s. Br. legten wir außer dem gewöhnlichen Bedarf für fünf Mann und zwölf Hunde auf vier Tage auch einen 17 l haltenden Petroleumbehälter nieder. Zündhölzer hatten wir im Überfluß und konnten daher in allen Lagern reichlich zurücklassen.

Die Eisplatte blieb weiterhin flach, und die Bahn war so gut, wie wir sie überhaupt bekommen konnten. Wir hatten geglaubt, die Hunde würden auf jedem Grad einen Ruhetag nötig haben, aber diese Vorsicht erwies sich als überflüssig. Es sah aus, als konnten sie überhaupt nicht mehr müde werden.

Einzelne, die zuerst Neigung zu wunden Pfoten gezeigt hatten, waren jetzt ganz hergestellt, ja, statt daß ihre Kräfte abnahmen, schienen sie mit jedem Tag kräftiger und elastischer zu werden. Jetzt hatten auch sie das Land erblickt, und der blauschwarze Fridtjof-Nansen-Berg schien ihnen besonders zu gefallen. Es war für Hanssen oft eine ganz schwierige Arbeit, sie im richtigen Kurs zu erhalten.

Ohne weiteren Aufenthalt verließen wir deshalb am nächsten Tag 84° s. Br. und steuerten weiter auf die Bucht zu. An diesem Tag legten wir bei dichtem Nebel 37 km zurück. Von Land sahen wir keinen Schein, und es war recht hart, so ganz blindlings an neuem Land entlang fahren zu müssen, aber wir mußten eben hoffen, daß bald besseres Wetter kommen werde. Am vorhergehenden Tag hatten wir zur Abwechslung Getöse von Eis gehört, doch war der Lärm nicht nennenswert gewesen. Er konnte am ehesten mit zerstreutem Gewehrfeuer verglichen werden – ein paar Büchsenschüsse da und ein paar Büchsenschüsse dort. Das schwere Geschütz war noch nicht aufgefahren. Wir schenkten ihm weiter keine Beachtung. Allerdings hörte ich am Morgen einen von uns folgende Bemerkung machen: »Ich hatte geglaubt, es habe mir einer eine Ohrfeige gegeben.« Aber ich wußte, es hatte ihm nicht den Schlaf geraubt, denn er hatte gerade in dieser Nacht uns alle miteinander fast zum Zelt hinausgeschnarcht.

An demselben Vormittag trafen wir auf offenbar ganz neu gebildete Spalten, von denen die meisten nur ungefähr 3 cm breit waren. Hier war also durch einen der vielen kleinen Gletscher landeinwärts eine Veränderung in der Umgebung hervorgebracht worden. Am nächsten

Helmer Hanssen mit seinem Gespann

Abend war es wieder ganz still und ruhig ringsum, und wir hörten nicht den geringsten Laut mehr.

Am 15. November kamen wir ein gutes Stück vorwärts und näherten uns nun mit raschen Schritten dem Lande. Die Bergkette im Osten machte uns den Eindruck, als ob sie nach Nordosten abbiege. Der Aufstieg, für den wir uns schon lange entschieden und den wir nun auch schon so lange täglich angestarrt hatten, verlangte eine kleine Abweichung nach Südwesten, sie war aber so gering, daß der Umweg eigentlich nicht gerechnet werden konnte. Die im Süden gesehene Bucht machte einen äußerst unruhigen Eindruck und sah überdies ganz so aus, als wollte sie uns große Schwierigkeiten bieten.

Am nächsten Tage nahm das Gelände allmählich einen anderen Charakter an; ein großes wellenförmiges Gebiet schien sich aufsteigend über das Land hineinwälzen zu wollen, und auf dem Grunde zwischen diesen wellenförmigen Zügen fanden wir ein außerordentlich zerrissenes Gelände. Solche ungeheure Spalten und Schluchten würden hier früher den Durchgang unmöglich gemacht haben, aber jetzt war alles wieder zugeschneit, und wir kamen ohne Schwierigkeit darüber weg. An diesem Tag, dem 16. November, erreichten wir 85° s. Br. und schlugen unser Lager oben auf solch einer wellenförmigen Erhöhung auf. Das Tal, über das wir am nächsten Tag hinüber sollten, war ziemlich breit und stieg jenseits bedeutend an. Im Westen – dem nächsten Land zu – erhob sich das wellenförmige Gelände so hoch, daß es uns einen Teil des Landes verdeckte.

Am Nachmittag bauten wir das übliche Vorratslager und zogen am nächsten Tag weiter. Das Gelände, über das wir hinüber mußten, war, wie wir schon von unserem Lagerplatz aus gesehen hatten, ein großer wellenförmiger Höhenzug. Bei dem Aufstieg jenseits war es uns infolge der glühenden Sonnenhitze unerträglich heiß, obgleich die Steigung nach dem Federbarometer nicht mehr als 100 m betrug. Von diesem Höhenzug aus erstreckte sich die Eisplatte zuerst ganz flach, und wir konnten schon aus der Entfernung zerklüfteten Boden wahrnehmen.

Jetzt werden wir wohl ordentlich daran glauben müssen, wenn wir das Land erreichen wollen, dachte ich; und es wäre ja auch ganz natürlich gewesen, wenn die Eisplatte, die hier teilweise eingeklemmt war, sehr zerklüftet gewesen wäre. Die Zerstörungen, die wir gesehen hatten, bestanden in einigen großen alten Spalten, die aber teilweise schon wieder ausgefüllt waren und die wir leicht umgehen konnten.

Jetzt lag wieder eine tiefe Talsenkung vor uns mit der entsprechend starken Steigung auf der anderen Seite. Es ging flott hinunter – der Boden war ganz fein und gleichmäßig, nirgends ein Zeichen von Spalten oder Löchern. Dann werden wir sie wohl beim Aufstieg bekommen, dachte ich. Den Hügel hinauf ging es ziemlich hart, da wir des Fahrens hügelaufwärts ungewohnt waren. Ich machte einen immer längeren Hals, um hinaussehen zu können – da endlich waren wir oben. – Welch ein Anblick bot sich uns dar! Nirgends eine Unebenheit, nirgends irgendwelche Zerklüftung. Ruhig und gleichmäßig ging die Ebene in die Anhöhe über.

Ich glaube, wir standen da schon auf Festland. Die großen Spalten, die wir weiter unten umgangen hatten, hatten wahrscheinlich gerade auf der Grenze gelegen. Das Hypsometer gab 270 m ü. d. M. an. Wir waren jetzt gerade unter dem Aufstieg und faßten den endgültigen Entschluß, ihn an dieser Stelle in Angriff zu nehmen. Aus diesem Grunde wurde hier das Lager aufgeschlagen; es war noch früh am Tage, aber wir hatten auch vor morgen früh noch viel zu erledigen. Hier mußte unser ganzer Lebensmittelvorrat durchgegangen, das für die Weiterreise durchaus Notwendige mitgenommen und das übrige im Vorratslager niedergelegt werden.

Zuerst wurde das Lager aufgeschlagen, dann wurden die notwendigen Ortsbestimmungen gemacht, dann die Hunde gefüttert und wieder losgelassen, und schließlich gingen wir ins Zelt, um etwas zu essen und die Vorratsbücher durchzusehen. Wir waren jetzt auf einem der wichtigsten Punkte unseres Weges angekommen. Nun mußte der Plan so ausgerichtet werden, daß wir erstens den Aufstieg so leicht wie möglich bewerkstelligen konnten und zweitens auch wirklich oben ankamen. Die Berechnung mußte sehr sorgfältig gemacht und alle Möglichkeiten mußten mit in Betracht gezogen werden. Wie jede wichtige Entschließung wurde auch diese Sache gemeinsam besprochen. Die Entfernung, die wir von hier aus bis zum Pol und wieder zurück vor uns hatten, betrug 1100 km. Mit dem Aufstieg, den wir vor uns sahen, mit anderen unvorhergesehenen Hindernissen und schließlich mit der sicheren Tatsache vor Augen, daß unsere Hundekräfte nun auf einen Bruchteil der bisherigen verringert werden mußten, beschlossen wir, für 60 Tage Lebensmittel nebst Ausrüstung auf die Schlitten zu laden und den Rest – genügend für 30 Tage – in dem Vorratslager zurückzulassen. Nach der Erfahrung, die wir bisher gemacht hatten, rechneten wir uns aus, daß wir imstande sein müßten, von hier an mit zwölf Hunden durchzukommen. Jetzt hatten wir 42 Hunde, die alle bis zur Hochebene gebracht werden sollten. Dort wollten wir 24 schlachten und die Reise mit drei Schlitten und 18 Hunden fortsetzen. Von diesen 18 mußten nach unserer Annahme auch noch sechs geschlachtet werden, wenn wir die übrigen zwölf wieder hierher zurückbringen wollten. Je weniger Hunde wir hatten, desto leichter wurde auch das Gewicht der Schlitten, und wenn wir nur noch zwölf Hunde hatten, ließ sich auch die Zahl unserer Schlitten auf zwei verringern. Auch diesmal stimmte unsere Berechnung vollkommen. Nur in der Schätzung der Tage hatten wir einen kleinen Fehler gemacht; wir brauchten nämlich acht Tage weniger, als angenommen worden war. Die Zahl der Hunde stimmte gut, wir erreichten diesen Ort tatsächlich wieder mit zwölf.

Nachdem die Sache also gründlich erörtert worden war, gingen wir ans Umpacken der Schlitten. Es war gut, daß das Wetter so schön war, sonst wäre diese Bestandsaufnahme eine harte Arbeit gewesen. Alle unsere Lebensmittel waren so verpackt, daß wir sie nachzählen konnten, anstatt sie wiegen zu müssen. Unser Pemmikan bestand aus lauter einzelnen Stücken von je einem halben Pfund. Die Schokolade war wie alle Schokolade in kleine Stücke eingeteilt – wir wußten also, was jedes Stück wog. Das Milchpulver war in Würsten von je 300 g verpackt, von denen eine gerade zu einer Mahlzeit genügte. Unsere Zwiebäcke hatten dieselbe Eigenschaft, sie konnten gezählt werden, aber es war eine langwierige Arbeit, weil sie ziemlich klein waren; diesmal zum Beispiel mußten 6000 Zwiebäcke gezählt werden. Aus diesen vier Sorten Lebensmitteln bestand der ganze Vorrat, und es zeigte sich, daß die Zusammensetzung wirklich gut war; wir litten weder an »Fettsucht« noch an »Zuckerkrankheit«; die Sehnsucht nach solchen Stoffen ist übrigens auf einer so langen Reise etwas sehr Gewöhnliches. In unseren Zwiebäcken hatten wir ein glänzendes Erzeugnis, das aus Hafer, Zucker und Milchpulver bestand: Zuckerwaren, Eingemachtes, Obst, Käse hatten wir in Framheim zurückgelassen. Unsere Fellkleider, die wir bisher gar nicht gebraucht hatten, wurden auf die Schlitten geladen. Wir kamen ja jetzt auf die Höhe hinauf, und da konnten sie uns recht erwünscht sein. Wir dachten auch an die −40 °C, die Shackleton auf 88° s. Br. festgestellt hatte, aber selbst wenn wir diese Temperatur bekamen, konnten wir es in unseren Fellkleidern noch lange aushalten. Übrigens hatten wir nicht sehr viel in unseren Säcken; der einzige Anzug, den wir zum Wechseln hatten, wurde hier angezogen und der andere zum Auslüften aufgehängt. Wenn wir dann in zwei Monaten zurückkamen, würden sie sicher genügend gelüftet sein, so daß wir sie wieder anziehen konnten. Soweit ich mich erinnere, stimmte die Berechnung mit der Wirklichkeit überein. An Stiefeln nahmen wir am meisten mit. Wenn man sich nur die Füße warmhalten kann, kann man es lange aushalten.

Als nun alles dies besorgt war, schnallten wir unsere Schneeschuhe an und zogen auf das nächste sichtbare Land los. Es war ein kleiner 3 km entfernter Gipfel, der Betty-Gipfel. Er sah nicht sehr hoch und gewaltig aus, ragte indes doch 300 m ü. d. M. auf. Aber wenn er auch nicht größer war, so wurde er für uns doch von großer Bedeutung, weil wir da alle unsere geologischen Proben mitnehmen konnten.

Das Schneeschuhlaufen war mir zuerst ganz ungewohnt, obgleich ich doch schon 620 km auf ihnen zurückgelegt hatte; aber wir hatten uns ja die ganze Zeit über ziehen lassen und waren deshalb außer Übung; das fühlten wir an diesem Nachmittag hügelaufwärts recht tüchtig. Vom Betty-Gipfel ging es ziemlich steil aufwärts, aber das Gelände war gleichmäßig und die Bahn ausgezeichnet, so daß wir rasch vorwärts kamen. Zuerst ging es eine schöne ausgeglichene Hügelwand hinauf, ungefähr bis auf 400 m über dem Meere, dann über eine kleine Ebene hinüber, hierauf wieder eine der ersten ähnliche Bergwand hinauf, alsdann eine ziemlich lange flache Strecke hinunter, die nach einer Weile ganz langsam anstieg, bis sie schließlich in kleine Gletscherbildungen überging. Bis zu diesen Gletscherbildungen reichte diesmal unser Kundschaftergang. Wir hatten nun herausgefunden, daß der Weg, so weit wir ihn sehen konnten, gangbar war; wir waren da 9 km von unserem Zelt entfernt und 600 m hoch gewesen. Auf dem Rückweg ging es ausgezeichnet, die beiden letzten Hügel nach der Eisplatte hinunter sogar mit sausender Geschwindigkeit.

Bjaaland und ich hatten beschlossen, einen kleinen Abstecher nach dem Betty-Gipfel zu machen, um die Füße auf wirkliches nacktes Festland setzen zu können. Dies hatten wir nicht mehr gekonnt, seit wir im September 1910 Madeira verlassen hatten, und jetzt standen wir im November 1911. Gesagt, getan! Bjaaland traf alle Vorbereitungen zu einem flotten Telemarksprung, und er gelang ihm mit Glanz. Auf was ich mich vorbereitete, weiß ich nicht mehr genau, aber ich rollte in den Schnee, und zwar auch mit Glanz. Ich war nämlich gerade unter dem Gipfel in eine Schneewehe hineingeraten, und diese konnte ich nicht überfahren. Rasch wie der Blitz war ich indes wieder in der Höhe und schielte zu Bjaaland hinüber. Ich konnte nicht herausbringen, ob er mich hatte hinfallen sehen oder nicht. Nach dem eben erlittenen Mißgeschick nahm ich mich übrigens zusammen und ließ leichthin eine Bemerkung darüber fallen, daß man ja nicht so leicht vergesse, was man einmal gekonnt habe. Daraufhin glaubte Bjaaland doch sicher, daß mir der Telemarksprung geglückt sei; jedenfalls war er zartfühlend genug, so zu tun.

Der Betty-Gipfel zeigte keine senkrechten Felswände und tiefen Abgründe, die unsere Kletterlust hätten reizen können. Wir schnallten nun die Schneeschuhe ab, und dann standen wir auf dem Gipfel. Er bestand aus losem Geröll und lud Leute, die mit ihrem Schuhzeug haushälterisch umgehen mußten, nicht zu einem Spaziergang ein. Für uns war es ein wahres Vergnügen, den Fuß wieder auf wirklichen Boden zu setzen, ja, wir ließen uns sogar auf die Steine nieder, um den Genuß recht gründlich auszukosten. Das »steinerne Gefühl« machte sich allerdings recht bald geltend und brachte uns wieder auf die Beine. Dann photographierten wir einander in »malerischen« Stellungen, nahmen dann für die andern, die den Fuß noch nicht auf Felsengrund gesetzt hatten, ein paar Steine mit und schnallten die Schneeschuhe wieder an. Die Hunde, die früher schon über Felsboden gekommen waren, machten sich, im Gegensatz zu uns, nicht das geringste aus dem großen Ereignis; sie legten sich ruhig auf den Schnee und blieben dem Gipfel fern. Zwischen dem kahlen Boden und der Schneefläche lag blankes grünes Eis, was uns ein Beweis dafür war, daß seinerzeit hier fließendes Wasser gewesen war. Die Hunde taten, was sie konnten, um beim Abstieg Schritt mit uns zu halten, blieben aber schon nach kurzem weit zurück.

Bei unserer Rückkehr überraschten wir unsere Kameraden mit den Geschenken vom Festlande. Ich glaube aber nicht, daß sie besonders geschätzt wurden, ja, ich hörte einzelne Worte, wie: »Norwegen« – »Gestein« – »in Mengen«, die ich mir selbst zusammenreimte und deren Sinn ich wohl begriff. Die Geschenke wurden dann, als nicht durchaus für die Südreise nötig, im Vorratslager untergebracht.

Um diese Zeit hatten die Hunde schon angefangen, sehr heißhungrig zu werden. Alles, was ihnen in den Weg kam, verschwand. Peitschen, Schneeschuhbindungen, Riemen u. a. m. wurden als Leckerbissen betrachtet. Wenn einer von uns etwas einen Augenblick weglegte, so war es im nächsten schon dahin auf Nimmerwiedersehen. Ja, einzelne warfen sich in ihrer Freßgier auf ihren eigenen Kot und den ihrer Kameraden; aber als es so weit kam, mußten wir sie anbinden, weil diese Kost offenbar sehr schädliche Wirkungen hat.

Am folgenden Tag, dem 18. November, begann der Aufstieg. Für alle Fälle ließ ich in dem Vorratslager ein Schreiben zurück mit der Aufklärung über den Weg, den wir nehmen wollten, sowie über unseren Plan für die Zukunft, über die Ausrüstung, die Lebensmittel usw. Das Wetter war wie gewöhnlich schön und die Bahn ausgezeichnet. Die Hunde kamen über Erwarten gut vorwärts und überwanden die beiden ziemlich steilen Hügel in langsamem Schaukelgang; es machte ganz den Eindruck, als gebe es keine Schwierigkeiten mehr, die sie nicht überwinden könnten. Die Strecke, die wir am vorhergehenden Tag untersucht und von der wir gemeint hatten, sie wäre mehr als genug für diesen Tag, legten sie jetzt mit voller Last in kürzerer Zeit zurück. Die kleinen höherliegenden Gletscher erwiesen sich aber als ziemlich steil, und hier konnten wir an mehreren Stellen immer nur zwei Schlitten mit doppeltem Gespann auf einmal nehmen.

Die Gletscher sahen aus, als seien sie sehr alt und ganz ohne alle Bewegung, nirgends waren neue Spaltenbildungen zu sehen; die Spalten, die wir sahen, waren breit und tief, an den Rändern überall ganz abgerundet, und überdies schienen sie fast ganz mit Schnee ausgefüllt zu sein. Um auf dem Rückweg nicht in sie hineinzufallen, errich-

Ein Lagerplatz auf dem Weg zum Pol

teten wir hier Warten in der Art, daß der Weg zwischen zwei Warten ganz gefahrlos war. In diesem hügeligen Gelände konnten wir es in unseren Polaranzügen nicht aushalten; die Sonne, die hoch und klar am Himmel stand, schien lästig warm, und wir machten es uns allmählich recht leicht: Ein Kleidungsstück nach dem andern wurde abgeworfen. Auf dem Weitermarsch kamen wir an 1000 bis 1500 m hohen Gipfeln vorüber. Auf dem einen war der Schnee ganz rotbraun gefärbt. An diesem ersten Tag wurden 18,5 km zurückgelegt, bei einer Steigung von 700 m. Am Abend befand sich unser Lagerplatz auf einem kleinen Gletscher zwischen großen Spalten, und auf drei Seiten ringsumher ragten hohe Gipfel empor.

Nachdem wir unser Zelt aufgeschlagen hatten, machten sich zwei Abteilungen auf, um den weiteren Weg zu erforschen. Die eine, Wisting und Hanssen, schlug die Richtung ein, die vom Zelt aus den zugänglichsten Eindruck machte, nämlich den Lauf des Gletschers entlang. Dieser stieg hier rasch 1300 m hoch und verschwand dann in südwestlicher Richtung zwischen zwei Berggipfeln. Bjaaland bildete die andere Abteilung. Ihm kam offenbar jener Aufstieg zu zahm vor, und so nahm er die steilste Felswand in Angriff; ich sah ihn wie eine Fliege in den Wolken verschwinden. Hassel und ich besorgten indessen die nötige Arbeit außer- und innerhalb des Zeltes.

Nach getaner Arbeit saßen wir im Zelt und unterhielten uns eben über dies und jenes, als wir plötzlich jemand auf das Zelt zustürzen hörten. Wir sahen einander an. Der Mensch hatte Eile! Wer es war, darüber herrschte kein Zweifel, natürlich Bjaaland! Er hatte dort droben gewiß alte Erinnerungen aufgefrischt! Ja, er hatte eine Menge zu berichten. Unter anderem hatte er jenseits den »feinsten« Abstieg entdeckt. Was er unter fein verstand, konnte ich nicht recht herausbringen. Wenn dieser Abstieg aber ebenso fein war wie der Aufstieg, den er genommen hatte, dann bedankte ich mich dafür.

Jetzt hörten wir auch die andern herankommen; diese konnte man schon eine gute Strecke weit vom Zelt entfernt vernehmen. Auch sie hatten viel gesehen – von dem »feinsten Abstieg« gar nicht zu reden. Aber in der einen traurigen Tatsache, daß wir wieder hinunter mußten, stimmten beide Abteilungen überein. Beide hatten den großen Gletscher gesehen, der sich in ostwestlicher Richtung unter uns hinzog. Es entspann sich eine langdauernde Erörterung zwischen den verschiedenen Abteilungen, die sich gegenseitig ob ihrer Entdeckungen verspotteten.

»Ja, aber wir sahen doch ganz genau, Bjaaland, daß da, wo du standest, nichts als eine steile Felswand war.« – »Ach, ihr konntet mich ja gar nicht sehen, ich war ja westlich von dem Gipfel, der im Süden von dem Gipfel lag, der ...«

Ich gab es auf, den Erörterungen noch weiter zu folgen. Die Art und Weise, wie die beiden Abteilungen zuerst verschwunden, und auch die Art und Weise, wie sie wiedergekommen waren, bestimmte mich, den Weg zu wählen, den die beiden Letztangekommenen eingeschlagen hatten. Ich dankte den eifrigen Herren für die beschwerliche Wanderung, die sie zum Besten des Unternehmens gemacht hatten, und legte mich dann gleich schlafen; aber die ganze Nacht träumte ich von Hügeln und steilen

Felswänden und erwachte dabei, als Bjaaland vom Himmel herabgesaust kam. Da beschloß ich abermals, den Weg der zweiten Abteilung einzuschlagen, und schlief noch einmal ein. Am nächsten Morgen wurde ernstlich überlegt, ob wir nicht lieber gleich immer zwei Züge vor einen Schlitten spannen und diese auf zweimal weiterschaffen sollten. Der vor uns liegende Gletscher sah so steil aus, daß dies Verfahren wohl angezeigt schien. Es handelte sich ja um einen Aufstieg von 600 m auf einer ganz kurzen Strecke. Aber schließlich wollten wir es doch lieber mit nur einem Gespann vor jedem Schlitten versuchen. Die Hunde hatten sich ja bis jetzt so über alles Erwarten leistungsfähig gezeigt, vielleicht brachten sie auch dies zustande.

So wurde also aufgebrochen; der Aufstieg nahm sofort seinen Anfang – das war eine gute Bewegung nach einem knappen Schokoladefrühstück. Schnell kamen die Hunde nicht vorwärts, aber es ging doch. Manchmal sah es aus, als kämen sie nicht mehr weiter, aber ein lauter Zuruf des Schlittenlenkers und ein scharfes Knallen mit der Peitsche brachte sie doch immer wieder in Gang. Das war ein guter Tagesanfang, und als wir oben waren, gönnten wir den Hunden die wohlverdiente Ruhepause. Dann fuhren wir in den schmalen Durchgang hinein und auf der andern Seite wieder hinaus.

Hier eröffnete sich uns die Aussicht auf ein wundervolles Panorama. Von dem Paß aus waren wir auf einen ganz kleinen flachen Absatz gelangt, der einige Meter weiterhin jäh nach einem darunter liegenden Tal abfiel. Ringsum am Horizont ragte Gipfel an Gipfel auf. Jetzt waren wir sozusagen zwischen den Kulissen und konnten uns da besser orientieren. Wir sahen jetzt die Südseite des mächtigen Nansen-Bergs, und den Peter Christophersen konnten wir in seiner vollen Gestalt sehen. Zwischen diesen beiden Bergen konnten wir einen Gletscher erkennen. Er sah furchtbar zerrissen und zerklüftet aus, aber zwischen den vielen Rissen und Spalten konnte man doch eine schmale zusammenhängende Linie verfolgen. Wir sahen, daß man dort sehr weit vordringen konnte, aber zugleich auch, daß wir dem Gletscher durchaus nicht in seiner ganzen Länge folgen konnten; zwischen dem ersten und zweiten Absatz war das Gelände offenbar ganz und gar unwegsam. Aber wir entdeckten zugleich, daß ein ununterbrochener flacher Streifen an der Seite des Berges hinaufführte. – Peter Christophersen hilft uns gewiß! Nach Norden, den Nansen-Berg entlang, war ein vollständiges Chaos – ganz unmöglich, da vorzudringen!

Nun errichteten wir da, wo wir standen, eine große Warte und peilten mit dem Kompaß rund herum alle Berggipfel. Ich ging nach dem Paß zurück, um einen letzten Blick auf die Eisplatte zu werfen. Die neuaufgetauchte Bergkette lag scharf und deutlich da, und wir sahen, daß sie von Osten nach Ostnordost abbog, um schließlich im Nordosten auf einer Breite von etwa 84° zu verschwinden. In der Luft konnten wir ermessen, daß die Gebirgskette sich weiter fortsetzte. Nach dem Federbarometer standen wir auf dem Absatz hier bei dem Passe auf 1200 m ü.d.M. Zu dem Abstieg von hier gab es nur einen Weg, und den schlugen wir ein.

Wenn solche Abstiege mit vollbeladenen Schlitten gemacht werden, muß man die allergrößte Vorsicht anwenden, daß man nicht in immer schnelleren Lauf gerät, bei dem man schließlich die Herrschaft über den Schlitten verliert. Wenn dies geschieht, kann man nicht allein den Hunden sehr schaden, sondern man fährt auch in den vorausfahrenden Schlitten hinein und richtet ihn zugrunde. In unserem Fall war die äußerste Vorsicht noch besonders geboten, weil auf jedem Schlitten ein Meßrad mitgeführt wurde. Es wurden daher, als es an den Abstieg ging, aus Seilen hergestellte Bremsen unter die Kufen gelegt. Dies wurde ganz einfach dadurch bewerkstelligt, daß man jede Kufe mehrere Male mit einem biegsamen Seil umwickelte. Je öfter man das Seil herumwickelte, desto kräftiger und wirksamer war die Bremse. Die Kunst bestand also darin, zu wissen, wie oft man das Seil herumwickeln mußte, um die richtige Bremse zu haben. Dies gelang nicht immer, und die Folge davon war, daß mehrere Zusammenstöße erfolgten, ehe wir den Abstieg vollendet hatten. Besonders einer der Herren schien eine ausgesprochene Verachtung für diese Art Bremsen zu hegen; man konnte ihn mit Blitzesschnelle davonfahren und seinen Vordermann mit sich reißen sehen. Mit der Zeit bekamen wir mehr Übung im Bremsen, und da ging es besser, aber es gab verschiedene Male recht komische Auftritte.

Die erste Fahrt in die Tiefe brachte uns 240 m abwärts, dann hatten wir, ehe der Aufstieg wieder begann, ein breites, schwieriges Tal zu durchqueren. Der Schnee zwischen den Bergen war lose und tief und sehr beschwerlich für die Hunde. Der nächste Aufstieg führte an sehr steilen Gletschern hinauf. Der letzte von ihnen war die schwierigste Steigung, die wir auf der ganzen Fahrt zu überwinden hatten. Hier galt es einen harten Strauß für die Hunde, selbst mit doppelten Gespannen. Wer diese steilen Hänge hinauf den Hunden vorausgehen mußte, hatte wahrlich auch keine leichte Aufgabe, und da ich mir vollkommen bewußt war, daß sich Bjaaland viel besser zum Vorläufer eignete als ich, überließ ich ihm den Platz. Der erste Gletscher war schon sehr steil, aber der zweite war eine vollkommene Himmelfahrt. Es war jedoch ein wahres Vergnügen, Bjaaland hier auf den Schneeschuhen vorausgehen zu sehen. Man merkte, er hatte schon mehr Höhen erstiegen. Und ein nicht weniger interessanter Anblick waren die Hunde und die Lenker. Hanssen fuhr seinen Schlitten allein, Wisting und Hassel den andern. Es ging ruckweise – Meter um Meter – aufwärts, und schließlich war man oben. Die Fahrt mit den zweiten Schlittenabteilungen ging in den eingefahrenen Gleisen etwas leichter. Unsere Höhe betrug hier 1320 m, der letzte Aufstieg allein 360 m.

Wir waren jetzt auf einer Ebene angekommen, und nachdem die Hunde ausgeruht hatten, wurde der Marsch fortgesetzt; je weiter wir vordrangen, desto besser konnten wir den Weg überschauen; vorher hatten uns die nächstliegenden Berge die Aussicht versperrt. Jetzt öffnete sich der große, gewaltige Gletscher, der sich, wie wir nun sahen, von der Eisplatte an zwischen den hohen Gebirgen von Osten nach Westen erstreckte. Auf diesem mußten wir die Hochebene gewinnen, das sahen wir wohl. Aber ehe wir ganz auf ihn gelangten, hatten wir noch einen Abstieg vor uns. Von hier oben konnten wir den Rand eines gähnenden Schlundes unterscheiden, der sich gerade in unserer Weglinie befand, und so hielten wir es fürs beste, zuerst auf Kundschaft auszugehen. Ganz richtig. Ein Seitengletscher, vielfach zerrissen und mit großen, unheimlichen Spalten, strich hier herunter. Aber er war doch nicht so schlimm, daß wir mit der nötigen Vorsicht und guten Bremsen nicht schließlich den großen, prachtvollen Hauptgletscher – den Axel-Heiberg-Gletscher – hätten erreichen können. Wir hatten beabsichtigt, bis zu der Stelle vorzudringen, wo sich der Gletscher mit steilen Hängen zwischen den mächtigen Gebirgen erhob. Aber wir hatten uns da ein größeres Stück Arbeit vorgenommen, als wir gedacht hatten. Erstens war die Entfernung dreimal so groß, als angenommen worden war, und zweitens war der Schnee so lose und so tief, daß es für die Hunde nach all den vorhergehenden großen Anstrengungen eine rechte Schinderei war. Wir richteten den Kurs auf die weiße Linie, die wir von oben bis zum ersten Absatz mitten durch die vielen Spalten hindurch mit den Augen verfolgen konnten. Hier am Fuß der Gebirge kamen die Gletscher von allen Seiten herunter und setzten sich dann in dem Hauptgletscher fort. Auf einem von diesen vielen kleineren Armen erreichten wir am Abend gerade den Peter-Christophersen-Berg; das Gebirge, unter dem wir nun unser Lager aufschlugen, war von einem Chaos von großen Eisblöcken bedeckt. Der Gletscher selbst, auf dem wir lagerten, war sehr zerklüftet; aber wie bei allen andern auch stammten die Spalten aus alten Zeiten und waren zum großen Teil zugeschneit. Der Schnee war so lose, daß wir den Zeltplatz feststampfen mußten. Die Zeltstange ging ohne alle Schwierigkeit tief hinein. Wahrscheinlich würde der Schnee auf der Höhe fester sein. Hanssen und Bjaaland zogen auf Kundschaft aus und fanden die Verhältnisse so, wie wir sie aus der Ferne beurteilt hatten. Der Weg bis zum ersten Absatz hinauf sollte sicherlich leicht zu überwinden sein; wie sich aber die Verhältnisse zwischen diesem und dem zweiten Absatz gestalten würden, war noch unergründet. Und doch kostete der Aufstieg bis zum ersten Absatz große Anstrengung. Der Gletscherarm, der hinaufführte, war zwar nicht sehr lang, aber außerordentlich steil und voll breiter Spalten. Er mußte abteilungsweise zurückgelegt werden, immer nur von zwei Schlitten auf einmal.

Die Bodenbeschaffenheit war glücklicherweise besser als am vorhergehenden Tag und die Unterlage auf dem Gletscher so hart, daß die Hunde ausgezeichnet auftreten konnten. Bjaaland war diesen steilen Gletscher hinauf Vorläufer, und er mußte seine ganze Kraft einsetzen, sich vor den eifrigen Tieren her hinaufzuarbeiten. Man hätte wahrhaftig nicht glauben sollen, daß man sich auf 85° bis 86° befand. Die Hitze war geradezu lästig; trotz der leichten Kleidung schwitzten wir, als wären wir an einem Wettlauf in den Tropen beteiligt. Rasch ging es aufwärts, und bis jetzt machten sich noch keine unbehaglichen Folgen der so raschen Veränderung des Luftdrucks in Form von Atemnot, Kopfschmerzen usw. bemerkbar. Aber daß sich mit der Zeit jedenfalls solche Empfindungen einstellen würden, darüber herrschte kein Zweifel. Shackletons Beschreibung seiner Wanderung auf der Hochebene stand bei allen noch in frischer Erinnerung. Da hatte heftiges, unerträgliches Kopfweh zur Tagesordnung gehört.

In verhältnismäßig kurzer Zeit erreichten wir den Gletscherabsatz, auf den wir schon aus weiter Entfernung aufmerksam geworden waren. Er war nicht ganz flach, sondern stieg langsam landeinwärts an. Als wir die Stelle erreichten, bis wohin Hanssen und Bjaaland am vorhergehenden Abend ihren Kundschafterweg fortgesetzt hatten, bekamen wir eine ganz gute Übersicht auf den weiteren Gletscher. Auf diesem weiterzugehen, war eine Unmöglichkeit. Er bestand hier, zwischen den zwei mächtigen Bergen, nur aus Spalten und Abgründen, die so breit und grauenvoll waren, daß die Versuchung nahelag, an jedem weiteren Vordringen hier zu verzweifeln. Nach dem Fridtjof-Nansen-Berg hinüber konnten wir nicht gelangen. Dieser stieg senkrecht, teilweise ganz kahl in die Höhe und bildete mit dem Gletscher zusammen ein so wildes, zerklüftetes Gelände, daß wir jeden Gedanken an ein Weiterkommen nach dieser Richtung augenblicklich aufgeben mußten. Die einzige Möglichkeit bot sich in der Richtung des Peter Christophersen. Die Verbindung des Gletschers mit dem Land bot hier – so weit wenigstens, als wir sehen konnten – eine Möglichkeit zu weiterem Vordringen. Hier ging der Gletscher ohne Zerklüftung in die schneebedeckte Gebirgskette über und stieg rasch zu dem teilweise schmalen Gipfel empor. Allerdings konnten wir den Weg nicht sehr weit verfolgen. Der erste Teil der Bergwand wurde bald von einem von Osten nach Westen laufenden Hügelkamm begrenzt, in dem wir da und dort gewaltige Schlünde gähnen sahen. Von der Stelle aus, wo wir standen, hatten wir den Eindruck, daß wir unseren Weg dort oben unter dem Rücken und zwischen den eben genannten Schlünden hindurch fortsetzen und von da an die obere Kante des zerrissenen Gletschergebietes gelangen könnten. Dies konnte uns möglicherweise glücken, aber eine Gewißheit konnten wir erst dort oben selbst bekommen.

Zuerst wurde eine kleine Ruhepause gemacht – allerdings keine lange –, und dann ging's weiter; denn wir brannten vor Ungeduld, zu sehen, ob wir dort drüben weiterkommen könnten. Mit allen Schlitten zugleich hinaufzukommen, war ausgeschlossen, wir konnten immer nur zwei mit doppeltem Gespann nehmen. Zuerst mußten Hanssens und Wistings Schlitten hinaufgeschafft werden, dann die beiden andern. Wir waren natürlich von diesem zweimaligen Weg durch dieses Gelände nicht besonders begeistert, aber die Verhältnisse verlangten es unerbittlich. Wie froh wären wir gewesen, wenn wir schon damals gewußt hätten, daß dies der letzte Aufstieg war, der doppeltes Gespann verlangte. Aber das wußten wir eben nicht, und es hätte wohl keiner gewagt, auf einen so leichten Marsch auch nur zu hoffen. Also noch einmal dieselbe Anstrengung, dieselbe Mühe mit den Hunden, und dann befanden wir uns drüben unter dem Hügelkamm mitten zwischen den gähnenden Löchern. Nein, hier konnte ohne eine genaue vorherige Untersuchung des Geländes von einem weiteren Vordringen keine Rede sein. Unser Tagesmarsch war freilich noch nicht sehr lang, aber die Strecke, die wir zurückgelegt hatten, war wahrlich Anstrengung genug gewesen. So schlugen wir denn das Lager auf und errichteten unser Zelt in einer Höhe von 1650 m ü.d.M. Dann legten wir uns gleich aufs Kundschaften. Zuerst kam der Weg an die Reihe, den wir von unten aus gesehen hatten. Dieser führte in der rechten Richtung des Gletschers – von Ost nach Westen –

und war demgemäß der kürzeste. Aber nicht immer ist der kürzeste Weg auch der beste. Hier mußten wir jedenfalls hoffen, daß ein anderer, wenn auch längerer, bessere Bodenbeschaffenheit aufweise. Der kürzeste war grauenhaft – wenn auch möglicherweise nicht ganz unüberwindlich. Man mußte sich hier zuerst über eine harte, glatte Strecke hinaufarbeiten, die mit der Horizontalebene einen Winkel von 45° bildete und in einem weiten, bodenlosen Schlund endigte. Es wäre sicher kein besonderes Vergnügen, auf Schneeschuhen darüber hinweg zu müssen, aber mit einem schwerbeladenen Schlitten würde das Vergnügen noch viel geringer sein, und es war alle Aussicht vorhanden, daß die Schlitten und die Hunde mitsamt den Lenkern seitwärts hinuntergleiten und in der Tiefe verschwinden würden. Jetzt kamen wir auf den Schneeschuhen glücklich hinüber und setzten dann unsere Untersuchungen fort. Das Berggelände, an dem wir weiter vordrangen, verengte sich von unten her allmählich zwischen gewaltigen Spalten und führte endlich auf einer ganz schmalen Brücke – nicht viel breiter als die Schlitten – auf den Gletscher hinüber. Zu beiden Seiten der Brücke ging's in blauschwarze Nacht hinunter. Dieser Übergang sah wahrlich nicht einladend aus. Man konnte ja wohl die Hunde ausspannen und die Schlitten vorsichtig hinüberziehen – vorausgesetzt, daß die Brücke hielt – aber die Weiterfahrt, die auf dem Gletscher selbst vor sich gehen mußte, sah ganz danach aus, als würde sie allerlei Überraschungen von wenig angenehmer Natur bieten. Daß man sich mit Zeit und Geduld zwischen der anscheinend unendlichen Menge tiefer Spalten hindurchschlängeln könnte, war wohl möglich, aber wir wollten doch vorher untersuchen, ob sich in einer anderen Richtung nicht vielleicht doch noch ein besserer Weg finden lassen würde.

Wir wendeten also und kehrten ins Lager zurück, wo inzwischen alles in Ordnung gebracht, das Zelt aufgeschlagen und die Fütterung der Hunde beendet worden war. Jetzt kam die große Frage, was tun? Was fand sich jenseits des Bergrückens? War dort dasselbe verzeifelte Durcheinander, oder war das Gelände dort wegsamer?

Drei von uns trabten als Kundschafter davon. Die

Spannung stieg, je mehr wir uns dem Kamm näherten; es hing ja so ungeheuer viel von einem annehmbaren Weg ab. Noch ein letzter Anlauf, und wir waren oben. Ha, es lohnte sich der Mühe! Auf den ersten Blick sahen wir, daß hier der Weg war, den wir einschlagen mußten. Die Bergseite lief flach und ebenmäßig unter dem hohen, einer Kirche gleichenden Gipfel des Peter-Christophersen-Bergs hin und folgte der Richtung des Gletschers. Wir konnten die Stelle sehen, wo sich die lange, gleichmäßige Fläche mit dem Gletscher vereinigte. Dem Anscheine nach ging dies ohne Zerklüftungen vor sich. Einige Spalten sahen wir allerdings, aber sie lagen sehr weit voneinander und machten nicht den Eindruck, als böten sie große Schwierigkeiten. Aber wir waren doch noch zu weit von der Stelle entfernt, um mit Sicherheit unsere Schlüsse über das Gelände ziehen zu können. Deshalb machten wir uns nach dem Ende des Gletschers auf den Weg, um dort noch näher zu untersuchen. Der Schnee war hier lose und ziemlich tief. Auf den Schneeschuhen ging es gut, aber für die Hunde würde es sehr anstrengend sein. Wir kamen rasch vorwärts und waren bald bei den ungeheuren Spalten drüben. Sie waren allerdings sehr groß und sehr tief, aber doch so verteilt, daß wir ohne Mühe unseren Weg dazwischen hindurch finden konnten. Das Tal zwischen den beiden Bergen längs des Heiberg-Gletschers wurde nun nach unten immer schmäler, und ich fürchtete schon, wir würden doch allerlei Zerklüftungen finden, wenn wir erst an der Stelle angelangt wären, wo die Bergwand in den Gletscher überging. Aber meine Furcht erwies sich als unbegründet. Indem wir uns dicht unter Peter Christophersen hielten, vermieden wir die Spalten und befanden uns zu unserer großen Freude schon nach kurzer Zeit an dem oberen Rande jenes chaotischen Teils des Heiberg-Gletschers, wo sich alles Vordringen als unmöglich erwiesen hatte.

Hier oben herrschten merkwürdig ruhige Verhältnisse. Die Bergwand und der Gletscher vereinigten sich zu einem großen, flachen Absatz – Ebene könnte man es nennen – ohne irgendwelche Zerklüftungen. Wir konnten im Gelände Vertiefungen wahrnehmen, die zeigten, wie einstmals breite Spalten gegähnt hatten, nun aber waren sie ganz zugeschneit und hatten eine fast ebene Oberfläche. Jetzt konnten wir auch bis zum Ursprung dieses großen, gewaltigen Gletschers sehen und die Verhältnisse einigermaßen beurteilen. Die Gebirgstöcke des Wilhelm-Christophersen- und Ole-Engelstad-Bergs bildeten den Hintergrund. Mit zwei Bienenkörben ähnlichen Gipfeln ragten sie ganz mit Schnee bedeckt bis zum Himmel empor. Wir erkannten nun, daß wir den letzten Aufstieg noch vor uns hatten und daß das, was wir da oben zwischen diesen Gipfeln sahen, die große Hochebene selbst war. Nun handelte es sich darum, den Weg da hinauf zu finden, um auf die leichteste Weise dieses letzte Hindernis zu überwinden. In der strahlend hellen Luft konnten wir mit unserem ausgezeichneten Prismenfernglas die kleinsten Einzelheiten unterscheiden und unsere Berechnungen mit größter Sicherheit anstellen. Es hätte sich machen lassen, den Peter Christophersen selbst hinaufzuklettern; wir hatten schon andere Höhen erklommen, die ebenso schwierig gewesen waren. Aber der Abhang war hier ziemlich steil, voll großer Spalten und riesengroßer Eisblöcke.

Zwischen dem Peter- und dem Wilhelm-Christophersen-Berg erstreckte sich ein Gletscherarm aufwärts bis in die Hochebene hinein, der aber so zerklüftet und zerrissen war, daß er nicht in Betracht kommen konnte. Zwischen Wilhelm Christophersen und Ole Engelstad gab es keinen Durchgang, dagegen sah es zwischen Ole Engelstad und Fridtjof Nansen sehr vielversprechend aus; aber die Aussicht auf den ersten dieser Berge war noch so weit verdeckt, daß wir vorerst nichts mit Sicherheit entscheiden konnten.

Allmählich waren wir alle drei sehr müde geworden, beschlossen aber, die Wanderung trotzdem fortzusetzen, um zu sehen, was dort verborgen war. Die heute getane Arbeit würde ja das Vorwärtskommen morgen um so leichter machen. Wir zogen also weiter und legten unseren Weg quer über den obersten flachen Absatz im Heiberg-Gletscher zurück. Als wir weiter vordrangen, öffnete sich das Gelände zwischen Nansen und Engelstad mehr und mehr, und ohne noch weiterzugehen, konnten wir an den Bildungen erkennen, daß wir hier ohne Zweifel den besten nach oben führenden Weg finden würden. Der endgültige Aufstieg, den wir nicht ganz übersehen konnten, mochte ja noch Schwierigkeiten bieten. Von der Stelle aus, wo wir jetzt standen, konnten wir feststellen, daß wir uns ohne größere Schwierigkeiten über den inneren Teil des Nansen-Berges selbst, der hier in einem nicht allzu schwierigen Gletscher in die Ebene überging, hinaufarbeiten könnten. Jawohl, denn jetzt waren wir sicher, daß es die große Hochebene selbst war, zu der wir aufschauten. In dem Paß zwischen den beiden Bergen und eine Strecke weit auf die Ebene hinaus guckte der Godfred-Hansen-Berg hervor. Das war ein ganz eigentümlicher Gipfel; er steckte nur gerade die Nase über die Hochebene heraus, dazu war er langgestreckt und erinnerte ganz genau an einen Hausgiebel. Obgleich er nur gerade sichtbar war, erhebt er sich doch 3300 m ü. d. M. Nachdem wir die Verhältnisse untersucht und herausgefunden hatten, daß wir morgen, sofern das Wetter es zuließe, die Hochebene erreichen würden, machten wir uns sehr befriedigt von dem Erfolg unseres Ausfluges auf den Heimweg. Darin stimmten wir alle überein, daß wir tüchtig müde waren und uns sehnten, im Lager ausruhen zu können und etwas in den Magen zu bekommen. Die Stelle, wo wir umdrehten, war nach dem Federbarometer 2400 m ü. d. M., wir waren also 750 m höher als unser Zeltplatz drunten an dem Hügel.

In unseren alten Spuren ging es leichter hinunter, obgleich uns der Rückweg nun etwas einförmig vorkam. An manchen Stellen ging es tüchtig abwärts, und gewagte Sätze gehörten nicht zu den Seltenheiten. Auf der letzten Strecke vor dem Lagerplatz hatten wir den steilsten Abstieg. So ungern wir es auch taten, hielten wir es da fürs vernünftigste, unsere zwei Stäbe zusammenzusetzen und eine feste Bremse zu bilden. Es ging doch noch rasch genug. Als wir den Bergkamm erreichten, unter dem, tief drunten, unser Zelt lag, bot sich uns ein schauerlich großartiger Anblick dar. Auf allen Seiten von ungeheuren Spalten und gähnenden Abgründen umgeben, sah unser Zeltplatz wirklich nicht sehr einladend aus. Der Eindruck, den diese wilde Landschaft auf den Beschauer macht, läßt sich nicht in Worten wiedergeben. Loch an

Loch, Spalte an Spalte, dazwischen große Eisblöcke, alles durcheinander – unwillkürlich mußte man denken, daß hier die Natur die größere Gewalt habe. Nicht ohne eine gewisse Befriedigung betrachteten wir die Landschaft. Der kleine dunkle Fleck da drunten – unser Haus – mitten in diesem Chaos gab uns das Gefühl von Stärke und Kraft. Wir hatten das Bewußtsein, daß das Gelände, auf dem wir nicht vorwärts kommen könnten, um uns einen Platz für unser kleines Heim zu erobern, in der Tat grauenvoll sein müßte. Gepolter auf Gepolter, Dröhnen auf Dröhnen ließ sich vernehmen, bald war es ein Schuß vom Nansen, bald von einem der andern Berge her. Wir konnten den Schneestaub hoch in die Luft aufwirbeln sehen. Es war deutlich zu sehen, daß diese Berge eben dabei waren, den Wintermantel abzuwerfen und ein etwas frühlingsmäßigeres Gewand anzulegen.

In sausender Geschwindigkeit ging es zum Zelt hinunter. Unsere Kameraden hatten dafür gesorgt, daß alles in bester Ordnung war. Die Hunde lagen im warmen Sonnenschein und schnarchten. Sie bequemten sich nicht einmal, aus dem Weg zu gehen, als wir zwischen sie hineinsausten. Im Zelt herrschte eine vollständig tropische Hitze. Die Sonne schien lustig auf die rote Zeltdecke und heizte ein. Der Primuskocher surrte und zischte, und im Pemmikantopf brodelte und kochte es. Wir verlangten nichts Besseres, als ins Zelt zu kommen, uns da niederzuwerfen und zu trinken – trinken, zu essen – essen. Was wir mitzuteilen hatten, waren keine Kleinigkeiten. – Morgen ging's weiter. Das klang zu gut. Wir hatten angenommen, daß wir zehn Tage hinauf brauchen würden, und nun konnte es uns in vier Tagen gelingen. Auf diese Weise ersparten wir eine Menge Hundefutter, denn wir konnten ja dann die Hunde sechs Tage früher schlachten, als berechnet war.

An diesem Abend hielten wir eine ganz kleine Festmahlzeit im Zelt. Nicht daß wir mehr zu essen bekommen hätten! Das wagten wir uns nicht zu erlauben; aber bei dem Gedanken an die frischen Hundekoteletts, die uns nach der Ankunft oben erwarteten, lief uns schon das Wasser im Munde zusammen. Wir hatten uns mit der Zeit so mit dem Gedanken an diesen bevorstehenden

Schlachttag vertraut gemacht, daß dieses Ereignis nicht als etwas Gräßliches vor uns stand, wie es doch sonst wohl der Fall gewesen wäre. Die Rechnung war ja jetzt abgeschlossen und bestimmt, welche von den Hunden sich eines längeren Lebens verdient gemacht hätten und welche geopfert werden sollten. Die Entscheidung war übrigens sehr schwer gewesen, denn alle miteinander waren flink und tüchtig.

Wir schliefen sehr unruhig, denn das Dröhnen und Gepolter hielt die ganze Nacht hindurch an, und eine Lawine nach der andern stürzte zu Tal und entblößte Stellen an den Bergen, die seit undenklichen Zeiten mit Schnee verhüllt gewesen waren.

Am folgenden Tag, dem 21. November, waren wir zur gewöhnlichen Zeit auf, ungefähr um 8 Uhr. Wundervolles Wetter, ruhig und klar! Der Aufstieg zum Hügelkamm war in der Tat ein harter Tagesanfang für unsere Hunde, sie machten ihre Sache aber diesmal wirklich ausgezeichnet; jedes Gespann zog seinen Schlitten hinauf. Die Bahn war ebenso schwierig wie am vorhergehenden Tag, und bei dem losen Schnee ging es nicht rasch vorwärts. Wir folgten nicht unseren alten Spuren, sondern richteten den Kurs geradewegs auf die Stelle, wo wir den Aufstieg in Angriff nehmen wollten.

Als wir uns dem Ole-Engelstad-Berg näherten, unter dem wir vorbei mußten, um in den Gletscherarm zwischen diesem und dem Nansen-Berg hineinzukommen, stieg die Spannung noch mehr. Wie wird die Bodenbeschaffenheit sein? Führt der Gletscher gleichmäßig über die Ebene hin, oder ist er zerklüftet und unbesteigbar? Wir umgingen den Engelstad-Berg mehr und mehr – immer umfassender wurde die Aussicht auf die Tiefe.

Je weiter wir vorrückten, desto zerklüfteter sah das Gelände aus, und unsere Annahme von gestern schien sich nicht zu bestätigen. Endlich war der Blick auf die ganze Landschaft frei, und siehe, ohne jegliches Hindernis lag der letzte Teil des Aufstiegs frei vor unseren Augen! Das war freilich ein langer, steiler Weg, und wir beschlossen, vor dem letzten entscheidenden Angriff erst eine Ruhepause eintreten zu lassen. Auf einem geschützten, sonnigen Platz unter dem Engelstad-Berg wurde Halt gemacht.

Bei dieser Gelegenheit gönnten wir uns ein kleines Frühstück, was wir uns bisher nicht erlaubt hatten. Die Kochkiste wurde herausgeholt, bald zischte der Primuskocher gewaltig, und wir wußten, daß die Schokolade nicht lange auf sich warten lassen würde. Dieser Trank war ein himmlischer Genuß. Wir hatten uns alle warm gelaufen, und unsere Gaumen waren ganz vertrocknet. Hanssen als Koch teilte aus. Es nützte gar nichts, wenn man ihn auch bat, gleichmäßig auszuteilen. Er selbst war nicht dazu zu bringen, mehr als die Hälfte von dem zu trinken, was ihm zukam, die andere Hälfte wollte er durchaus unter seine Kameraden verteilen. Der Trank, den er uns diesmal bereitet hatte, sollte seinem Ausspruch nach allerdings Schokolade sein, aber ich konnte das nur schwer glauben. Der gute Hanssen war sehr sparsam und duldete keine Verschwendung; das war an seiner Schokolade wohl zu merken. Nun ja, für Leute, die gewohnt waren, »Wasser und Brot« für einen Genuß zu halten, schmeckte sein Trank, wie schon gesagt, doch himmlisch. Dies war der flüssige Teil des Frühstücks, der allein gereicht wurde. Wenn jemand etwas zu essen wollte, so mußte er sich's selbst verschaffen, angeboten wurde einem nichts weiter. Glücklich der, der sich vom Frühstück ein paar Zwiebäcke aufgehoben hatte! Zu weiterem blieb keine Zeit. Es ist außerordentlich zweckmäßig, wenn man nur leichte Unterkleider mit Seide darüber trägt, denn man bleibt dann nicht lange stehen, weil man sehr rasch friert. Obgleich die Temperatur nur −20 °C betrugen, waren wir doch froh, als wir uns wieder in Bewegung setzten.

Der letzte Aufstieg war ziemlich hart, besonders die erste Hälfte. Wir glaubten nie und nimmer, daß es die Hunde wirklich mit einem Gespann leisten könnten, machten aber trotzdem einen Versuch. Für die letzte Leistung muß ich sowohl den Hunden als den Lenkern meine höchste Anerkennung aussprechen. Es war von beiden eine glänzende Kraftprobe. Ich sehe den ganzen Vorgang noch vor mir: Die Hunde schienen förmlich zu verstehen, daß dies die letzte Riesenanstrengung war, die man von ihnen forderte. Sie streckten sich ganz flach aus und zogen, zogen, sie krallten sich fest und zogen sich hinauf. Aber ein klein wenig verschnaufen mußte man sie doch lassen, und da wurden die Kräfte der Lenker auf eine harte Probe gestellt. Es ist wahrlich keine Kleinigkeit, einen so schwerbeladenen Schlitten einmal ums andere in Gang zu setzen. Wie sie sich diesen Berg hinauf abschinden mußten, beide, Menschen und Tiere! Aber sie kamen doch vorwärts, Zoll für Zoll, bis der steilste Teil überwunden war. Nun lag der übrige als ein sanft ansteigender Abhang vor uns, den alle, ohne einmal anzuhalten, hinaufkamen. Es war allerdings noch hart genug und dauerte sehr lange, bis wir endlich die Hochebene auf der Südseite des Engelstad-Bergs erreichten.

Wir waren auf das Aussehen der Hochebene außerordentlich neugierig und gespannt. Eigentlich hatten wir eine gleichmäßige, große Ebene erwartet, die sich nach Süden ins Unendliche ausdehnte. Aber hierin täuschten wir uns. Gegen Südwesten sah sie gleichmäßig und schön aus, aber das war nicht unsere Richtung; gegen Süden dagegen erstreckte sich das Gelände in langen, nach Osten und Westen laufenden Bergkämmen, die wahrscheinlich eine Fortsetzung oder Verbindung zwischen der Hochebene und der südwärts laufenden Gebirgskette waren.

Wir setzten unseren Marsch hartnäckig fort, denn wir wollten nicht nachgeben, ehe wir die Hochebene selbst erreicht hatten. Wir hofften, der Rücken, den der Peter-Christophersen-Berg vorschob und den wir gerade vor uns hatten, würde der letzte sein. Da oben veränderte sich die Bodenbeschaffenheit sofort. Der lose Schnee verschwand, und einzelne Schneewehen tauchten auf, die uns auf diesem letzten Bergrücken besonders lästig wurden. Sie verliefen von Südost nach Nordwesten, waren hart wie Stein und scharf wie Messer. Wenn man hier zu Fall kam, konnte es sehr schlimme Folgen haben.

Eigentlich hätte man denken sollen, die Hunde hätten nun an diesem Tag Anstrengungen genug gehabt und müßten erschöpft sein. Aber dieser letzte Bergkamm mit den unangenehmen Schneewehen schien sie nicht im geringsten anzufechten. Mit einem flotten Schwung ließen wir uns vollends auf die Höhe hinaufziehen, die wir ihrem Aussehen nach für die wirkliche Hochebene selbst hielten, und abends 8 Uhr machten wir Halt. Das Wetter hatte sich gut gehalten und war auch allem Anscheine nach recht sichtig. In weiter Ferne erstreckte sich nach Nordwesten eine schimmernde Kette von Berggipfeln. Es war die nach Südosten laufende Gebirgskette, die wir nun von der andern Seite sahen. In unserer Nähe dagegen sahen wir nichts als die Rücken der in der letzten Zeit so vielbesprochenen Berge. Wie sehr die Beleuchtung trügen kann, lernten wir später verstehen.

Gleich bei der Ankunft befragte ich das Barometer, und da zeigte sich – was das Hypsometer später bestätigte – eine Höhe von 3220 m ü. d. M. Alle Meßräder gaben 17 Seemeilen oder 31 km an. Als wir unser Tagewerk betrachteten – 31 km mit einem Aufstieg von 1600 m –, sahen wir deutlich, was mit wohlgeübten Hunden geleistet werden kann. Unsere Schlitten waren doch noch schwer beladen, und es scheint mir überflüssig, den Tieren noch ein besonderes lobendes Zeugnis auszustellen. Die bloße Erwähnung dieser Tatsache wird genügen.

Es kostete viel Mühe, einen Zeltplatz zu finden, so hart gefroren war der Schnee da oben. Schließlich fanden wir doch einen und schlugen wie gewöhnlich das Zelt auf. Die Schlafsäcke und Privatsäcke wurden mir wie sonst zur Zelttüre hereingereicht, und ich legte drinnen alles an den richtigen Platz. Die Kochkiste und der notwendige Mundvorrat für den Abend und nächsten Morgen kam auch wie gewöhnlich herein. Aber viel hurtiger als sonst wurde an diesem Abend der Primuskocher angezündet und bis zum Hochdruck Luft hineingepumpt. Ich hoffte, dadurch recht viel Lärm hier drinnen zu machen, damit ich die Schüsse nicht hören würde, die draußen bald knallen mußten. 24 unserer tüchtigsten Kameraden und treuen Gehilfen mußten den Tod erleiden. Das war hart, aber es mußte sein. Darin stimmten wir alle überein, daß nichts gescheut werden durfte, was zur Erreichung unseres Ziels beitragen konnte. So war ausgemacht worden, daß jeder diejenigen von seinen Hunden, die zum Tode verurteilt worden waren, selbst erschießen sollte.

Der Pemmikan kochte merkwürdig rasch an diesem Abend; ich glaube, ich habe ihn auch besonders fleißig umgerührt. Jetzt knallte der erste Schuß. Ich bin sonst nicht nervös, aber ich muß gestehen, da fuhr ich zusammen. Dann folgte Schuß auf Schuß – unheimlich klangen sie durch die weite Einsamkeit. Bei jedem verlor ein treuer Diener das Leben.

Es dauerte sehr lange, bis der erste nach getaner Arbeit im Zelt erschien. Es mußten alle zuerst ihre Tiere öffnen und die Eingeweide herausnehmen, damit das Fleisch nicht verdarb. Dies ist eine Vorsichtsmaßregel, die durchaus nicht außer acht gelassen werden darf, weil sonst das Fleisch als Nahrungsmittel schädlich sein kann. Die Eingeweide wurden von den Kameraden der Getöteten zum großen Teil auf der Stelle noch warm verzehrt, denn die Hunde waren jetzt alle heißhungrig. Suggen, einer von Wistings Hunden, war besonders gierig auf die warmen Eingeweide. Man sah ihn nach dem Genuß dieses Gerichts ganz unförmig umherrennen. Viele rührten allerdings zuerst diese Eingeweide nicht an, erst später bekamen sie Lust dazu.

Die Feststimmung, die an diesem Abend, dem ersten auf der Hochebene, im Zelt hätte herrschen sollen, wollte sich nicht einstellen. Es lag etwas Drückendes, Trauriges in der Luft – wir hatten unsere Hunde doch herzlich liebgewonnen gehabt. Der Ort wurde die »Metzgerei« genannt.* Es war bestimmt gewesen, daß wir hier zwei Tage Rast machen und Hundefleisch essen sollten. Zwei von uns hatten von Anfang an erklärt, daß sie keinen Bissen davon genießen würden; aber als die Zeit verging und der Hunger zunahm, änderten sie ihre Ansicht, bis wir alle in den letzten Tagen vor der »Metzgerei« nur noch an Hundelendenbraten, Rippchen und ähnliches dachten. An diesem ersten Abend hielten wir uns aber doch im Zaum. Es war uns zuwider, uns über unsere vierfüßigen Freunde herzumachen und sie zu verzehren, ehe sie recht kalt geworden waren. Und alle hatten das Gefühl, daß die »Metzgerei« kein gastfreundlicher Platz sei.

In der Nacht fiel das Thermometer, und heftige Windstöße fegten über die Ebene hin; sie zerrten und rüttelten an unserem Zelt, aber es hätte mehr dazu gehört, es umzureißen. Die Hunde verbrachten die Nacht mit Fressen; wenn man einen Augenblick aufwachte, hörte man es unter ihren Zähnen krachen und knirschen. Die Wirkung

* Auf der Karte als Hundelager bezeichnet

des großen jähen Höhenwechsels machte sich auch gleich geltend. Wenn ich mich in meinem Schlafsack umdrehen wollte, mußte ich es in kleinen Absätzen tun, damit mir der Atem nicht ausging. Es gehörte wirklich mehr als ein Atemzug dazu, um sich auf die andere Seite zu legen. Ob es meinen Gefährten ebenso ging wie mir, brauchte ich nicht erst zu erfragen; mein Gehör sagte mir genug.

Als wir am Morgen aus dem Zelt traten, war das Wetter wieder ganz still, aber trotzdem sah es nicht vielversprechend aus – finster drohende Wolken zogen am Himmel hin. Wir benutzten den Vormittag zum Abhäuten der Hunde. Noch hatten, wie schon gesagt, nicht alle von den Überlebenden Appetit auf Hundefleisch, es galt also, es ihnen auf die verlockendste Weise anzubieten. Und siehe, nachdem es abgezogen und zerlegt war, weigerte sich keiner mehr, selbst die Allerwählerischsten ließen sich überreden. Aber mit der Haut darauf wollte es uns tatsächlich nicht glücken, alle zum Fressen zu bringen. Wahrscheinlich hatten sie einen Widerwillen gegen den Geruch, den diese Haut hat. Ich will zugeben, daß er nicht sehr appetitreizend ist. Das Fleisch selbst aber sah, als es zerlegt war, wirklich verlockend aus. Kein Metzgerladen hätte einen schöneren Anblick bieten können als den, den wir vor uns hatten, nachdem zehn Hunde abgezogen und zerlegt waren. Große Haufen des herrlichsten, frischen roten Fleisches lagen auf dem Schnee umher. Die Hunde gingen herum und schnupperten, einige nahmen sich ein Stück, andere verdauten. Wir Menschen hatten für uns selbst das, was wir für das zarteste und jüngste hielten, ausgesucht. Wisting war die ganze Angelegenheit überlassen worden, sowohl das Aussuchen als das Zubereiten der Koteletts. Seine Wahl fiel auf Rex, ein kleines, wunderschönes Tier – übrigens einer seiner eigenen Hunde. Mit großer Gewandheit hieb und schnitt er zurecht, was er für eine Mahlzeit notwendig hielt. Ich konnte meine Augen dabei nicht von ihm wenden; die kleinen, zarten Rippenstückchen, die da eins nach dem andern über den Schnee hinflogen, wirkten geradezu hypnotisierend auf mich. Sie riefen Erinnerungen wach an alte Tage, wo Hundefleisch allerdings keine so verlokkende Wirkung auf mich ausgeübt hatte wie jetzt, wo aber andere Koteletts auf Platten hübsch geordnet nebeneinander lagen mit feingekräuseltem Papier ums Bein und den reizendsten grünen Erbsen in der Mitte. Ja, die Gedanken führten mich weiter – aber das gehört freilich nicht hierher und hat auch nichts mit dem Südpol zu tun.

Ich wurde aus meinen Träumereien gerissen, als Wisting in recht bestimmter Weise die Axt in den Schnee schlug, die Rippenstückchen zusammenlas und damit im Zelt verschwand. Die Wolkendecke war inzwischen etwas zerrissen, und die Sonne zeigte sich von Zeit zu Zeit, wenn auch nicht gerade in ihrer strahlendsten Gestalt. Es glückte uns auch, sie just im rechten Augenblick zu fassen und die Breite zu bestimmen, nämlich 85°36′. Wir waren darüber sehr vergnügt, denn kurz darauf fing es an, aus Ostsüdost zu blasen, und ehe wir uns dessen versahen, steckten wir in dichtem Nebel. Aber jetzt konnten wir auf das schlechte Wetter pfeifen. Was verschlug es uns, wenn auch der Wind Posaune blies und der Schnee daherfegte, solange wir doch liegen bleiben wollten und Nahrungsmittel im Überfluß hatten. Wir wußten auch, daß die Hunde ungefähr der gleichen Meinung waren: Wenn wir nur genug zu fressen bekommen, kann uns das Wetter gestohlen werden!

Als wir nach Beendigung unserer Beobachtungen ins Zelt kamen, was Wisting drinnen schon im besten Zuge. Der Kochtopf stand auf dem Feuer, und nach dem lieblichen Geruch zu urteilen, war die Zubereitung unseres Essens im besten Gang. Die Rippenstückchen konnten nicht gebraten werden, denn wir hatten weder eine Pfanne noch Butter. Allerdings hätten wir uns etwas Fett aus dem Pemmikan schmelzen können, und mit der Pfanne hätten wir uns irgendwie beholfen, wenn wir durchaus gebratene Rippchen hätten haben wollen. Wir fanden es aber viel einfacher, zumal es auch schneller ging, sie zu kochen, und auf diese Weise bekamen wir auch noch eine köstliche Fleischbrühe obendrein.

Wisting legte ein erstaunliches Kochtalent an den Tag. Er hatte nämlich die Stücke Pemmikan, die das meiste Grünzeug enthielten, in die Suppe getan, und jetzt bot er uns die feinste frische Fleischbrühe mit Gemüse an. Der Glanzpunkt der Mahlzeit war aber das zweite Gericht.

Selbst wenn wir über die Güte des Fleisches irgendwelchen Zweifel gehegt hätten, wäre er nach der ersten Kostprobe wie weggeblasen gewesen. Das Fleisch war vorzüglich, einfach vorzüglich, und mit Blitzesschnelle verschand ein Rippenstückchen nach dem andern. Ich will allerdings einräumen, daß sie, ungeachtet ihrer Güte, etwas weicher hätten sein können, aber man kann von einem Hund auch nicht alles verlangen. Fünf Rippenstückchen verspeiste ich gleich selbst, und dann fischte ich vergebens im Topf nach noch mehr; auf einen so großen Absatz seiner Ware hatte Wisting doch nicht gerechnet.

Den Nachmittag benutzten wir dazu, unseren Vorrat an Nahrungsmitteln durchzusehen und ihn auf drei Schlitten zu verteilen. Der vierte Schlitten – der von Hassel – sollte hier zurückgelassen werden. Die Nahrungsmittel wurden in folgender Weise verteilt: Der erste Schlitten – der von Wisting – war beladen mit: 3700 Stück Zwieback (das tägliche Maß für einen Mann betrug von den ganz kleinen 40 Stück), 126 kg Hundepemmikan ($\frac{1}{2}$ kg für den Hund jeden Tag), 27 kg Menschenpemmikan (350 g für den Mann jeden Tag), 5,8 kg Schokolade (40 g für den Mann jeden Tag). Die andern zwei Schlitten enthielten ungefähr dasselbe, so daß wir bei diesem Vorrat von hier aus noch 60 Tage weiter vordringen konnten, ohne die tägliche Nahrungsmenge herabsetzen zu müssen. Unsere 18 überlebenden Hunde wurden in drei Gespanne verteilt, sechs für jedes. Nach unserer Berechnung konnten wir mit diesen 18 Hunden von hier bis zum Pol gelangen und ihn dann mit 16 wieder verlassen. Hassel, der also seinen Schlitten hier zurücklassen mußte, rechnete zugleich über seine Lebensmittel ab, die nun in den drei andern Büchern vorläufig verteilt wurden; wir hatten dann, sobald es das Wetter erlaubte, nichts weiter zu tun, als die Nahrungsmittel tatsächlich auf die drei übrigen Schlitten zu verteilen. Heute hinauszugehen und diese Arbeit vorzunehmen war nicht ratsam.

Am nächsten Tag, am 24. November, war der Wind nach Nordost umgeschlagen, so daß wir verhältnismäßig annehmbares Wetter hatten. Wir fingen daher morgens um 7 Uhr an, die Schlitten umzupacken. Das war keine sehr angenehme Arbeit; wenn auch das Wetter, wie gesagt, verhältnismäßig annehmbar war, so war es doch für dieses Umpacken unserer Lebensmittel nicht gerade geeignet. Die Schokolade, die nun im wesentlichen nur noch aus kleinen Stücken bestand, mußte herausgenommen, die Stücke nachgezählt und auf die drei Schlitten verteilt werden. Das gleiche war mit dem Zwieback der Fall. Jedes einzelne Stück mußte nachgezählt werden, und wenn es sich um einige Tausend so kleiner Stücke handelt, so kann sich jeder selbst denken, was das heißen will, zumal bei einer Kälte von −20 °C mit scharfer Brise und nackten Händen. Der Wind nahm während der Arbeit immer mehr zu, und als wir endlich fertig waren, stürmte und schneite es derart, daß wir kaum noch das Zelt sehen konnten. Unsere ursprüngliche Absicht, aufzubrechen, sobald die Schlitten fertig seien, gaben wir auf, und wir hatten auch keinen Nachteil davon, im Gegenteil, es war eigentlich nur zu unserem Nutzen; denn die Hunde – der wichtigste Teil unserer Ausrüstung – konnten sich einmal gründlich ausruhen und wurden kräftig genährt.

Seit wir in der »Metzgerei« angekommen waren, war eine auffallende Veränderung mit ihnen vorgegangen. Dick, fett und vergnügt liefen sie herum, und der Heißhunger war völlig verschwunden. Für uns selbst spielte ein Tag oder auch zwei jetzt keine Rolle mehr. Unser wichtigstes Nahrungsmittel – den Pemmikan – rührten wir kaum mehr an, das Hundefleisch hatte dessen Stelle vollständig eingenommen. Deshalb waren wir nicht besonders traurig, als wir nach beendigter Arbeit wieder ins Zelt kriechen mußten und uns zur Ruhe legen konnten. Ehe ich hineinging, bemerkte ich drüben auf dem Hügel Wisting, der, auf den Knien liegend, Rippenstückchen zurechtmachte. Die Hunde standen im Kreise herum und schauten ihm mit großer Spannung zu. Der Nordost pfiff und heulte, der Schnee wirbelte, und es wird wohl niemand denken, Wisting habe da eine sehr angenehme Arbeit gehabt. Er wurde aber gut damit fertig, und wir bekamen unser Mittagessen wie gewöhnlich.

Endlich gegen Abend flaute der Wind etwas ab und

Wisting mit seinem Schlitten

wehte auch mehr aus Osten, so daß wir uns mit der besten Hoffnung auf den nächsten Tag zur Ruhe legten.

Der 26. November, ein Sonntag, brach an. Es war ein schöner Tag in mehr als einer Hinsicht. Allerdings hatte ich schon vorher bei verschiedenen Gelegenheiten meine Kameraden Probestücke liefern sehen, die mir wohl gezeigt hatten, was in ihnen steckte. Aber die Probe, die sie an diesem Tag ablegten, vergesse ich nicht, und wenn ich noch so alt werden sollte. Der Wind war im Verlauf der Nacht wieder nach Norden umgeschlagen und hatte sich zum Sturm ausgewachsen. Es stürmte und schneite so fürchterlich, daß wir beim Herauskommen aus dem Zelt kaum noch die vom Schnee fast zugedeckten Schlitten sehen konnten. Die Hunde hatten sich alle auf einen Haufen gedrängt und suchten sich, so gut es ging, gegen das Unwetter zu schützen. Der Temperatur war ja an sich nicht so besonders niedrig: −27 °C, aber doch niedrig genug, um bei so einem Sturm recht unangenehm zu sein. Nachdem wir alle der Reihe nach draußen gewesen waren, um das Wetter anzusehen, setzten wir uns in unsere Schlafsäcke und unterhielten uns über die schlechten Aussichten.

»Verflucht schlechtes Wetter hier in der Metzgerei!« sagt einer. »Man könnte meinen, es wolle überhaupt nie mehr besser werden. Das ist nun der fünfte Tag und es stürmt schlimmer als je.« Ja, darin stimmten wir alle überein.

»Es gibt nichts Schlimmeres, als so beim schlechten Wetter festzuliegen,« fährt ein anderer fort. »Das greift mehr an, als den ganzen Tag zu marschieren!«

Ich für meine Person war derselben Ansicht. Einen Tag mag das Stilliegen ganz gut schmecken, aber zwei, drei, vier Tage oder gar, wie es jetzt allen Anschein hatte, fünf, nein, das ist gräßlich!

»Sollten wir vielleicht einen Versuch machen, weiterzukommen?« meinte einer.

Kaum war der Vorschlag gemacht, so war er auch unter Jubel einstimmig angenommen.

Wenn ich an meine vier Freunde, die mich auf der Fahrt nach dem Pol begleitet haben, zurückdenke, dann sehe ich sie oftmals im Scheine jenes Morgens vor mir. Alle die Eigenschaften, die ich bei einem Mann am höchsten schätze, traten bei dieser Gelegenheit klar zutage: Mut und Unerschrockenheit, ohne Prahlerei, ohne große Worte.

Unter Scherzen und Lachen wurde alles zusammengepackt, und dann ging's hinaus in den Sturm. Es war nahezu unmöglich, die Augen offenzuhalten. Der feine Schneestaub drängte sich überall hinein, ja zuweilen hatte man geradezu das Gefühl, blind zu sein. Das Zelt war gänzlich vereist und verschneit und mußte beim Abschlagen mit der größten Vorsicht behandelt werden, damit es nicht in Stücke brach. Die Hunde waren nicht sehr geneigt, sich auf den Weg zu machen, und es brauchte Zeit, bis sie angeschirrt waren. Endlich aber waren wir doch fertig. Noch ein letzter Blick über unseren Lagerplatz hin, um zu sehen, ob nichts von dem, was mir mitnehmen wollten, vergessen sei. 14 Hundeleiber, die noch übriggeblieben waren, hatten wir auf einen Haufen getürmt, und Hassels Schlitten war als Merkzeichen darauf gestellt, die übrigen Hundeleinen, einige Gletscherseile, alle unsere Steigeisen, die wir nun nicht mehr nötig zu haben glaubten, wurden hier zurückgelassen. Wir hatten ohnedem noch schwer genug zu ziehen. Zu allerletzt wurde noch ein abgebrochener Schneeschuh neben der Niederlage aufgepflanzt. Das tat Wisting, der wohl der Ansicht war, ein Merkzeichen mehr könne auf keinen Fall schaden; und es war eine weise Vorsichtsmaßnahme, wie sich später zeigen sollte.

Und nun machten wir uns auf den Weg. Zuerst war es sowohl für die Tiere wie für die Menschen eine harte Aufgabe. Die hohen Schneewehen setzten sich nämlich nach Süden immer weiter fort und machten das Vorwärtskommen äußerst beschwerlich. Wer einen Schlitten zu führen hatte, mußte sehr aufmerksam sein und ihn beständig stützen, damit er in den hohen Schneewehen nicht umfiel. Wir andern, die wir keine Schlitten hatten, fanden es außerordentlich mühsam, uns auf den Beinen zu halten, da wir uns nicht an dem Schlitten halten konnten. So ging das weiter, aber die Hauptsache war, daß es doch vorwärts ging. Der Boden machte zu Anfang den Eindruck, als ob er ganz wenig ansteige. Der Weg war außerordentlich schlecht, etwa wie wenn man durch losen Sand waten muß. Allmählich jedoch wurden die Schneewehen immer kleiner, zum Schluß verschwanden sie vollständig, und der Boden wurde ganz eben. Auch der Weg wurde mit der Zeit immer besser; woher das kam, mag der Himmel wissen, denn das Unwetter tobte mit ungebrochener Kraft weiter, und das Schneegestöber, in das sich jetzt auch noch Hagel mischte, war dichter als je. Die Schlittenlenker konnten kaum noch ihre eigenen Hunde sehen. Der Boden, der, wie gesagt, ganz eben geworden war, machte zuweilen den Eindruck, als senke er sich jetzt etwas, wenigstens hätte man das aus der Geschwindigkeit, mit der die Schlitten plötzlich dahinsausten, schließen sollen. Die Hunde schlugen plötzlich einen kleinen Galopp an. Der Sturm, den sie im Rücken hatten, trug ja auch dazu bei, aber er allein konnte diese Veränderung nicht hervorbringen. Diese Neigung des Bodens, sich zu senken, war mir keineswegs angenehm. Meiner Meinung nach hätten wir keine solche Senkung mehr antreffen sollen, nachdem wir einmal die Höhe erreicht hatten, auf der wir uns befanden. Neigung zu steigen vielleicht, aber sich zu senken, nein, das stimmte nicht mit meiner Annahme. Noch war allerdings die Senkung nicht so bedeutend, daß sie hätte beunruhigen müssen; sollte es aber im Ernst abwärts gehen, dann mußten wir Halt machen und unser Lager aufschlagen. Auf vollständig unbekanntem Boden in vollem Galopp blindlings drauflos zurennen, wäre Wahnsinn gewesen. Wir konnten ja, ehe wir's uns versahen, in einem Abgrund liegen.

Wie gewöhnlich fuhr Hanssen voraus. Eigentlich hätte ja ich Vorläufer sein sollen, aber bei dem unebenen Boden zu Anfang und der schnellen Fahrt nachher war es mir unmöglich, so schnell zu laufen, wie die Hunde zogen. Ich hatte mich deshalb neben Wistings Schlitten gehalten. Plötzlich sehe ich, wie Hanssens Hunde ausgreifen, und den Berg hinunter geht es in wilder Hast, Wisting hinterher. Kaum gelingt es mir noch, Hanssen zuzurufen, er solle halten. Der bringt das auch fertig, indem er den Schlitten quer dreht. Die anderen, die hinter ihm herkamen, wurden durch ihn aufgehalten. Wir befanden uns dicht vor einem ziemlich jähen Absturz. Was sich weiter unten befand, war nicht leicht zu erkennen, und wir wollten es bei diesem Wetter auch lieber gar nicht ausfindig machen. Sollte es jetzt wieder bergab gehen? Wahrscheinlich war es, daß wir uns auf einem der vielen Rücken befanden, aber Sicherheit konnten wir nicht darüber erlangen, ehe nicht das Wetter sich etwas aufhellte. So stampften wir uns in dem losen Schnee einen Zeltplatz, und bald war das Zelt aufgeschlagen. Ein langer Marschtag war es also nicht geworden – 19 km –, aber wir hatten doch dem Aufenthalt in der »Metzgerei« ein Ende gemacht, und damit war schon viel erreicht.

Bei der Bestimmung des Siedepunktes des Wassers am Abend zeigte sich, daß wir uns auf einer Höhe von 3030 m ü. d. M. befanden; demnach waren wir von der »Metzgerei« an 190 m gefallen. Wir zogen uns ins Zelt zurück und legten uns schlafen; denn sobald das Wetter hell wurde, mußten wir aufspringen und uns die Sachlage draußen ansehen. In jenen Länderstrichen muß man die Gelegenheit beim Schopf erfassen. Tut man das nicht, kann viel verloren sein und die Wartezeit lang werden. Darum schliefen wir alle sozusagen nur mit einem Auge und wußten daher, daß nichts geschehen konnte, ohne daß wir es gewahr würden.

Um 3 Uhr morgens drang die Sonne durch die Wolkendecke. Rasch waren wir draußen! Unsere Lage war aber noch immer nicht zu übersehen. Die Sonne stand am Himmel wie eine große gelbe Scheibe, und ihre Strahlen hatten noch nicht vermocht, den Nebel zu zerteilen. Der Wind war zwar etwas abgeflaut, blies aber noch immer gehörig. Im Grunde genommen ist es das Unangenehmste, was einem zustoßen kann, wenn man aus dem guten warmen Schlafsack herauskommt und in dünnen Kleidern stundenlang draußen stehen und das Wetter beobachten muß. Aber wir wußten aus Erfahrung, daß es sich mit einem Male aufklären konnte, und da galt es, auf dem Platze zu sein. Plötzlich wurde es hell, aber nur für ganz kurze Zeit, doch immerhin lang genug für unsere Aufgabe. Wir befanden uns auf einem ziemlich steil abfallenden Bergrücken. Gegen Süden war der Abstieg zu schroff, aber im Südosten ging es weniger steil abwärts, und unten schloß sich eine große Ebene an. Risse oder Hindernisse irgendwelcher Art konnten wir nirgends erblicken. Allerdings konnten wir auch nicht viel sehen, nur die allernächste Umgebung. Von den Gebirgen war nichts wahrzunehmen, weder der Fridtjof-Nansen- noch der Peter-Christophersen-Berg.

Sehr zufrieden mit unserer Ausschau zogen wir uns wieder ins Zelt zurück und schliefen bis 6 Uhr, um welche Zeit wir die Morgenarbeit begannen. Das Wetter, das sich während der Nacht etwas gebessert hatte, tobte von neuem, und der Nordost stürmte, was das Zeug hielt. Es gehörte aber mehr als Sturm- und Schneegestöber dazu, uns weiter aufzuhalten, nachdem wir unsere nächste Umgebung kennengelernt hatten. Wir wußten wohl, wenn wir einmal auf die Ebene hinuntergefahren waren, kamen wir schon weiter. Wir legten erst verschiedene Bremsen unter die Schlitten, und dann ging es in südöstlicher Richtung den Abhang hinunter. Das wenige, was wir am Morgen von unserer Umgebung zu ergründen gemeint hatten, stellte sich jetzt als zutreffend heraus. Es ging gleichmäßig und glatt den Berg hinunter, und die Schlitten kamen ohne Unfall unten an. Nun konnten wir wieder den Kurs auf Süden richten, und in dichtem Schneegestöber setzten wir unseren Weg ins Unbekannte weiter fort, wobei uns der heulende Nordost, den wir im Rücken hatten, guten Beistand leistete. Wir fingen auch wieder an, Warten zu bauen, was nicht notwendig gewesen war, solange es bergauf ging.

Im Laufe des Vormittags kamen wir nochmals über einen kleinen Bergrücken, den letzten, den wir antreffen sollten. Das Gelände war jetzt ohne Erhöhungen, so glatt und eben wie ein Stubenboden, und von Schneewehen zeigte sich keine Spur. Wenn wir trotzdem nur schwer und langsam vorwärts kamen, so lag die Schuld an der ganz entsetzlichen Schlittenbahn; die Sahara könnte einem Schlitten keine schlechtere Gleitfläche bieten. Von jetzt an konnten auch die Vorläufer wieder ihre Aufgabe erfüllen, und Hassel und ich lösten uns bis zum Pol in dieser Arbeit ab. Im Laufe des Tages besserte sich das Wetter, und als wir am Nachmittag unser Lager aufschlugen, sah es sehr freundlich aus. Die Sonne war durchgedrungen und wärmte uns herrlich nach den frostigen Tagen. Klar war das Wetter aber immer noch nicht, und wir konnten nichts von unserer Umgebung wahrnehmen. Die zurückgelegte Entfernung betrug nach unseren drei Meßrädern 30 km. In Anbetracht der schlechten Bahn konnten wir mit unserer Leistung wohl zufrieden sein.

Die Höhenmessung ergab 2800 m ü. d. M., das heißt, wir hatten im Lauf des Tages einen Abstieg von 230 m gemacht. Dies setzte mich sehr in Erstaunen. Was sollte das bedeuten? Statt daß wir langsam in die Höhe gekommen wären, ging es langsam immer mehr bergab. Irgend etwas Merkwürdiges mußte weiterhin unser warten, aber was? Nach unserer Berechnung befanden wir uns an jenem Abend auf 86° s. Br.

Der 28. November brachte uns auch kein Wetter, wie wir es gewünscht hätten. Die ganze Nacht hindurch hatten wir viele heftige Windstöße aus Norden gehabt. Am Morgen wehte zwar nur noch eine leichte Brise, aber sie brachte uns dichten Nebel mit Niederschlägen. Das war sehr ärgerlich, denn hier befanden wir uns auf gänzlich jungfräulichem Boden und konnten nichts sehen. Das Gelände blieb so ziemlich dasselbe, möglicherweise war der Boden ein bißchen wellenförmiger als vorher. Daß es in früheren Zeiten hier gestürmt hatte, und zwar gewaltig, bewies der Untergrund, der aus steinhart gewordenen Schneewehen bestand; aber zum Glück für uns hatten die Niederschläge der letzten Tage die Unebenheiten wieder ausgefüllt, so daß sich jetzt das Ganze als eine ebene Fläche darstellte. Es ging immer noch schwer voran, aber doch besser als am vorhergehenden Tag. Während wir nun so blind weitertappten und uns über das andauernd unsichtige Wetter ärgerten, rief plötzlich einer:

»Jetzt seht doch nur einmal!«

In Ostsüdost steckte ein schroffer, dunkler Berggipfel hoch oben aus den Nebelmassen das Haupt hervor. Und dieser Berg war gar nicht weit von uns entfernt, im Gegenteil, es sah aus, als ob er sich drohend dicht vor uns erhebe. Wir machten Halt und genossen den großartigen Anblick. Aber nicht lange bot die Natur dem Auge ihre

Wunder dar, bald zog sie den schweren dunklen Nebelvorhang wieder vor und verbarg ihre Schätze dahinter.

Nun wußten wir, daß wir uns auf Überraschungen gefaßt machen mußten. Nach einem Marsch von ungefähr 16 km hob sich der Nebel abermals für einen Augenblick, und da sahen wir im Westen, ganz in der Nähe, nur 1 bis 2 km entfernt, zwei schmale, lange, in nordsüdlicher Richtung laufende Bergkämme, die vollständig mit Schnee bedeckt waren. Diese – die Helland-Hansen-Berge – waren die einzigen, die wir während unseres Marsches über die Hochfläche zur rechten Hand zu sehen bekamen. Sie waren zwischen 2700 und 3000 m hoch und bildeten ausgezeichnete Wegweiser für unseren Rückmarsch. Irgendeine Verbindung zwischen diesen und den im Osten liegenden Bergen war nicht zu erkennen. Sie sahen aus wie zwei ganz vereinzelt liegende Gipfel, denn von einem Höhenrücken, der sich von Osten nach Westen hingezogen hätte, war nichts zu bemerken.

Wir gingen nun in unserer Richtung weiter und erwarteten aus dieser Himmelsgegend beständig eine Überraschung; die Luft war pechschwarz und schien irgend etwas zu verhüllen. Ein Unwetter konnte es nicht sein, denn das hätten wir jetzt schon über uns gehabt. Wir zogen weiter und weiter, bis wir einen Tagesmarsch von 30 km zurückgelegt hatten – aber nichts war erfolgt.

Wie ich sehe, beginnt die Aufzeichnung in meinem Tagebuch vom 29. November mit einer nicht allzu lobenden Bemerkung. »Nebel, Nebel – Nebel und wieder Nebel! Dazu feine Niederschläge, die die Schlittenbahn beinahe ungangbar machen. Arme Tiere, sie mußten sich schrecklich abschinden, um heute die Schlitten vom Fleck zu bekommen.«

Aber dieser Tag wurde schließlich doch nicht gar so schlimm, denn wir arbeiteten uns aus der Ungewißheit heraus und erfuhren, was die pechschwarze Luft hinter sich verbarg. Während des Vormittags drang die Sonne durch und drängte den Nebel etwas zurück, und da – in südöstlicher Richtung, nur wenige Kilometer von uns entfernt, zeigte sich ein gewaltiger Gebirgszug. Vor diesem Gebirge und quer vor unserem Kurs lag ein mächtiger alter Gletscher. Die Sonne stand gerade darüber und beleuchtete eine Fläche, auf der große Zerstörungen vor sich gegangen sein mußten. Nahe beim Rande waren die Zerklüftungen derart, daß man schon nach einem flüchtigen Blick darauf ganz sicher wußte, daß ein Weiterkommen hier völlig unmöglich war. Aber gerade in unserer Fahrtrichtung, rechts von dem Gletscher, hatte es, wenigstens so weit wir sehen konnten, den Anschein, als ob hier weiterzukommen sei. Der Nebel kam und ging, und wir mußten die hellen Augenblicke benutzen, um Ausschau zu halten. Am besten wäre es ja gewesen, wenn wir hätten Halt machen, unser Zelt aufschlagen und helles Wetter abwarten können, um die Bodenbeschaffenheit in aller Ruhe zu übersehen und den besten Weg zu wählen. Weiterzugehen, ohne zu wissen, wie das Gelände sich anließ, war nicht angenehm. Aber wie lange hätten wir wohl auf helles Wetter zu warten? Vielleicht acht, ja sogar vierzehn Tage, und so viel Zeit hatten wir nicht zu versäumen. Dann lieber ins Unbekannte hinein und annehmen, was kam. Was wir von dem Gletscher übersehen konnten, sah ziemlich gut aus; aber es war eben sehr wenig, denn nur in der Richtung von Süd nach Südost, gerade unter dem neuen Land, hob sich der Nebel von Zeit zu Zeit so viel, daß man einigermaßen Ausschau halten konnte; von Süden nach Südwesten dagegen war er zum Schneiden dick. Die großen Risse und Sprünge, die wir sahen, verloren sich bald in den Nebelmassen. Wie der Gletscher in westlicher Richtung beschaffen war, mußte vorerst dahingestellt bleiben; wir wollten ja nach Süden, und in dieser Richtung erschien es möglich, ein Stück vorzudringen. Wir setzten also unseren Marsch fort, bis wir auf kleine Spalten trafen, die uns glauben ließen, daß wir jetzt an dem Gletscher angekommen seien. Nun machten wir Halt, denn ehe wir uns auf den Gletscher begaben, wollten wir hier die Schlitten entlasten. Aus dem wenigen, was wir sehen konnten, ging deutlich hervor, daß wir eine schwere Arbeit vor uns hatten; darum galt es, so wenig Gewicht wie möglich auf dem Schlitten zu haben.

Sofort wurde mit der Errichtung eines Vorratslagers begonnen. Der glasharte Schnee war dazu vorzüglich geeignet. Ein gewaltiges Bauwerk aus festgefrorenen Schneeblöcken ragte in kurzer Zeit in die Luft empor und enthielt Lebensmittel für fünf Mann auf sechs Tage und für 18 Hunde auf fünf Tage. Außerdem wurden hier auch noch einige kleinere Gegenstände niedergelegt.

Während dieser Arbeit war der Nebel immer gestiegen und gefallen. Für einzelne Augenblicke war es ganz klar gewesen, und ich hatte da einen freien Überblick über das zunächst liegende Gebirge gewinnen können. Dieser Gebirgsstock sah aus, als ob er ganz für sich bestünde und sich aus vier Bergen zusammensetze. Der eine, der Helmer-Hanssen-Berg, war von den anderen drei etwas getrennt; die drei anderen – Oskar-Wisting-, Sverre-Hassel- und Ole-Bjaaland-Berg – lagen näher beieinander. Hinter dieser Gruppe von Bergen war die Luft die ganze Zeit über schwer und schwarz geblieben, und das deutete darauf hin, daß dort noch mehr Land verborgen sein mußte. Plötzlich teilte sich der schwere Vorhang auf einen Augenblick, und die Gipfel einer gewaltigen Gebirgsmasse traten hervor. Der Eindruck des ersten Augenblicks war, diese Berge, die Th.-Nilsen-Berge, müßten mindestens einige 6000 m hoch sein. Wir verloren alles Maß, so gewaltig sahen sie aus. Aber wir bekamen sie nur einen kurzen Augenblick zu sehen, dann verhüllte sie der Nebel wieder vollständig. Es war uns aber doch gelungen, ein paar magere Peilungen der verschiedenen Berge in der uns zunächst liegenden Gruppe zu bekommen; ausgezeichnet waren sie freilich nicht, aber es war nicht mehr zu erreichen gewesen. Übrigens war dieses Vorratslager durch seine Lage dicht am Fuße des Gletschers so genau bezeichnet, daß wir alle überzeugt waren, es jederzeit wieder finden zu können. Nachdem das Bauwerk, das volle 2 m aufragte, errichtet war, wurde noch eine unserer schwarzen Vorratskisten oben darauf gestellt, damit es auf dem Rückweg noch leichter aufzufinden wäre. Eine Breitenbeobachtung, die wir während dieser Arbeiten erhascht hatten, ergab 86°21′. Das stimmte gar nicht schlecht mit der Breite des Bestecks – 86°23′. Inzwischen hatte aber der Nebel wieder alles eingehüllt, und es fiel jetzt leichter, feiner Schnee. Wir hatten eben noch eine Peilung von dem Teil des Gletschers machen können, der die wenigsten Spalten aufwies, und dann ging's weiter. Es dauerte eine gute Weile, bis wir uns auf den Gletscher hinaufgearbeitet hatten. Die Spalten am untern Rand waren zwar nicht breit, aber kaum begannen wir richtig mit dem Aufstieg, als das Vergnügen auch schon seinen Anfang nahm. Dieser Marsch an Spalten und Abgründen vorbei, ohne die Möglichkeit, das Geringste zu sehen, hatte entschieden etwas Unheimliches. Wir sahen von Zeit zu Zeit auf den Kompaß und fuhren mit großer Vorsicht weiter. Hassel und ich hatten uns angeseilt und gingen voraus; aber das half den Lenkern eigentlich recht wenig, denn wir glitten natürlich mit unseren Schneeschuhen leicht über Stellen hin, auf denen die Hunde nachher einbrachen. Dieser unterste Teil des Gletschers war keineswegs gefahrlos, denn die Spalten waren oft mit einer dünnen Schneekruste bedeckt und darum gar nicht zu sehen. Bei klarem Wetter kann man auf solchem Boden immerhin noch weiterkommen, denn da bewirken Licht und Schatten, daß man die Ränder dieser heimtükkischen Fallgruben wenigstens sehen kann; aber an einem Tag wie jenem, wo alles ineinander verschwamm, war das Vorwärtskommen höchst zweifelhaft. Wir gaben die Sache aber doch nicht auf, sondern strebten weiter, allerdings mit der äußersten Vorsicht. Beinahe hätte Wisting mit seinem Schlitten, den Hunden und sich selbst die Tiefe von einer dieser gefährlichen Spalten gemessen, da die Brücke, über die er fahren sollte, unter ihm einstürzte. Dank seiner Geistesgegenwart und einer blitzschnell ausgeführten Wendung – manche werden vielleicht sagen, es sei Glück gewesen – gelang es ihm aber doch, sich noch zu retten.

Auf diese Weise arbeiteten wir uns etwa 60 m den Gletscher hinauf; dann aber gerieten wir in einen solchen Wirrwarr von gähnenden Abgründen und offenen Schlünden, daß wir gar nicht weiterkommen konnten. Es blieb uns nichts übrig, als die am wenigsten zerklüftete Stelle aufzusuchen und da das Zelt aufzuschlagen. Sobald das geschehen war, gingen Hanssen und ich auf Kundschaft aus. Wir waren angeseilt und darum ziemlich sicher. Es war ein ganzes Studium, uns aus der Falle, in die wir geraten waren, herauszufinden. In der Richtung nach dem oben erwähnten Bergzug hin hatte es sich indessen so weit aufgehellt, daß wir hier einen ganz guten Überblick über den Gletscher gewinnen konnten. Was wir vorher aus der Entfernung wahrzunehmen gemeint hatten, bestätigte sich. Die Strecke gegen das Land zu war so zerrissen und zerklüftet, daß fast buchstäblich nicht ein Plätzchen vorhanden war, auf das man den Fuß hätte setzen können. Es sah aus, als sei hier eine Schlacht geschlagen worden, bei der mit gewaltigen Eisblöcken geschossen worden war. Holterdipolter übereinandergetürmt lagen sie nach allen Richtungen verstreut – ein Bild grauenhafter Zerstörung. Gott sei Dank, sagte ich mir, als ich mir dieses Schlachtfeld betrachtete, daß ich nicht selbst bei der Schlacht war; es muß ja ein großartiges Bild des jüngsten Tages gewesen sein.

In dieser Richtung weiterzukommen war gänzlich hoffnungslos; aber das war auch weiter nicht schlimm, da unser Weg doch nach Süden ging. Im Süden war nicht das mindeste zu sehen, denn hier lag der Nebel dick und schwer. Aber hier mußte ein Versuch gemacht werden, da half alles nichts, und so tasteten wir uns eben in südlicher Richtung weiter.

Um von unserem Zeltplatz weiterzukommen, mußten wir zuerst über eine verhältnismäßig schmale Schneebrücke, dann weiter über einen zerklüfteten Kamm oder Rücken hin, der auf beiden Seiten breite offene Spalten hatte. Dieser Rücken führte auf eine Art Eiswelle von ungefähr 8 m Höhe, ein Gebilde, das wohl dadurch entstanden war, daß der Druck aufgehört hatte, ehe die Welle sich gebrochen und Eispressungen gebildet hatte. Wir sahen schon, es würde eine schwierige Sache werden, hier mit Schlitten und Hunden weiterzukommen, aber in Ermangelung eines besseren Weges mußte es eben auch so gehen.

Als wir auf dem Gipfel dieses wellenförmigen Gebildes angekommen waren, konnten wir auch nach der anderen Seite, die uns seither verborgen gewesen war, hinuntersehen. Noch verhinderte zwar der Nebel jegliche Fernsicht, aber schon die nächste Umgebung überzeugte uns, daß wir uns hier nur mit großer Vorsicht hindurchschlängeln konnten, und um von der Höhe, auf der wir standen, glücklich hinunterzukommen, mußte die allergrößte Vorsicht angewendet werden. Das Wellengebilde endigte hier nämlich mit einem offenen Spalt, der wie dazu geschaffen war, Führer, Schlitten und Hunde, die hier ins Gleiten kamen, aufzunehmen und zu behalten.

Bei dieser Wanderung nach Süden mußten wir, Hanssen und ich, uns vollständig dem Zufall überlassen, denn wir sahen nicht das mindeste; aber wir wollten eine Spur austreten, der wir am nächsten Tage mit den Schlitten folgen könnten. Daß wir während dieser Wanderung dem Gletscher nur lobende Worte geweiht hätten, könnte ich nicht behaupten. Wir mußten ohne Aufhören kreuz und quer gehen, um überhaupt vorwärts zu kommen. Um 1 m weiterzukommen, mußten wir sicherlich 10 m Umweg machen. Wer wird sich da wundern, wenn wir diesen Gletscher den »Teufelsgletscher« tauften? Unsere Kameraden wenigstens erkannten die Berechtigung dieses Namens mit lautem Beifall an, als wir ihnen Mitteilung davon machten.

An der »Höllenpforte« machten Hanssen und ich Halt. Das war ein höchst merkwürdiges Gebilde. Der Gletscher hatte hier wieder einen langen, ungefähr 7 m hohen Rükken gebildet, der dann in der Mitte geborsten war und nun einem etwa 2 m breiten, offenen Tor glich. Diese Bildung war augenscheinlich – wie übrigens der ganze Gletscher – sehr alt und zum größten Teil mit Schnee ausgefüllt. Von dieser Stelle aus machte jedoch das Eis, soweit wir es in südlicher Richtung übersehen konnten, einen immer besseren Eindruck. Darum machten wir jetzt kehrt und folgten unseren eigenen Spuren zurück, in der fröhlichen Gewißheit, es werde uns trotz allem gelingen, unsern Weg fortzusetzen. Auch unsere Kameraden waren über diese günstigen Aussichten äußerst vergnügt.

Die Höhenbestimmung an jenem Abend ergab 2520 m ü. d. M., was zu bedeuten hatte, daß wir am Fuße des Gletschers auf einer Meereshöhe von 2460 m gewesen waren oder mit anderen Worten von der »Metzgerei« an einen Abstieg von 700 m gemacht hatten. So viel wußten wir nun, daß wir ebensoviel, ja vielleicht noch mehr wieder bergan steigen müßten. Daß dieser Gedanke keine besondere Begeisterung bei uns hervorrief, ist selbstverständlich. In meinem Tagebuch habe ich den Eintrag dieses Tages mit folgenden Worten geschlossen: »Was wird wohl die nächste Überraschung sein?«

Im »Teufelsgletscher«

Eigentlich war es eine höchst merkwürdige Reise, die wir da durch neue Gegenden, neue Gebirge, Gletscher und Eisrücken machten, ohne irgend etwas zu sehen. Natürlich waren wir auf allerlei Überraschungen vorbereitet. Was mir bei diesem Sichweitertasten im Dunkeln am wenigsten gefiel, war der Gedanke, daß es schwierig, äußerst schwierig sein würde, beim Rückweg die Gegend wiederzuerkennen. Aber bei dem Gedanken an diesen Gletscher, der quer über unserem Weg lag, und an die vielen errichteten Warten beruhigten wir uns einigermaßen. Es müßte doch recht merkwürdig zugehen, dachten wir, wenn wir den Gletscher bei der Rückkehr vollständig verfehlen sollten. Für uns galt es ja hauptsächlich, den Abstieg auf die Eisplatte wiederzufinden, da konnte freilich ein Irrtum recht verhängnisvoll werden. Aus dem weiteren Bericht ist auch zu ersehen, daß meine Befürchtung, wir würden den Weg nicht mehr erkennen, keineswegs unbegründet war. Aber die Warten, die wir aufgeführt hatten, waren uns eine große Hilfe, und wir haben den glücklichen Ausgang zum großen Teil dieser umsichtigen Vorsorge zu verdanken.

Der nächste Morgen, der 30. November, brachte endlich bedeutend klareres Wetter, das uns einen ganz guten Überblick gestattete. Nun konnten wir sehen, daß sich die beiden Bergzüge, die sich auf dem 86.° vereinigten, in einer mächtigen, nach Süden laufenden Gebirgskette mit Gipfeln von 3000 bis 4500 m Höhe fortsetzten. Der Th.-Nilsen-Berg war der südlichste, den wir von hier aus erkennen konnten. Die Hanssen-, Wisting-, Bjaaland- und Hassel-Berge bildeten, wie wir gestern angenommen hatten, tatsächlich eine eigene Gruppe, die von der gewaltigen Hauptkette etwas entfernt lag.

Den Schlittenlenkern stand eine heiße Morgenarbeit bevor. Sie mußten mit großer Überlegung und viel Geduld fahren, wenn sie auf derartigem Boden vorwärtskommen wollten. Ein kleiner Fehlgriff konnte hier genügen, Schlitten und Hunde mit Blitzesschnelle ins Verderben zu stürzen. Trotzdem legten wir mit auffallender Geschwindigkeit die Strecke zurück, die wir gestern abend im voraus untersucht hatten. Im Handumdrehen standen wir an der Höllenpforte. Bjaaland machte eine gute Aufnahme davon, die ganz deutlich die Schwierigkeiten dieser Wegstrecke zeigt. Im Vordergrund sieht man unter dem hohen Schneekamm, der die eine Seite einer sehr breiten, aber teilweise zugeschneiten Spalte ist, Schneeschuhgleise im Schnee. Der Fotograf hat, ehe er über diese Schneebrücke hinüberging, die Schneeschuhe eingeschlagen, um die Festigkeit der Unterlage zu prüfen. Dicht neben diesen Spuren zeigt sich ein offenes Loch in der breiten Spalte. Dieses Loch fängt mit der schönsten hellblauen Farbe an und endet in bodenloser Tiefe mit dem dunkelsten Schwarz. Der Fotograf kam mit heiler Haut über die Brücke und wieder zurück, aber es konnte keine Rede davon sein, Hunde und Schlitten da hinüberzubringen. Auf dem Bilde ist auch zu sehen, daß die Schlitten bereits kehrtgemacht haben, um einen anderen Weg zu suchen. Hassel und ich waren als Pfadfinder vorausgelaufen.

An diesem Tag vermochten wir keine große Entfernung zurückzulegen, 15 km, in gerader Linie gerechnet, war alles. Zieht man aber all die vielen Ecken und Umwege, die wir machen mußten, mit in Rechnung, dann ist die Strecke gar nicht so klein. Wir fanden eine gute, feste Unterlage für unser Zelt und waren trotz allem von unserer Tagesarbeit recht befriedigt. Die Höhe betrug 2610 m ü. d. M. Die Sonne stand jetzt genau im Westen und beleuchtete gerade die großen Gebirgsmassen. Das war eine Märchenlandschaft in Weiß und Blau, Rot und Schwarz, ein Farbenspiel, dem keine Beschreibung gerecht werden kann. Aber so klar es nun auch zu sein schien, wir waren uns wohl bewußt, daß der Schein trog, denn das südöstlichste Ende der Th.-Nilsen-Berge verlor sich in einer finsteren, undurchdringlichen Luft, die eine Fortsetzung des Gebirges in dieser Richtung ahnen ließ, ohne daß man dessen sicher sein konnte.

Etwas Schöneres als das Nilsen-Gebirge habe ich kaum jemals gesehen. Gipfel der verschiedensten Formen ragten hoch empor und waren teilweise von vorbeijagenden Nebelwolken verhüllt. Einige der Berggipfel waren spitz, die meisten aber langgestreckt und abgerundet. Da und dort sah man schimmernde Gletscher sich gleichsam in wildem Lauf die steilen Abhänge hinunterstürzen und sich dann in einem wirren Durcheinander auf dem Boden unten ausbreiten. Aber der merkwürdigste von allen war doch der Helmer-Hanssen-Berg. Der Gipfel war rund wie eine umgekehrte Kaffeetasse und mit einer höchst merkwürdigen Eiskruste, d. h. mit einem Gletscher, bedeckt, der so zerrissen und zerklüftet war, daß die Eisblöcke nach allen Seiten hinausstanden wie die Stacheln eines Igels. Das blinkte und blitzte in der Sonne – ein herrlicher Anblick! Solch ein Berg ist gewiß auf der Erde nur ein einziges Mal vorhanden, und er gab darum auch für uns einen prächtigen, ganz unverkennbaren Wegweiser ab. In ihm konnten wir uns nicht irren, wie auch immer die Umgebung auf der Rückreise bei möglicherweise veränderten Lichtverhältnissen aussehen mochte.

Nachdem das Lager aufgeschlagen war, zogen zwei von uns aus, um die Bodengestaltung weiterhin zu untersuchen. Vom Zeltplatz aus war die Aussicht nicht vielversprechend, aber vielleicht stellte sich die Sache doch besser heraus als erwartet wurde. Wir konnten uns glücklich preisen, daß die Wegverhältnisse auf dem Gletscher überhaupt so gut waren, wie wir sie fanden. Unsere Steigeisen hatten wir ja bei der »Metzgerei« zurückgelassen; hätten wir also statt einer guten festen Schneedecke, wie wir sie hatten, blankes Eis gefunden, so würden wir viele Unannehmlichkeiten gehabt haben. Hinauf ging es, immer hinauf zwischen wahren Ungeheuern von Rissen und Spalten, die mehrere hundert Meter breit und vielleicht Tausende tief waren. Wahrhaftig, das sah fürs Weiterkommen nicht sehr günstig aus. So weit wir in unserer Wegrichtung überhaupt sehen konnten, türmte sich ein Eiswall hinter dem anderen auf; und diese Eiswälle verbargen hinter ihrem Rücken breite Gletscherspalten, die alle umgangen werden mußten. Wir gingen weiter, immer weiter, ob auch die Umwege weit und beschwerlich waren. Da die Spalten und Risse so deutlich zu sehen waren, daß man nicht leicht hineinfallen konnte, waren wir diesmal nicht angeseilt. Aber bei mehreren Gelegenheiten machten wir doch die Erfahrung, daß das Seil wohl angebracht gewesen wäre. Einmal – wir wollten eben über einen der vielen Rücken hinüber, dessen Oberfläche ganz glatt und fein aussah – brach plötzlich unter der hinteren Hälfte von Hanssens Schneeschuh ein großes Stück ein. Wir konnten uns das Vergnügen nicht versagen, in das so entstandene Loch hinunterzusehen. Da aber der Anblick nicht sehr einladend war, beschlossen wir, diesen Ort zu meiden, wenn wir mit unseren Hunden und Schlitten zurückkamen.

Jeden Tag hatten wir Veranlassung, unsere Schneeschuhe zu rühmen, und wir fragten einander oft, wo wir wohl jetzt in Ermangelung dieser ausgezeichneten Ausrüstungsstücke sein würden. Die Antwort lautete dann meistens: »Wahrscheinlich auf dem Grunde von irgendeiner Spalte oder in einem Loch.« Schon beim Lesen der verschiedenen Berichte über das Aussehen der Eisplatte war uns allen, die sozusagen mit Schneeschuhen an den Füßen geboren und aufgezogen worden waren, klar geworden, daß diese ganz unentbehrlich sein müßten. Diese Auffassung verstärkte sich von Tag zu Tag, und ich behaupte nicht zuviel von unseren ausgezeichneten Schneeschuhen, wenn ich sage, daß sie nicht nur eine sehr wichtige, sondern vielleicht die wichtigste Rolle auf der ganzen Südpolfahrt spielten. Sehr oft führte unser Weg durch so zerrissenes Gelände, daß das Durchkommen zu Fuß eine Unmöglichkeit gewesen wäre. Von welchem Vorteil sie bei dem tiefen, losen Schnee waren, brauche ich wohl kaum noch besonders hervorzuheben.

Nach einem mehrstündigen Marsch beschlossen wir umzukehren. Von dem Bergkamm, auf dem wir uns jetzt befanden, sah das vor uns liegende Gelände vielversprechender aus als je zuvor. Aber wir waren hier auf diesem Gletscher schon so oft enttäuscht worden, daß wir jetzt im Ernst mißtrauisch geworden waren. Wie oft hatten wir zum Beispiel schon geglaubt, die Hindernisse seien hinter der oder jener Wellenlinie zu Ende und der Weg nach Süden liege dann offen und frei vor uns, um beim Näherkommen entdecken zu müssen, daß das Gelände hinter dem Hügel womöglich noch schlimmer war als vorher. Aber diesmal war es uns, als fühlten wir einen wahren Siegeshauch durch die Luft wehen, die Geländebildungen schienen es zu verheißen; aber, aber – nun waren wir schon so oft von diesen Bildungen getäuscht worden, sollten wir ihnen da noch einmal Glauben schenken? War es vielleicht der Instinkt, der uns das sagte? Ich weiß es nicht, aber so viel ist sicher, daß Hanssen und ich, als wir die Aussichten miteinander besprachen, fest beschlossen, hinter dem Hügelkamm, der jetzt am weitesten entfernt vor uns lag, den Gletscher zu besiegen, koste es, was es wolle. Wir hatten eine geradezu unbezwingliche Lust, über ihn wegsehen zu können, aber der Weg um die vielen Spalten herum war sehr weit, und – ich will es lieber gleich gestehen – wir waren allmählich todmüde.

Der Rückweg nahm, da es abwärts ging, nicht viel Zeit in Anspruch, und bald konnten wir unseren Kameraden mitteilen, daß die Aussichten für morgen verheißungsvoll seien. Hassel hatte in der Zwischenzeit den Nilsen-Berg gemessen und gefunden, daß er 4500 m ü. d. M. hoch war. Wie gut erinnere ich mich, wie wir an jenem Abend das herrliche Schauspiel betrachteten, das die Natur uns bot, und glaubten, bei der durchsichtig hellen Luft trete alles, was sich innerhalb des Gesichtskreises befinde, deutlich und klar hervor, und ich erinnere mich ebenso wohl, wie überrascht wir waren, als wir auf dem Rückweg die ganze Landschaft vollständig verändert fanden. Wenn nicht der Helmer-Hanssen-Berg wirklich dagestanden hätte, würden wir uns kaum mehr ausgekannt haben. In diesen Gegenden kann einem die Luft gar schlimme Streiche spielen. Obgleich sie uns an diesem Abend durchaus klar vorkam, stellte es sich nachher doch heraus, daß sie tätsächlich recht wenig sichtig gewesen war. Man muß deshalb äußerst vorsichtig in der Beurteilung von dem sein, was man sieht und was man nicht sieht. In den meisten Fällen hat es sich gezeigt, daß Polarfahrer eher zuviel als zuwenig gesehen haben. Wenn wir aber diese Strecke so, wie wir sie nun gesehen hatten, in unsere Karte aufgenommen hätten, wären im Gegenteil große Gebirgszüge ausgelassen worden.

In der Nacht erhob sich der Wind; eine scharfe Brise aus Südosten brauste daher, daß die Zeltwände rauschten, aber die Pflöcke hielten, und wir waren sicher verwahrt. Noch am Morgen, als wir schon beim Frühstück saßen, stürmte es derart, daß wir halbwegs daran dachten, den Aufbruch aufzuschieben. Doch dann flaute der Wind ganz plötzlich ab, und alle Bedenken waren fortgeweht.

Aber welche Veränderung hatte der Südostwind hervorgebracht! Die prächtige Schneedecke, die gestern noch überall gelegen und das Schneeschuhlaufen zu einem wahren Vergnügen gemacht hatte, war auf großen Strekken rein weggefegt, und die harte Unterlage trat überall hervor. Viele Gedanken drängten sich in meinem Gehirn. Die Steigeisen, die wir bei der »Metzgerei« zurückgelassen hatten, schienen vor meinen Augen zu tanzen, hin und her, hin und her, sie schienen zu grinsen und mit Fingern auf mich zu deuten. Na ja, das gab noch einen besonderen Ausflug, wenn die Steigeisen dort geholt werden mußten. Mittlerweile packten wir und machten alles bereit.

Es war nicht leicht, den gestrigen Spuren zu folgen, aber wenn wir sie auch ab und zu auf der glatten Eisfläche verloren, dann fanden wir sie doch immer wieder auf einer Schneewehe, die dem Ansturm des Windes widerstanden hatte. Das war ein harter, anstrengender Weg für die Schlittenlenker! Die Schlitten waren auf der glatten, abschüssigen Eisfläche nur schwer zu leiten. Bald fuhren sie geradeaus, aber ebenso oft kreuz und quer, und es gehörte ununterbrochene Aufmerksamkeit dazu, wenn man sie vor dem Umstürzen retten wollte. Das Umstürzen aber mußte um jeden Preis verhindert werden, denn die dünnen Vorratskisten vertrugen nicht viele Stöße gegen das harte Eis. Außerdem war es außerordentlich schwierig, die Schlitten wieder aufzurichten, so daß die Lenker schon deshalb die größte Sorgfalt anwendeten. Bei den vielen großen Unebenheiten des Gletschers wurden die Schlitten an diesem Tag ordentlich auf ihre Leistungsfähigkeit geprüft; es war ein Wunder, daß sie hielten, und ein gutes Zeugnis für Bjaaland, der sie verfertigt hatte. Auf dem Gletscher war es an diesem Tag noch schwieriger als bisher, sich zurechtzufinden. Hassel und ich gingen, wie gewöhnlich mit dem Gletscherseil zwischen uns, voraus. Bis zu der Stelle, die Hanssen und ich am vorhergehenden Abend erreicht hatten, ging es verhältnismäßig leicht. Es ist so viel leichter, wenn man weiß, daß der Weg hinausführt. Viel schlimmer aber wurde es von da an, ja oft so greulich, daß wir stundenlang und in den verschiedensten Richtungen suchen mußten, bis wir endlich wieder einen Ausgang fanden. Einmal sah es ganz bedenklich aus. Ein gähnender Schlund neben dem anderen und ununterbrochen berghohes Schraubeneis! Und mitten darin wir kleinen Menschen, die nach allen Richtungen hin nach einem Durchgang suchten. Endlich fanden wir einen, wenn er überhaupt diesen Namen verdiente. Es war eine so schmale Brücke, daß kaum ein Schlitten darüber hinfahren konnte. Auf beiden Seiten gähnten unheimliche Abgründe. Der Übergang an dieser Stelle erinnerte mich an den Seiltänzer über dem Niagara. Es war nur gut, daß keiner von uns an Schwindel litt und daß die Hunde nicht wußten, was sie ein einziger Fehltritt kosten würde.

Jenseits dieses Übergangs ging es abwärts, und unser Weg lag nun in einer Talsenkung zwischen hohem, wellenförmigem Gelände. Hier wurde unsere Geduld auf eine harte Probe gestellt, denn die Talsenkung zog sich ziemlich lang in gerader, westlicher Richtung hin. Wir versuchten mehrere Male, eine südliche Richtung einzuschlagen und den Hügelkamm zu erklettern, aber es lohnte sich nicht. Zwar gelangten wir immer bis auf den Kamm hinauf, konnten jenseits aber nicht hinunterkommen, und es blieb uns deshalb gar nichts anderes übrig, als dem natürlichen Lauf des Tals bis zum Übergang in das südwärts gelegene Gelände zu folgen. Vor allem wurde die Geduld der Schlittenlenker hier auf eine harte Probe gestellt, und wir erlebten, daß sie, mit meiner und Hassels Untersuchung nicht zufrieden, selbst einmal den Hügelkamm erkletterten, um Ausschau zu halten, dabei aber dann selbst zu der Überzeugung gelangten, daß sie sich den Launen der Natur beugen müßten und am besten täten, unseren Spuren zu folgen. Doch auch im natürlichen Lauf des Tales mußten Hindernisse überwunden werden, denn beständig kreuzten größere und kleinere Spalten unsern Weg. Als wir endlich den Hügelkamm oder die Wellenbildung erreichten, erwies er sich als ein großartiger Aussichtspunkt. Im Osten endigte er, zu dem darunter liegenden Gelände steil abfallend, in einer Höhe von mehr als 30 m. Im Westen aber ging der Kamm gleichmäßig in das Gelände über, so daß sich uns hier die Möglichkeit zu weiterem Vordringen bot.

Sverre Hassel

Um einen noch besseren Überblick über die Umgebung zu bekommen, erstiegen wir den östlichen und höchsten Teil des Kammes. Da bestätigte sich sofort die Annahme, die sich uns gestern aufgedrängt hatte. Wir konnten nun über den Bergrücken, den wir da gesehen hatten und hinter dem wir auf ein besseres Vorwärtskommen hofften, eine gute Strecke hinwegsehen. Und was wir da sahen, ließ unsere Herzen freudig schlagen. Konnte die große, weiße, gleichmäßige Ebene dort Wirklichkeit sein, oder war sie nur eine Sinnestäuschung? Das mußte sich bald zeigen; jedenfalls eilten Hassel und ich weiter, und die anderen kamen auch eiligst hinter uns drein. Wir mußten allerdings noch eine Menge Schwierigkeiten überwinden, ehe wir dort ankamen, aber diese waren, im Vergleich mit den vielen bisherigen halsbrecherischen Übergängen, die wir hatten ausführen müssen, verhältnismäßig recht zahmer Natur. Mit einem Seufzer der Erleichterung erreichten wir die verheißungsvolle Ebene. Ihre Ausdehnung war zwar schließlich nicht sehr groß, aber unsere Ansprüche waren nach dem Marsch der letzten Tage durch dieses wildzerklüftete Gelände ebenfalls gering. Weiter gegen Süden konnten wir noch mehrere solche durch Pressungen entstandene Kämme sehen, aber der Abstand zwischen ihnen war viel größer, und ihre

Oberfläche war nicht zerklüftet. Jetzt zum erstenmal, seit wir den Fuß auf den »Teufelsgletscher« gesetzt hatten, konnten wir wieder gerade nach Süden steuern, und beim weiteren Vorrücken merkten wir zu unserer großen Befriedigung, daß wir tatsächlich auf andersartiges Gelände gekommen waren. Zwar eine ganz ebene, ununterbrochene Fläche war auch dieses nicht – das lag noch in weiter Ferne –, aber wir konnten jetzt doch lange die südliche Richtung einhalten. Die ungeheuren Spalten zeigten sich seltener und waren auf beiden Enden so ausgefüllt, daß wir, ohne große Umwege machen zu müssen, hinübergelangen konnten.

Wie sehr atmeten wir auf, wie sehr auch die Hunde! Nun ging es rasch südwärts, und je weiter vorwärts wir kamen, desto besser wurden die Bodenverhältnisse. Jetzt konnten wir in der Ferne einige kuppelförmige Gebirgsformen wahrnehmen, die hoch zum Himmel aufzuragen schienen. Sie erwiesen sich als die südlichste Grenze der breiten Spalten und bildeten den Übergang zu der dritten Phase des Gletschers. Der Aufstieg auf diese ziemlich hohen, bedeutenden Höhen, die gerade auf unserem Wege lagen und auf denen der Schnee ganz weggefegt war, kostete wieder große Anstrengung, da es äußerst schwierig war, festen Fuß darauf zu fassen. Von oben hatten wir eine ziemlich weite Aussicht, und das Gelände, das jetzt vor uns lag, war von dem eben zurückgelegten sehr verschieden. Hier waren die großen Spalten völlig zugeschneit, und wir konnten überall darüber wegfahren. Was uns am meisten auffiel, war eine Unmenge kleiner kuppenförmiger Erhöhungen. Die Oberfläche des jetzigen Geländes war auf weiten Strecken ganz rein gefegt, das blanke Eis trat zutage, und da zeigte sich deutlich, daß diese verschiedenen Bildungen im Gletscher von dem darunter liegenden Grund herrührten. Die erste Strecke, die wir zurückgelegt hatten, wo das Gelände so ganz zerklüftet und zerrissen gewesen war, mußte der Teil sein, der dem Festland am nächsten lag. Als sich dann der Gletscher vom Land entfernt hatte, war er ruhig geworden, und in dem Teil, der diese heuschoberartigen Kuppen zeigte, hatten die Störungen keinen ausgedehnten Bruch bewirkt, sondern nur da und dort eine Erhöhung im Gelände. Wie diese Kuppen beschaffen waren und wie sie inwendig aussahen, das sollten wir schon in kurzem kennen lernen.

Das Vorwärtskommen war hier, wo wir nicht ewig große Umwege und Abstecher zu machen hatten, ein wahres Vergnügen; nur ein paarmal mußten wir bei den größten Kuppen etwas ausbiegen, sonst aber konnten wir unsere gerade Richtung einhalten. Die weiten, kahlgefegten Strecken, auf die wir von Zeit zu Zeit trafen, waren nach allen Seiten hin zersprungen, aber die Risse waren nur ganz schmal, etwa 2 cm breit.

Am Abend war es ganz schwierig, einen Zeltplatz zu finden, denn der Grund war überall gleich hart, so daß wir schließlich gezwungen waren, das Zelt auf dem blanken Eis aufzuschlagen. Zum Glück für unsere Zeltpflöcke war das Eis da doch nicht von der ganz blanken stahlharten Sorte; es sah eher etwas milchartig aus, und so konnten wir die Pflöcke mit Axthieben hineintreiben. Nachdem das Zelt aufgerichtet war, ging Hassel wie gewöhnlich hinaus, um im Kochtopf Schnee zu holen. In der Regel gebrauchte er dabei ein großes, eigens für diese Arbeit verfertigtes Messer, aber an diesem Abend ging er voller Freude über das reichliche, gute Material, das ihm zu Gebot stand, mit einer Axt bewaffnet hinaus. Weit brauchte er nicht zu gehen, dicht vor der Zelttüre, nur 1 m entfernt, lag eine niedliche kleine Kuppe, die sich dem Anschein nach ausgezeichnet für seinen Zweck eignete. Er hob die Axt und ließ sie tüchtig darauf niedersausen. Aber was war das? Die Axt glitt ohne jeglichen Widerstand bis an den Stiel hinein! Die Kuppe war hohl; als die Axt zurückgezogen wurde, lösten sich die um sie herumsitzenden Teile, und die Eisstücke fielen polternd in ein dunkles Loch hinab. Zwei Fuß vor unserer Türe hatten wir also den bequemsten Zugang zur Unterwelt.

Hassel schien diese Lage Spaß zu machen. »Schwarz wie in einem Sack«, sagte er lächelnd, »man kann nicht bis auf den Grund sehen.«

Hanssen strahlte; es wäre ihm wahrscheinlich am liebsten gewesen, wenn das Zelt noch näher gestanden hätte. Das Eis von der Kuppe war übrigens von der besten Beschaffenheit und eignete sich ausgezeichnet zur Wasserherstellung.

Der nächste Tag, der 2. Dezember, gestaltete sich außerordentlich anstrengend für uns alle. Schon vom frühen Morgen an raste der Südostwind mit dichtem Schneefall und einem alles vollkommen verhüllenden Schneetreiben daher. Die Bodenbeschaffenheit war so schlimm wie möglich – spiegelglattes Eis. Ich fuhr auf meinen Schneeschuhen voraus und hatte es verhältnismäßig leicht; aber die Schlittenlenker hatten ihre Schneeschuhe abgenommen und sie auf die Schlitten gelegt, denn sie mußten dicht neben diesen hergehen, um sie zu stützen und den Hunden, wo es not tat, zu helfen. Und das kam oft vor, denn auf dieser glatten Eisfläche lagen da und dort kleine Schneewehen, die aus einer Sorte Schnee bestanden, der, wenn die Schlitten damit in Berührung kamen, mehr an Fischleim als an sonst etwas erinnerte. Wenn nun die Schlitten über diese Schneewehen hinüber mußten, konnten die armen Hunde, die dann schon auf dem Glatteis waren und da mit ihren Krallen keinen Halt bekamen, trotz allem guten Willen die Schlitten nicht hinüberziehen, so daß der Lenker genötigt war, seine Kraft mit einzusetzen, damit der Schlitten nicht festsaß. Mit vereinten Kräften gelang es dann auch den Menschen und Tieren meistens, die Schlitten im Gang zu erhalten und darüber zu bringen.

Die Spalten waren hier auch ziemlich gefährlich; sie sahen so unschuldig aus, da sie ganz mit Schnee angefüllt waren, aber nach unserer näheren Bekanntschaft mit ihnen begriffen wir, daß sie weit gefährlicher waren, als wir im Anfang gedacht hatten. Es zeigte sich nämlich, daß zwischen der losen Schneefüllung und der festen Eiskante ein ziemlich breiter leerer Raum war, der geradewegs in die Tiefe führte. Die darüberliegende Schneeschicht war in den meisten Fällen ganz dünn. Wenn man nun über so eine schneegefüllte Spalte hinüber mußte, geschah beim Darauffahren in der Regel nichts, erst beim Wegfahren auf der anderen Seite kam der kritische Augenblick. Hier gelangten die Hunde ja wieder auf die spiegelglatte Eisfläche, wo sie sich nirgends festkrallen konnten, und so mußte der Schlittenlenker den Schlitten eigentlich ganz allein herüberziehen. Bei der Anstrengung, die ihn dieses Ziehen kostete, brach die dünne

Schneedecke nur zu leicht unter ihm ein. In diesen Fällen hielt er sich dann an den Schlittenverschnürungen oder an einem eigens zu diesem Zweck am Schlitten angebrachten Tauende fest. Aber die Gewohnheit macht selbst den vorsichtigsten Menschen leichtsinnig, und mehrere Male war einer von den Lenkern schon ein gutes Stück drunten.

Wenn nun diese Art des Fahrens die Menschen anstrengte, so war sie für die Hunde wahrlich nicht weniger mühsam. Wenn wir wenigstens schönes Wetter gehabt hätten, so daß man sich ordentlich hätte umsehen können, dann hätten wir uns nicht so viel daraus gemacht; bei diesem Schweinewetter aber war es wahrlich kein Vergnügen! Und die ganze Zeit über mußte man sich auch Nasen, Wangen und Ohren auftauen, an denen es einen erbärmlich fror. Natürlich hielten wir dabei nicht an, dazu hatten wir keine Zeit. Wir zogen einfach während des Marsches einen Fausthandschuh aus und legten die warme Hand auf die erfrorene Stelle. Wenn wir dann meinten, der leidende Teil sei wieder warm geworden, mußten wir rasch die Hand wieder in den Fäustling stekken, denn jetzt hatte sie das Gewärmtwerden dringend nötig. Man hält bei einigen zwanzig Grad Kälte und Sturm die bloße Hand nicht gerne lang in der freien Luft. Trotz der ungünstigen Verhältnisse, durch die wir uns hindurcharbeiten mußten, zeigte das Meßrad an diesem Abend doch eine zurückgelegte Strecke von 25 km, und wohlbefriedigt von unserer Tagesarbeit gingen wir am Abend in unser Zelt.

Es war Samstagabend, und so wollen wir rasch noch einen Blick ins Zelt hineinwerfen! Es sieht wirklich ganz mollig da drinnen aus. Die eine Hälfte nehmen drei Schlafsäcke ein, und die Besitzer dieser Säcke haben es am praktischsten und bequemsten gefunden, sich hineinzustecken, und sind nun eben mit ihren Tagebüchern beschäftigt.

Die äußere Hälfte, die der Tür am nächsten ist, wird nur von zwei Schlafsäcken eingenommen, aber dafür ist zwischen diesen die ganze Küchenausrüstung aufgestellt. Die Besitzer dieser Säcke – Wisting und Hanssen – sind noch auf. Hanssen ist Koch, und er kriecht nicht in seinen Sack hinein, ehe das Essen gekocht und alles besorgt ist. Wisting ist sein geschworener Gehilfe und Freund und stets zu jedweder Handreichung bereit. Hanssen sieht aus, als nehme er es mit seinem Amt als Koch sehr genau; ein angebranntes Gericht ist ihm ein Greuel, und sein Löffel rührt ununterbrochen in dem Inhalt des Topfes herum.

»Suppe!« ruft Hanssen.

Das eine Wort wirkt wie ein Zauberspruch. In einem Nu haben sich alle aufgesetzt, die Henkeltasse in der einen, den Löffel in der anderen Hand. Der Reihe nach wird jedem seine Schale gefüllt – sagen wir – mit der herrlichsten Gemüsesuppe. Man sieht es den Gesichtern an, daß die Suppe brühheiß ist, aber doch verschwindet sie mit erstaunlicher Schnelligkeit. Noch einmal werden die Tassen gefüllt, diesmal mit einem etwas festeren Stoff – Pemmikan. Mit bewunderungswürdiger Gewandtheit ist auch diesmal die Tasse im Nu leer und wird sofort zum abermaligen Füllen hingereicht. Die Eßlust hat also bis jetzt nicht Not gelitten. Die Tassen werden sorgfältig ausgekratzt, und nun beginnt der Genuß »von Brot und Wasser«. Jawohl, denn nach den vergnügten Gesichtern zu urteilen, ist es ein wirklicher Genuß, sogar ein größerer, als ihn eine noch so lecker zusammengestellte Speisenfolge gewähren könnte. Und das Wasser – nach dem kalten Wasser ist allgemeine Nachfrage – verschwindet in großen Mengen; auch dieses schmeckt nach dem sprechenden Ausdruck der verschiedenen Gesichter weit besser als der feinste Wein, der je gekeltert worden ist. Während der ganzen Mahlzeit surrt der Primuskocher leise seine Melodie, und das Zelt ist ganz behaglich warm.

Nach vollendeter Mahlzeit ruft sofort einer nach Spiegel und Schere, und es dauert nicht lange, so sind die Polarfahrer eifrig beschäftigt, sich für den kommenden Sonntag feinzumachen. Der Bart wird jeden Samstag mit der Bartschere ganz kurz geschnitten, weniger aus Eitelkeit als aus Rücksicht auf Zweckmäßigkeit und Bequemlichkeit. Im Bart setzt sich nämlich Eis an, und das ist oft recht widerwärtig. Meiner Ansicht nach ist ein Bart in den Polargegenden ebenso unpraktisch und unbequem, wie – nun ja, wie wenn man zum Beispiel in einem Zylinderhut umherspazieren wollte. Nachdem Bartschere und Spiegel unter den Polarfahrern die Runde gemacht haben, verschwindet einer nach dem anderen in seinem Schlafsack, und nach einem fünfstimmigen »Gute Nacht!« wird es ganz still im Zelt; nach ganz kurzer Zeit verkündigen dann auch die regelmäßigen Atemzüge, daß die Natur nach der anstrengenden Tagesarbeit ihr Recht verlangt. Indessen heult draußen der Südostwind, und der Schnee saust gegen die Zeltwände; aber die Hunde liegen zusammengerollt auf dem Eise und scheinen sich nicht die Spur aus dem Unwetter zu machen.

Am nächsten Tage raste der Sturm mit derselben Stärke, und aus Rücksicht auf das gefährliche Gelände beschlossen wir, hier vorläufig zu warten. Im Lauf des Vormittags – eher um Mittag vielleicht – flaute der Wind doch etwas ab, und wir gingen natürlich sogleich hinaus! Die Sonne lugte ein paarmal hervor, und wir benutzten diese höchst willkommene Gelegenheit, um sie zu messen. 86°47′ s. Br. war das Ergebnis.

Auf diesem Zeltplatz ließen wir alle unsere herrlichen Fellkleider zurück, denn wir wußten, wir würden sie bei der jetzt dauernd hohen Temperatur nicht mehr brauchen. Die Kapuzen unserer Rentierfellmäntel nahmen wir übrigens doch mit; sie konnten uns gute Dienste leisten, wenn wir gegen den Wind ankämpfen mußten.

Unser Tagesmarsch sollte diesmal nicht von langer Dauer sein; das Abflauen des Windes um die Mittagszeit war nur ein Scherz gewesen, und der Ernst zeigte sich bald wieder in Form eines brausenden Sturms aus derselben Richtung – Südosten. Wenn uns das Gelände bekannt gewesen wäre, hätten wir wahrscheinlich trotzdem den Marsch fortgesetzt, aber bei dem Schneemorast und diesem tollen Sturm, bei dem wir die Augen nicht offenhalten konnten, war es unmöglich, es hätte uns ein ernster Unfall zustoßen und unheilbaren Schaden bringen können. Eine Entfernung von 4 km war alles, was wir leisten konnten. Als wir das Lager aufschlugen, zeigte das Thermometer −21 °C, und die Höhenmessung ergab 2850 m ü. d. M.

Der Wind sprang während der Nacht von Südosten nach Norden um, flaute dann ab, und das Wetter klarte auf. Das war eine gute Gelegenheit für uns, und wir zögerten auch nicht, sie zu benutzen. Langsam ansteigend lag eine spiegelglatte Eisfläche vor uns, und wie an den vorhergehenden Tagen kletterte ich auf Schneeschuhen voraus, während die anderen in Stiefeln hinterherkamen und die Schlitten stützten. Wohl fanden sich immer noch aufgefüllte Spalten, aber in weit geringerer Anzahl als zuvor. Allmählich zeigten sich indes kleine mit Schnee bedeckte Stellen auf der blanken Fläche, die an Zahl und Größe rasch zunahmen und sich schnell so ausbreiteten, daß schon nach kurzer Zeit die unangenehme Eisfläche mit einer gleichmäßigen guten Schneeschicht bedeckt war. Jetzt zogen alle die Schneeschuhe wieder an, und höchst befriedigt wurde der Weg in gerader südlicher Richtung fortgesetzt.

Wie froh waren wir beim Weiterfahren! So war nun endlich der heimtückische Gletscher besiegt, und wir befanden uns auf der wirklichen Hochebene. Aber während wir uns zu diesem Erfolg beglückwünschten, tauchte plötzlich ein Höhenrücken gerade vor unserer Weglinie auf, der uns deutlich daran mahnte, daß doch vielleicht noch nicht alle Sorgen zu Ende seien. Das Gelände senkte sich allmählich, und je näher wir dem Bergrücken kamen, desto deutlicher sahen wir, daß wir über ein wenn auch nicht tiefes, so doch ziemlich breites Tal hinüber mußten, ehe wir zu dem Hügel hingelangten. Nun tauchten überall weite Strecken Schraubeneis und kuppenförmige Eisblöcke auf. Da galt es die Augen offenzuhalten. Und jetzt kamen wir an den Teil des Gletschers, den wir »Teufelstanzsaal« nannten. Die Schneeschicht, deren Lob wir in so hohen Tönen gesungen hatten, verschwand allmählich wieder, und vor uns lag das breite, in hellem Eisglanz schimmernde Tal. Am Anfang ging es ganz gut, es ging ja abwärts, so daß wir rasch vorwärts kamen. Aber plötzlich brach Wistings Schlitten ein und fiel um. Wir wußten sofort, was das bedeutete: Der Schlitten lag mit der einen Kufe in einer Spalte. Wisting und Hassel machten sich eifrig daran, den Schlitten aus der gefährlichen Nachbarschaft fortzuschaffen. Indessen holte Bjaaland rasch den Fotoapparat heraus und stellte ihn ein. Hanssen und ich waren eine kleine Strecke voraus und sahen dem Auftritt behaglich zu; denn wir waren ja jetzt so an diese Zwischenfälle gewöhnt, daß wir diesen hier in aller Ruhe abwarteten. Da indes das Fotografieren etwas lange dauerte, nahm ich an, daß diese Spalte zu den ganz aufgefüllten gehörte, die nicht gefährlich waren, daß aber Bjaaland unter seinen Fotografien auch eine haben wollte, die an die vielen Spalten und kitzeligen Lagen erinnerte, in denen wir uns jetzt schon so oft befunden hatten. Da man indes doch nicht wissen konnte, ob die Spalte wirklich aufgefüllt war, rief ich hinüber und fragte, wie es stehe.

»O ganz gut«, bekam ich zur Antwort. »Wir sind gleich fertig.«

»Wie sieht die Spalte aus?«

»O wie gewöhnlich, bodenlos!«

Diesen kleinen Auftritt führe ich hauptsächlich an, um zu zeigen, wie man sich an alles gewöhnen kann. Da lagen nun also diese beiden – Wisting und Hassel – über einem bodenlosen, gähnenden Abgrund und ließen sich fotografieren; keiner von beiden schenkte der so sehr ernsten Sache auch nur einen Gedanken. Und wenn man nach dem Lachen und den scherzhaften Bemerkungen, die zu uns herüberdrangen, hätte urteilen sollen, so hätte man auf eine ganz andere Lage geschlossen.

Nachdem der Fotograf in aller Ruhe seine Aufnahme gemacht hatte – er bekam ein recht gutes Bild –, wurde den beiden aufgeholfen und die Fahrt fortgesetzt. Mit dieser Spalte hatten wir den Tanzsaal des besagten hohen Herrn betreten. Die Oberfläche sah zwar eigentlich gar nicht so schlimm aus. Der Schnee war allerdings weggeweht, so daß man darum schon schwer weiterkommen konnte, aber Spalten sahen wir nicht viele. Preßeis gab es freilich, wie schon gesagt, in ziemlicher Menge, aber selbst in dessen Nähe konnten wir nicht viele Zerklüftungen wahrnehmen. Das erste Anzeichen davon, daß diese Oberfläche heimtückischer war, als sie aussah, trat zutage, als Hanssens führende Hunde plötzlich durch den anscheinend ganz sicheren Boden brachen. Glücklicherweise blieben sie in ihrem Geschirr hängen und konnten

Wisting und Hassel richten den Schlitten auf

dadurch leicht wieder herausgezogen werden. Als wir in das Loch, das sich bei dem Einbrechen der Hunde in der Oberfläche gebildet hatte, hinuntersahen, hatten wir den Eindruck, daß es nicht sehr gefährlich sei; denn ungefähr 1 m unter der Oberfläche stieß man auf eine neue Schicht, die aussah, als bestünde sie aus pulverisiertem Eis, und so nahmen wir an, diese untere Lage würde die feste sein, und das Einbrechen sei deshalb nicht mit eigentlicher Gefahr verknüpft. Daß dem aber nicht so war, davon konnte Bjaaland ein Stück erzählen. Er war nämlich nicht allein durch die obere Schicht, sondern auch schon ein gutes Stück durch die untere durchgebrochen, als es ihm gerade noch gelang, ein Tauende an einem Schlitten zu erfassen und sich dadurch im letzten Augenblick noch zu retten. Einmal ums andere fielen die Hunde geradezu durch, und einmal ums andere brachen auch die Menschen ein. Der leere Raum zwischen den beiden Schichten machte, daß der Boden beim Darüberwegschreiten unter unseren Füßen einen umheimlich hohlen Ton von sich gab. Die Schlittenlenker ließen ihre Peitschen aus Leibeskräften knallen, und unter lautem Rufen und kräftigen Aufmunterungen ging es rasch über den unsicheren Grund hin.

Glücklicherweise war diese merkwürdige Bodenbildung nicht von großer Ausdehnung, und je näher wir dem Hügelkamm kamen, desto deutlicher merkten wir die

Veränderung zum Besseren, ja es zeigte sich bald, daß der »Tanzsaal« der letzte Gruß des Gletschers gewesen war; denn mit diesem hörten alle Unebenheiten auf, und sowohl Gelände als Bodenbeschaffenheit besserten sich rasch. So konnten wir schon nach kurzer Zeit mit Befriedigung feststellen, daß wir nun endlich tatsächlich die zahlreichen, recht widerwärtigen Schwierigkeiten überwunden hatten. Die Oberfläche war plötzlich gleichmäßig und gut geworden, überall lag eine prächtige Schneedecke, so daß wir rasch und leicht mit einem wahren Gefühl von Sicherheit den Weg nach Süden fortsetzen konnten.

Auf 87° s. Br. – nach dem Besteck – sahen wir das letzte Land in nordöstlicher Richtung. Die Luft war da schimmernd hell, und wir glaubten bestimmt, einen vollen Überblick über alles zu haben, was man von der Stelle aus, wo wir uns jetzt befanden, sehen konnte. Aber, wie sich später zeigen wird, wurden wir bei dieser Gelegenheit abermals betrogen.

An diesem Tag legten wir gegen 40 km zurück, in einer Höhe von 2940 m ü. d. M. Das Wetter blieb nicht lange so gut. Am nächsten Tage stürmte es aus Norden, und wieder wirbelte der Schnee in dichten Wolken über die ganze Ebene hin. Dazu kam noch ein wirkliches Schneegestöber von oben, das noch hinderlicher war, weil es uns förmlich blendete; aber wir hatten nun einmal das Gefühl der Sicherheit bekommen, und dies veranlaßte uns, ohne Zögern rasch weiterzufahren, trotzdem wir nichts sehen konnten.

An diesem Tag gelangten wir wieder auf ein ganz andersartiges Gelände; große, hohe Schneewehen stellten sich uns entgegen, die zu überwinden durchaus nicht behaglich war, besonders da wir sie nicht einmal sehen konnten. Unter diesen Umständen konnten wir Vorläufer gar nicht daran denken, vorauszugehen, und es hätte auch durchaus keinen Zweck gehabt; es war nämlich ganz unmöglich, sich auf den Beinen zu halten – drei bis vier Schritt allerhöchstens, dann lagen wir wieder auf der Nase. Die Schneewehen waren sehr hoch und oft überaus steil; wenn man so blindlings auf eine zulief, hätte man mehr als ein Künstler sein müssen, um nicht hinzufallen.

Nach einigen Versuchen fanden wir es am besten, Hanssen mit seinen Hunden vorausgehen zu lassen. Für Hanssen war das zwar eine recht unangenehme Aufgabe und für die Hunde auch; aber auf diese Weise ging es doch und sogar ganz gut vorwärts. Ein gelegentlicher Sturz oder ein Umwerfen des Schlittens konnte selbstverständlich nicht vermieden werden; aber mit gutem Willen gelang es uns doch immer, den Schlitten wieder aufzurichten. Die Lenker waren zwischen diesen Schneewehen vollauf mit dem Stützen ihrer Schlitten beschäftigt; aber indem sie die Schlitten stützten, dienten diese ihnen selbst auch als Halt. Für uns ledige Leute, die keinen Schlitten hatten, war es schlimmer. Aber indem wir uns genau in den Geleisen hinter den Schlitten hielten, konnten wir doch sehen, wo die Unebenheiten lagen, und so darüber wegkommen. Hanssen hat sich für seine ausgezeichnete Führung über dieses Gelände und bei so schrecklichem Wetter ein besonderes Lob verdient. Eskimohunde vorwärts zu bringen, wenn sie nicht sehen können, ist außerordentlich schwierig. Aber Hanssen machte seine Sache sehr gut – sowohl wie er die Hunde weiterbrachte, als auch wie er nach dem Kompaß den richtigen Kurs einhielt.

Man hätte ein annähernd richtiges Steuern kaum für möglich halten sollen, bei so einem Gelände, wo sich bei den heftigen Bewegungen die Kompaßnadel mehrere Male hintereinander im Kreise herumdreht und sich erst nach einer langen Weile wieder einstellt, und zwar nur, um schon im nächsten Augenblick denselben Tanz wieder zu beginnen; aber als wir endlich nach langer Zeit wieder eine Beobachtung vornehmen konnten, zeigte es sich, daß Hanssen aufs Haar genau gesteuert haben mußte; denn die Beobachtungen des Bestecks stimmten auf die Meile mit unserer Aufnahme überein. Trotz der vielen Hindernisse und trotzdem Hanssen so ganz blindlings hatte weitergehen müssen, zeigte das Meßrad fast 40 km und das Hypsometer 3225 m über dem Meer; wir hatten nun also eine größere Höhe erreicht als bei der »Metzgerei«.

Am 7. Dezember hatten wir ganz dasselbe Wetter – dichtes Schneegestöber und vom Sturm aufgejagte

Schneewehen –, Himmel und Ebene verschwammen ineinander, nichts war zu sehen. Trotzdem ging es glänzend vorwärts. Die Schneewehen wurden allmählich niederer und immer niederer, schließlich war das Gelände vollständig eben. Welch eine Wohltat, als wir endlich wieder einen gleichmäßigen Boden unter den Füßen hatten! Die Unebenheiten, über die man jeden Augenblick fiel, waren für uns eine große Plage gewesen. In gewohnter Höhenlage hätten wir sie wohl nicht einmal so schmerzlich empfunden, aber hier, wo man nach jedem Fall erst eine Weile anhalten und nach Luft schnappen mußte, hatten sie sich besonders unangenehm bemerkbar gemacht.

An diesem Tag überschritten wir 88° s. Br. und schlugen unser Lager auf 88°9′ s. Br. auf. Am Abend erwartete uns eine große Überraschung in unserem Zelt. Wie gewöhnlich nahmen wir die Höhenmessungen vor, solange das Abendessen zubereitet wurde. Ich hatte erwartet, daß der Siedepunkt auch an diesem Abend genau wie am vorhergehenden etwas gefallen sei, das heißt, daß wir eine fortgesetzte Steigung des Geländes zu verzeichnen hätten, aber zu unserer großen Überraschung war dies nicht der Fall. Das Wasser kochte ganz genau bei derselben Temperatur wie am Tag zuvor. Ich stellte mehrere Versuche an, um mich zu überzeugen, daß es tatsächlich so war, aber ich kam jedesmal zu demselben Ergebnis. Es herrschte darum große Freude bei uns allen, als ich mitteilen konnte, daß wir nun die höchste Höhe der Hochebene erreicht hätten.

Der 8. Dezember begann genau wie der 7. mit ganz klarem Wetter, aber es ging nach dem Sprichwort: »Man kennt den Tag nicht, ehe die Sonne untergegangen ist.« Vielleicht hätte ich einen besseren Vergleichsgegenstand wählen können als gerade die Sonne – einen, der mehr in Übereinstimmung mit den Naturverhältnissen gewesen wäre –, aber ich will dies dahingestellt sein lassen. Wenn die Sonne damals auch schon seit vielen Wochen nicht mehr untergegangen war, so werden meine Leser doch wohl nicht so kritisch sein, mir den obigen Ausdruck zum Vorwurf zu machen.

Bei leichtem Nordostwind ging es nun dank der vollständig flachen Ebene und der ausgezeichneten Bodenbeschaffenheit mit flotter Fahrt südwärts. Der Aufstieg hatte unsere Tiere allerdings angestrengt, jedoch nicht übermäßig. Aber sie waren heißhungrig geworden, das war nicht zu leugnen; das halbe Kilo Pemmikan, das sie jetzt täglich bekamen, genügte nicht, ihnen den Magen zu füllen, und so suchten sie sich an allem schadlos zu halten, was sie nur ergattern konnten – ganz gleichgültig, was es war, es wurde gefressen. Am Anfang begnügten sie sich noch mit losen Gegenständen wie Schneeschuhbindungen, Peitschen, Stiefeln u. dgl. Aber nachdem wir diese ihre Gelüste kennen gelernt hatten, paßten wir so gut auf unsere Sachen auf, daß es für sie nichts, gar nichts über ihre tägliche Futtermenge zum Schmausen gab. Damit war die Sache jedoch nicht erledigt. Nun griffen sie die Schlittenverschnürungen an, und sie hätten – wenn man es ihnen erlaubt hätte – jeden einzelnen Schlitten mit größter Geschwindigkeit in seine einzelnen Teile zerlegt. Aber wir wußten uns zu helfen. Jeden Abend wurden die Schlitten so tief in den Schnee eingegraben, daß alle Verschnürungen fest zugedeckt waren. Das half, und merkwürdigerweise machten sie nie einen Versuch, die Schneeschanze zu stürmen.

Als eine Merkwürdigkeit kann ich noch berichten, daß die heißhungrigen Tiere, die alles fraßen, was sie nur erlangen konnten, ja sogar die Ebonitscheiben an unseren Schneeschuhstöcken, nie einen Angriff auf die Vorratskisten machten. Da gingen sie zwischen den Schlitten umher, die Nasen ganz in der Höhe der zersprungenen Kisten, und witterten den Pemmikan, ohne auch nur einen einzigen Versuch zu machen, sich etwas davon anzueignen. Machte man aber einen Deckel auf, dann waren sie auch sofort zur Stelle. Mit Windeseile kamen sie dahergehetzt und scharten sich um die Schlitten in der Hoffnung, es könnte ein besonderer Bissen für sie abfallen. Ich kann mir diesen Zug nicht recht erklären. Daß der Grund nicht in übergroßer Bescheidenheit zu suchen ist, dessen bin ich ziemlich sicher.

Im Lauf des Vormittags wurde die dichte Wolkendecke am Horizont etwas lichter, und seit langer Zeit zum erstenmal konnten wir wieder ein paar Kilometer weit sehen. Wir hatten so ziemlich dasselbe Gefühl, wie wenn man sich nach einem tiefen Schlaf die Augen reibt und sich umschaut. Nun hatten wir uns indes so an die lange graue Dämmerung gewöhnt gehabt, daß uns die Helle förmlich blendete. Immerhin schien die übrige Luft hartnäckig dieselbe bleiben zu wollen und sich dem Erscheinen der Sonne aufs heftigste zu widersetzen. Für uns war es jetzt sehr wichtig, eine Meridianhöhe der Sonne zu gewinnen, damit wir unsere Breite bestimmen könnten. Seit 86°47′ s. Br. hatten wir keine Beobachtung mehr machen können, und man wußte ja nie, wann sich wieder Gelegenheit dazu bieten würde. Die Wetterverhältnisse waren hier auf der Höhe bisher nicht günstig gewesen, und obgleich die Aussichten auch jetzt nicht vielversprechend waren, machten wir vormittags 11 Uhr Halt und bereiteten uns darauf vor, die Sonne eiligst zu erhaschen, falls sie so liebenswürdig sein sollte, hervorzulugen. Hassel und Wisting benutzten den einen Sextanten und künstlichen Horizont, Hanssen und ich den anderen. Ich habe noch niemals in meinem Leben so eifrig ausgespäht und die Sonne förmlich herbeigezogen, damit sie herausschauen solle, wie an jenem Tag. Wenn wir hier eine Beobachtung bekamen, deren Ergebnis mit dem unseres Bestecks übereinstimmte, dann hätten wir ja zur Not den Pol nach dem Besteck bestimmen können; aber wenn wir jetzt keine bekamen und möglicherweise auch später nicht, dann würde es eine Frage sein, ob man uns die Erreichung des Pols nach dem Besteck, das wir dann vorlegen konnten, glauben würde.

Ich weiß nicht, ob mein Ziehen etwas half, aber so viel ist sicher, die Sonne zeigte sich. Zuerst war sie allerdings nicht glänzend hell, aber da wir nun so viel Übung darin hatten, auch die schlechtesten Gelegenheiten zu benutzen, genügte es doch. Ihre Höhe wurde gemessen, von allen nachgeprüft und aufgeschrieben.

Indessen zerriß die Wolkenwand mehr und mehr, und ehe wir mit unserer Arbeit fertig waren, das heißt, ehe wir die Sonne auf ihrem höchsten Punkt erhascht und uns überzeugt hatten, daß sie dann wieder sank, leuchtete und strahlte sie in ihrem vollen Glanz. Nun wurden die Instrumente weggelegt, und wir stellten, die Schlitten als

Tisch benutzend, unsere Berechnungen an. Ich kann wohl sagen, ich war äußerst gespannt. Was würde das Ergebnis sein, nach einem so großen geradezu blindlings und bei so schrecklichen Bodenverhältnissen zurückgelegten Marsch? Wir zogen ab und zählten zu, und endlich stand das Ergebnis da. Zuerst sahen wir einander ganz mißtrauisch an. Das Ergebnis überraschte uns ebenso sehr wie ein überaus flott ausgeführtes Taschenspielerkunststück: 88°16′ s. Br., genau auf den Meter dasselbe wie unser Besteck: 88°16′ s. Br. Wenn wir nun auch gezwungen sein sollten, den Pol nach dem Besteck festzustellen, so mußten uns doch wohl die alleranspruchsvollsten Leute das Recht dazu lassen. Wir legten unsere Beobachtungsbücher zusammen, aßen ein paar Zwiebäcke und sahen dann die Zahlen wieder an.

An diesem Tage hatten wir eine große Aufgabe zu lösen, nämlich unsere Flagge weiter südlich auf ein Gebiet zu tragen, das noch nie ein menschlicher Fuß betreten hatte. Die seidene Flagge war schon herausgenommen und lag, an zwei Schneeschuhläufen festgebunden, auf Hanssens Schlitten. Ich hatte ihm den Auftrag gegeben, sobald 88°23′, Shackletons südlichste Breite, überschritten sei, die Flagge an seinem Schlitten zu hissen. Heute hatte ich das Amt des Vorläufers, und ich machte mich rasch auf den Weg. Jetzt war es nicht mehr schwer, die Richtung einzuhalten, ich konnte mich nach wunderschönen Wolkengebilden richten, und alles ging ganz mechanisch vor sich. Zuerst kam der diensthabende Vorläufer, dann Hanssen, denn Wisting und zum Schluß Bjaaland. Der Vorläufer, der nicht gerade Dienst hatte, ging nach Belieben bald da, bald dort, in der Regel neben einem Schlitten her. Ich war längst in Gedanken versunken – Gedanken, die von dem Ort, wo ich wanderte, weit entfernt waren. Woran ich dachte, erinnere ich mich jetzt im Augenblick nicht mehr, aber ich war so hingerissen, daß ich meine Umgebung ganz vergessen hatte.

Da wurde ich plötzlich durch einen Jubelschrei, dem donnernde Hurrarufe folgten, aus meinen Träumereien gerissen. Ich wendete mich rasch den anderen zu, um den Grund dieser ungewöhnlichen Äußerungen zu entdecken, und blieb wie angewurzelt sprachlos und überwältigt stehen. Es ist mir unmöglich, die Gefühle zu beschreiben, die mich ergriffen, als ich sah, was vorgegangen war. Alle Schlitten standen still, und an dem vordersten Schlitten wehte die norwegische Flagge. Sie entfaltete sich, flatterte und wehte, daß der Seidenstoff knisterte, und nahm sich in der reinen klaren Luft und der glänzend weißen Umgebung wundervoll aus.

88°23′ s. Br. waren überschritten, wir standen weiter südwärts, als je ein Mensch gewesen war. Kein einziger Augenblick auf der ganzen Fahrt hat mich so ergriffen wie dieser. Die Tränen traten mir in die Augen, ich konnte sie trotz Aufbietung aller meiner Kräfte nicht zurückhalten. Die flatternde Fahne dort war stärker als ich und meine Willenskraft. Zum Glück war ich den anderen etwas vorausgekommen, so daß ich Zeit hatte, mich zu fassen und Herr über meine Bewegung zu werden, ehe ich sie erreichte. Gegenseitige Glückwünsche und warme Händedrucke wurden zwischen allen gewechselt; nun waren wir in treuem Zusammenhalten so weit gekommen, nun würden wir auch noch weiter – würden ganz hingelangen.

Wir vergaßen indes nicht, auch dem Manne, der zusammen mit seinen tüchtigen Gefährten die Flagge seines Vaterlandes dem Ziel so unendlich viel näher getragen hatte als irgendeiner seiner Vorgänger, unsere höchste Anerkennung und Bewunderung zu zollen. Sir Ernest Shackletons Name wird in der Geschichte der Südpolarforschung für immer mit flammenden Buchstaben geschrieben stehen. Mut und Willenskraft können Wunder schaffen, und ich könnte kein besseres Beispiel für diese beiden Eigenschaften anführen als diesen Mann.

Natürlich mußten auch gleich die fotografischen Apparate in Tätigkeit gesetzt werden, und wir bekamen ein ausgezeichnetes Bild jenes Vorgangs, den keiner von uns je vergessen wird. Danach rückten wir noch 3 bis 4 km weiter vor – bis 88°25′ s. Br. – und schlugen dann das Lager auf. Das Wetter hatte sich die ganze Zeit über immer noch gebessert; jetzt war es ganz still, glänzend hell und den Umständen angemessen sommerlich warm, −18 °C.

In unserem Zelt war es sogar ganz schwül, und das war

Der Lagerplatz auf 88° 25′ s. Br.

mehr, als wir erwartet hatten. Nach vielen Überlegungen und Erörterungen waren wir zu dem Ergebnis gekommen, daß wir hier noch ein Vorratslager – das letzte – errichten müßten. Die Vorteile, die wir durch die nochmalige Erleichterung der Schlitten erzielten, waren so groß, daß wir es wagen mußten. Ein großes Wagnis war es übrigens auch nicht, da wir solche Merkzeichen aufzurichten gedachten, nach denen auch ein Blinder den Weg hätte zurückfinden können. Wir hatten nämlich beschlossen, dieses Vorratslager nicht allein in ostwestlicher Richtung von unserem Kurs, sondern auch südwärts nach je zwei Seemeilen (3,7 km) durch Schneewarten kenntlich zu machen.

Der folgende Tag wurde deshalb auf die Errichtung dieses Vorratslagers verwendet. Hanssens Hunde waren alle ohne Ausnahme wahre Wundertiere; nichts schien sie anzugreifen. Etwas magerer waren sie natürlich geworden, aber trotzdem waren sie noch bei vollen Kräften. Wistings und Bjaalands Hunde dagegen waren ziemlich mitgenommen, besonders die Bjaalands; deshalb wurde beschlossen, Hanssens Schlitten nicht leichter zu machen, sondern nur die beiden andern. Es war keine unbedeutende Gewichtsabnahme, die da erreicht wurde – fast um 50 kg wurde jeder der beiden Schlitten entlastet. In dem Vorratslager wurden gegen 100 kg niedergelegt, hauptsächlich Pemmikan und Zwieback. Der Schnee eignete sich zuerst recht schlecht zum Bauen, aber wir brachten schließlich doch ein ganz ansehnliches Bauwerk zustande. Auf den Schlitten führten wir dann noch Nahrungsmittel für ungefähr einen Monat mit uns. Sollten wir also gegen alle Vermutung das Mißgeschick haben, dieses Vorratslager nicht wieder aufzufinden, so konnten wir doch mit einiger Sicherheit darauf rechnen, daß wir bei der Niederlage auf 85°21′ eintreffen würden, ehe unser mitgeführter Vorrat zu Ende wäre. Zur Bezeichnung des Lagers in ostwestlicher Richtung dienten 60 aus den schwarz angestrichenen Kistenbrettern gewonnene Latten, die auf je 100 Schritt Entfernung in den Schnee gesteckt wurden und von denen jede zweite einen schwarzen Stofflappen an der Spitze trug. Die nach Osten ausgesteckten Holzstücke waren mit einem Zeichen versehen, so daß wir an ihnen sofort die Ostseite des Lagers erkennen konnten, während die gegen Westen kein Zeichen trugen.

Die Wärme der letzten Tage hatte unsere Frostbeulen sehr verschlimmert. Und wie sahen wir aus! Ja, Wisting, Hanssen und mir hatte der letzte Südoststurm tüchtig zugesetzt. Die linke Seite unseres Gesichts war eine einzige blutunterlaufene, eiterige Wunde. Wir sahen wirklich wie die schlimmsten Wegelagerer und Raufbolde aus und wären wahrscheinlich selbst von unseren nächsten Angehörigen nicht erkannt worden. Diese Wunden waren uns auf der weiteren Fahrt eine große Plage. Der geringste Luftzug rief das Gefühl hervor, als fahre man uns mit einem stumpfen Messer im Gesicht herum. Ich erinnere mich, daß der letzte Schorf von Hanssens Gesicht erst abfiel, als wir uns schon Hobart näherten, also drei Monate später.

Während der Errichtung dieses Vorratslagers waren wir sehr vom Wetter begünstigt; die Sonne schien freundlich, und wir hatten ausgezeichnete Gelegenheit zu einigen guten Azimutbeobachtungen, den letzten brauchbaren der ganzen Reise.

Der 10. Dezember brach mit demselben schönen Wetter, mit Sonnenschein, an. Allerdings hatten wir bei −28 °C und einer kleinen Brise, die uns gerade entgegenkam, Schmerzen in unseren aufgegangenen Frostbeulen, aber es war noch zum Aushalten. Wir fingen gleich mit dem Bau der Warten an, einer Arbeit, die bis zum Pol aufs pünktlichste fortgesetzt wurde. Doch waren die jetzigen Warten nicht so hoch wie die drunten auf der Eisplatte errichteten; hier genügte sicherlich 1 m Höhe, denn auf dieser vollständig flachen Ebene war die kleinste Unebenheit sehr leicht zu erkennen. Bei dieser Arbeit konnten wir zugleich auch die Beschaffenheit des Schnees gründlich untersuchen. Oft, sehr oft sogar, war es nämlich auf diesem Teil der Hochebene, also südlich von 88°25′, schwierig, Schnee zu finden, der gut genug, oder besser gesagt, hart genug war, um Schneeblöcke herausschneiden zu können. Der Schnee da oben schien bei ganz stillem Wetter gefallen zu sein, wir konnten die 2 m lange Zeltstange ganz hineinstecken, ohne auf Widerstand zu stoßen, was so viel bedeutet, als daß sich keine harten Schneelagen dazwischen befanden. Auch die Oberfläche war vollkommen flach, ohne jegliches Zeichen von Schneewehenbildung nach irgendeiner Richtung hin.

Nun rückten wir mit jedem Schritt, den wir in südlicher Richtung machten, dem Ziele näher. Wir konnten mit ziemlicher Sicherheit feststellen, daß wir am Morgen oder Nachmittag des 15. Dezember dort sein würden. Das war allen so natürlich, daß sich unsere Gespräche meistens um diesen Zeitpunkt drehten. Keiner von uns wollte zugeben, daß wir nervös waren, aber ich glaube doch, daß jeder in seinem Innern ein ganz klein wenig aufgeregt war. Was würden wir am Pol zu sehen bekommen? Eine endlose, große Ebene, die kein menschliches Auge je geschaut, kein menschlicher Fuß je betreten hatte? Oder – oder? Nein, nein, das war eine Unmöglichkeit! Bei der Eile, mit der wir vorgerückt waren, mußten wir das Ziel zuerst erreichen, darüber konnte kein Zweifel herrschen. Und doch – und doch! Wo sich nur die allerkleinste Öffnung zeigt, da schleicht sich der Zweifel ein und nagt und nagt und läßt so einem armen Menschen keine Ruhe mehr.

»Was in aller Welt wittert denn Uroa?« sagte Bjaaland plötzlich an einem dieser letzten Tage, als ich neben seinem Schlitten herging und mich dabei mit ihm unterhielt. »Und wie merkwürdig, er wittert nach Süden. Es ist doch nicht möglich –?«

Aber auch Mylius, Ring, Oberst und Suggen interessierten sich offenbar für das, was im Süden vorging. Es war ganz merkwürdig, wie sie mit plötzlich erwachter

Aufmerksamkeit die Köpfe hoben, die Schnauzen in gerader südlicher Richtung vorschoben und witterten. Man hätte wirklich meinen können, es sei dort etwas Auffallendes. Aber sie schienen sich doch getäuscht zu haben, wir konnten nichts wahrnehmen.

Von 88°25′ s. Br. an zeigten das Barometer und das Hypsometer langsam aber sicher, daß sich die Hochebene nach der anderen Seite wieder senkte. Das war eine angenehme Überraschung für uns. Wir hatten demnach nicht allein den Scheitel der Hochebene gefunden, sondern auch den jenseits abfallenden Teil. Dies würde von großer Bedeutung für das Verständnis des Aufbaus der ganzen Hochebene sein.

Die Beobachtungen und das Besteck vom 10. Dezember stimmten bis auf 2 km überein. Am 11. ebenfalls mit demselben Ergebnis – die Beobachtung blieb 2 km hinter dem Besteck zurück. Das Wetter und die Bodenbeschaffenheit hielten sich ungefähr ganz gleich wie an den vorhergehenden Tagen, mit leichter südöstlicher Brise bei −28 °C. Die Schneeschicht war lose, aber Schneeschuhe und Schlitten glitten prächtig darüber hin.

Am 12. dieselben Witterungsverhältnisse, Temperatur −25 °C. Beobachtung und Besteck stimmten wieder genau überein. Unsere Breite 89°15′.

Am 13. erreichten wir 89°30′ s. Br. Das Besteck blieb einen Kilometer hinter der Beobachtung zurück. Die Bahn und das Gelände von derselben Güte. Das Wetter ausgezeichnet – still mit Sonnenschein.

Die Mittagsbeobachtung am 14. ergab 89°37′ s. Br., das Besteck 89°38′5″ s. Br. An diesem Tag machten wir am Nachmittag auf 89°45′ s. Br. Halt, nachdem wir 14,8 km, d. h. acht Breitenminuten zurückgelegt hatten. Am Vormittag war das Wetter noch ebenso schön gewesen, aber am Nachmittag hatten uns ein paar Schneeschauer aus Südost überfallen.

An diesem Abend herrschte im Zelt eine Stimmung wie am Vorabend eines Festes. Etwas Großes stand vor der Tür, das fühlte man wohl. Wieder wurde unsere Flagge herausgeholt und wie das letztemal an die beiden Schneeschuhläufe gebunden. Darauf wurde sie zusammengerollt und zum Gebrauch fertig wieder weggelegt.

Ich wachte in dieser Nacht mehrere Male auf und hatte dasselbe Gefühl, wie ich es als kleiner Junge am Heiligen Abend vor dem eigentlichen Weihnachtsfest gehabt habe – eine erwartungsvolle Spannung, was wohl geschehen würde.

Am Morgen des 15. Dezember begrüßte uns ein herrliches Wetter, ein Wetter wie geschaffen zur Ankunft am Pol. Ich bin nicht ganz sicher, aber ich glaube, wir nahmen unser Frühstück an dem Tag etwas hurtiger ein als an den vorhergehenden und kamen auch etwas hurtiger aus dem Zelt heraus, obgleich ich behaupten darf, daß dies alles auch sonst mit aller wünschenswerten Geschwindigkeit vor sich ging. Wir ordneten uns nun wie gewöhnlich: der Vorläufer, Hanssen, Wisting, Bjaaland und der andere Vorläufer. Um die Mittagszeit hatten wir nach dem Besteck 89° 53′ s. Br. erreicht und machten uns dann bereit, den Rest in ununterbrochener Fahrt vollends zurückzulegen.

Um 10 Uhr vormittags hatte sich eine leichte Brise aus Südosten erhoben, und der Himmel überzog sich mit Wolken, so daß wir die Mittagshöhe nicht nehmen konnten. Aber die Wolkendecke war nicht sehr dicht, dann und wann konnte man die Sonne doch dahinter hervorschimmern sehen. Die Bodenbeschaffenheit war an diesem Tag etwas verändert, ab und zu glitten die Schneeschuhe recht gut, aber zu anderen Zeiten war die Bahn auch sehr schlecht. Auch an diesem Tag ging es in derselben mechanischen Weise vorwärts wie am vorhergehenden. Es wurde nicht viel gesprochen, aber die Augen wurden um so eifriger benutzt. Hanssens Hals war doppelt so lang als an den andern Tagen, so sehr drehte und reckte er ihn, um womöglich einige Millimeter weiter voraus sehen zu können. Ich hatte ihn vor dem Abmarsch gebeten, sich ordentlich umzuschauen, und diesen Auftrag führte er nach Kräften aus. Aber wie sehr er auch guckte und guckte, er sah doch nichts als die unendliche, gleichmäßige Ebene ringsumher. Die Hunde hatten sich nach der Witterung zufrieden gegeben, und die Gegenden um die Erdachse schienen sie durchaus nicht mehr zu interessieren.

Um 3 Uhr nachmittags ertönte ein gleichzeitiges

»Halt«! von allen Schlittenlenkern. Sie hatten ihre Meßräder fleißig untersucht, und nun standen alle auf der ausgerechneten Entfernung – auf unserm Pol nach dem Besteck.

Das Ziel war erreicht und die Reise zu Ende!

Ich kann nicht sagen – obgleich ich weiß, daß es eine viel großartigere Wirkung hätte – daß ich da vor dem Ziel meines Lebens stand. Dies wäre doch etwas zu sehr übertrieben. Ich will lieber aufrichtig sein und geradeheraus erklären, daß wohl noch nie ein Mensch in so völligem Gegensatz zu dem Ziel seines Lebens stand wie ich bei dieser Gelegenheit. Die Gegend um den Nordpol – ach, ja zum Kuckuck –, der Nordpol selbst hatte es mir von Kindesbeinen an angetan, und nun befand ich mich am Südpol! Kann man sich etwas Entgegengesetzteres denken?

So waren wir also unserer Berechnung nach jetzt am Pol. Selbstverständlich wußte jeder von uns wohl, daß wir nicht gerade auf dem Polpunkt standen – das wäre bei der Zeit und den Instrumenten, die wir zur Verfügung hatten, unmöglich festzustellen gewesen. Aber wir waren ihm so nahe, daß die paar Kilometer, die uns möglicherweise noch davon trennten, keine Bedeutung haben konnten. Unsere Absicht war, diesen Lagerplatz mit einem Halbmesser von 18,5 km einzukreisen, und wenn dies geschehen wäre, von der vollendeten Arbeit höchst befriedigt zu sein.

Nachdem wir Halt gemacht hatten, traten wir zusammen und beglückwünschten uns gegenseitig. Wir hatten allen Grund, uns für das, was geleistet worden war, gegenseitig zu achten, und ich glaube, gerade dieses Gefühl drückte sich in den kräftigen und festen Händedrücken, die gewechselt wurden, aus.

Nach dieser ersten Handlung schritten wir zur zweiten, der größten und feierlichsten der ganzen Fahrt – dem Aufpflanzen unserer Flagge.

Liebe und Stolz leuchteten aus den fünf Augenpaaren, die die Flagge betrachteten, als sie sich bei der frischen Brise entfaltete und über dem Pol flatterte. Ich hatte bestimmt, daß das Aufpflanzen selbst – das historische Ereignis – gleichmäßig von uns allen vorgenommen werden

Am Südpol

sollte. Nicht einem allein, nein allen denen kam es zu, die ihr Leben in den Kampf mit eingesetzt und durch dick und dünn zusammengestanden hatten. Dies war die einzige Weise, auf die ich hier an dieser einsamen verlassenen Stelle meinen Kameraden meine Dankbarkeit beweisen konnte. Ich fühlte auch, sie faßten es in dem Geist auf, in dem es ihnen geboten wurde. Fünf rauhe, vom Frost mitgenommene Fäuste griffen nach der Stange, hoben die wehende Fahne auf und pflanzten sie auf – als die einzige und erste auf dem geographischen Südpol.

»So pflanzen wir dich, du liebe Flagge, am Südpol auf und geben der Ebene, auf der er liegt, den Namen ›König-Haakon VII.-Land!‹«

An diesen kurzen Augenblick werden wir uns sicherlich alle, die damals dort gestanden haben, unser Leben lang erinnern. Lange dauernde förmliche Zeremonien gewöhnt man sich in diesen Gegenden ab – je kürzer, desto besser!

Darauf trat das Werktägliche sofort wieder in sein Recht. Nachdem das Zelt aufgeschlagen war, machte sich Hanssen daran, Helge zu schlachten; die Trennung von diesem seinem besten Freund war ein schwerer Augenblick für ihn. Helge war ein außergewöhnlich fleißiger und guter Hund gewesen. Ohne sich je zu sträuben, hatte er von morgens bis abends gezogen und war stets ein leuchtendes Beispiel für seinen ganzen Zug gewesen. Aber in der letzten Woche war er ganz zusammengefallen, und bei der Ankunft am Pol war er kaum mehr der Schatten des alten Helge. Er hing nur noch in seinem Geschirr und konnte durchaus nichts mehr leisten. Ein Schlag auf den Schädel, und Helge hatte aufgehört zu leben. Das Sprichwort: »Des einen Tod, des andern Brot« kann selten richtiger angewendet werden als hier bei diesen Hundemahlzeiten. Helge wurde auf der Stelle zerlegt, und ein paar Stunden später waren nur noch die Zähne und die Schwanzspitze von ihm übrig.

Dies war der zweite von den 18 Hunden, den wir verloren. Major, einer von Wistings Hunden, verließ uns auf 88°25′ s. Br. und kehrte nie wieder. Er war sehr entkräftet und ging wohl fort, um zu sterben. Jetzt hatten wir noch

16 Hunde, die nun in zwei Züge verteilt werden sollten – in Hanssens und Wistings –, denn es war beschlossen worden, Bjaalands Schlitten hier zurückzulassen.

Selbstverständlich wurde am Abend im Zelt gefeiert – zwar nicht in der Weise, daß die Champagnerpfropfen knallten und der Wein in Strömen floß, nein, jeder von uns begnügte sich mit einem Stück Seehundsfleisch, das freilich sehr gut schmeckte und uns auch gut tat. Ein anderes Zeichen, daß hier ein Fest gefeiert wurde, gab es nicht. Aber draußen hörten wir die Flagge wehen und flattern, auch war die Unterhaltung an diesem Abend im Zelt recht lebhaft, sie drehte sich um gar vielerlei, und ohne Zweifel wurde den Lieben daheim in Gedanken alles mitgeteilt, was geschehen war.

Alles, was wir bei uns hatten, sollte zur Erinnerung mit »Südpol« sowie mit dem Datum und der Jahreszahl gezeichnet und graviert werden. Wisting entpuppte sich als ausgezeichneter Graveur. Der Sachen, die ihm zum Gravieren gebracht wurden, waren es gar viele. Tabak in Form von »Rauch« hatte sich bisher noch nie im Zelt bemerklich gemacht, nur ein kleines Priemchen hatte ich einzelne ab und zu einmal kauen sehen. Nun änderten sich hierin die Verhältnisse. Ich hatte nämlich eine alte kurze Pfeife mitgenommen, die von vielen Orten der arktischen Gegenden Inschriften trug, und diese wollte ich nun gern mit »Südpol« gezeichnet haben.

Als ich mit der Pfeife in der Hand zu Wisting trat, um sie zeichnen zu lassen, wurde mir ein ganz unerwartetes Anerbieten zuteil. Wisting bot mir nämlich für den übrigen Teil der Reise Rauchtabak an. Er sagte, er habe in seinem Sack ein paar Rollen Tabak, und es sei sein höchster Wunsch, mich diesen rauchen zu sehen. Kann wohl jemand verstehen, was ein solches Anerbieten an einem solchen Ort bedeutet, wenn es einem Manne gemacht wird, dem ein kleiner »Rauch« nach dem Essen ein wahrer Hochgenuß ist? Nein, das werden nicht viele vollständig verstehen können. Ich nahm das Anerbieten mit Freuden an und schmauchte nun auf dem ganzen Rückweg jeden Abend eine Pfeife reinen, frischen, feingeschnittenen Tabak. Ja, dieser Wisting verwöhnte mich geradezu! Er schenkte mir nicht allein den Tabak, sondern

Oskar Wisting

übernahm auch jeden Abend – ich erlag sogar der Versuchung und rauchte auch eine Morgenpfeife – die unangenehme Arbeit, meine Pfeife auszukratzen und zu stopfen, das Wetter mochte sein, wie es wollte.

Doch wir ließen die Unterhaltung nicht die Oberhand gewinnen. Da wir keine Mittagshöhe hatten nehmen können, mußten wir nun sehen, eine um Mitternacht zu erlangen. Das Wetter hatte sich wieder aufgeklärt, und es sah aus, als könnte Mitternacht günstig für die Beobachtungen sein. Wir krochen also in die Schlafsäcke, um in den zur Verfügung stehenden Stunden noch etwas zu schlafen.

Zu guter Zeit – kurz nach 11 Uhr – waren wir wieder auf den Beinen und ganz bereit, die Sonne zu erhaschen. Das Wetter war von der besten Art und die Gelegenheit äußerst günstig. Wir vier Seefahrer waren eifrig bei der Sache und bewachten die Sonne in ihren Bewegungen. Es war eine Geduldsprobe, da die Höhenbewegung der Sonne jetzt sehr gering war. Das Ergebnis, mit dem wir die Beobachtung abschlossen, war äußerst wichtig, indem daraus deutlich hervorgeht, wie unzuverlässig und wertlos eine solche einzelne Beobachtung in diesen Gegenden ist.

Um ½1 Uhr legten wir unsere Instrumente zusammen, befriedigt von unserer Arbeit und ganz überzeugt, daß wir die Mitternachtshöhe beobachtet hatten. Die Berechnungen, die wir unmittelbar danach vornahmen, ergaben

89° 56′ s. Br., ein Ergebnis, über das wir alle sehr vergnügt waren.

Unsere Absicht war, nun den Zeltplatz mit einem Halbmesser von ungefähr 20 km einzukreisen; unter Einkreisung verstehe ich natürlich nicht, daß wir diesen Umkreis mit einem Zirkel austreten sollten, denn diese Arbeit hätte uns ja Tage gekostet, und schon deshalb konnte keine Rede davon sein. Die Umkreisung wurde folgendermaßen vorgenommen: Drei Mann zogen in drei verschiedenen Richtungen aus, zwei quer über den Kurs, den wir eingehalten hatten, und einer in der Fortsetzung dieses Kurses. Zur Ausführung dieser Arbeit hatte ich Wisting, Hassel und Bjaaland ausersehen. Nachdem wir unsere Beobachtungen beendigt hatten, stellten wir den Kessel aufs Feuer, um einen Schluck Schokolade zu bekommen. Das Vergnügen da draußen in ganz leichter Kleidung hatte uns nicht gerade Wärme in den Leib verschafft. Während wir nun eben den brühheißen Trank schlürften, sagte Bjaaland plötzlich:

»Ich hätte gute Lust, hinauszugehen und mit dieser Einkreisung sofort zu beginnen. Wir können ja ausschlafen, wenn wir zurückkommen.«

Hassel und Wisting waren ganz derselben Ansicht, und sie beschlossen, die Arbeit sofort in Angriff zu nehmen. Hier haben wir wieder eines von den vielen Beispielen von dem guten Geist, der in unserer kleinen Gemeinschaft herrschte. Da waren wir eben erst von unserem großen Tagwerk hereingekommen – einem Marsch von ungefähr 30 km –, als sie auch schon baten, eine neue Aufgabe, einen Weg von ungefähr 40 km, anfangen zu dürfen. Man hatte tatsächlich den Eindruck, daß diese Leute nie müde werden könnten.

Wir machten also aus dieser Mahlzeit ein kleines Frühstück, das heißt, jeder aß von seiner Brotmenge, soviel er Lust hatte, und dann machte man sich zu der bevorstehenden Arbeit fertig. Zuerst wurden drei kleine Beutel aus dünner Schilfleinwand genäht, und in jedem von diesen wurde ein Bericht über die Lage dieses unseres Zeltplatzes niedergelegt. Außerdem hatte jeder von den dreien eine große viereckige Flagge aus dunkelbrauner imprägnierter Leinwand bei sich, die also schon aus der

Ferne gut wahrgenommen werden konnte. Als Flaggenstange benutzten wir die Schlittensohlen, die 3,60 m lang und sehr fest waren und die wir ja doch von den Schlitten abnehmen wollten, um diese für den Rückweg so leicht wie möglich zu machen. Mit diesen Sachen sowie mit einem eigens gewährten Mundvorrat von 30 Stück Zwieback machten sich die drei, jeder in der ihm bestimmten Richtung, auf den Weg. Dieser Marsch war nicht ganz ungefährlich und diente denen, die nicht allein ohne eine einzige Einwendung zu erheben, sondern sogar mit grimmem Behagen die Sache auf sich nahmen, zu großer Ehre.

Wir wollen das Wagnis dieses Wegs einen Augenblick in Erwägung ziehen. Unser Zelt, das da ohne ein Merkmal irgendwelcher Art auf der unendlichen Ebene stand, kann gar leicht mit »der Nadel in einem Haufen Heu« verglichen werden. Von diesem Punkt sollten sich also diese drei 20 km weit entfernen. Einen Kompaß bei sich zu haben wäre auf so einer Wanderung etwas recht Gutes gewesen, aber unsere Schlittenkompasse waren zu groß und umständlich zum Tragen, und so mußten sie ohne solche ausziehen. Sie konnten sich allerdings, als sie ihre Wanderung begannen, nach der Sonne richten, aber wer konnte wissen, wie lange diese scheinen würde? Das Wetter war jetzt freilich schön, aber niemand konnte dafür einstehen, daß nicht eine plötzliche Veränderung eintreten würde. Wenn sich die Sonne verbarg, dann konnten ihnen freilich ihre eigenen Fußstapfen immerhin noch eine gute Hilfe sein. Aber sich in dieser Gegend auf Fußstapfen zu verlassen ist gefährlich. Eins, zwei, drei, und die ganze Ebene ist von wirbelndem Schnee erfüllt, und alles, was Spur heißt, ist ebenso schnell ausgewischt, als es eingedrückt worden ist. Bei den raschen Wechseln, die wir nun so oft erlebt hatten, war so etwas leicht möglich.

Daß die drei an jenem Morgen, als sie um ½3 Uhr das Zelt verließen, ihr Leben einsetzten, darüber kann kein Zweifel herrschen. Und alle drei wußten das auch sehr genau. Wenn aber jemand dächte, der Abschied von uns zwei Zurückbleibenden sei deshalb feierlich gewesen, so täuscht er sich vollständig. O nein, unter Lachen und Scherzen verschwanden sie.

Nachdem sie gegangen waren, brachten wir beide – Hanssen und ich – zuerst eine Menge Kleinigkeiten in Ordnung, die noch geschehen mußten; hier war etwas und dort war etwas, was der ordnenden Hand bedurfte, und schließlich mußten wir noch alles für die Reihe von Beobachtungen herrichten, die wir miteinander vornehmen wollten, um eine so gute und sorgfältige Ortsbestimmung wie nur möglich zu bekommen.

Die erste Beobachtung bewies gleich, wie notwendig das war. Es zeigte sich nämlich, daß wir – anstatt eine größere Höhe als die Mitternachtsbeobachtung zu erhalten – eine kleinere verzeichneten, und damit wurde uns vollkommen klar, daß wir von dem Meridian abgekommen waren, dem wir zu folgen geglaubt hatten. Jetzt handelte es sich in allererster Linie darum, unsere nordsüdliche Linie und die Breite zu bestimmen, damit wir uns wieder zurechtfinden könnten. Zum Glück für uns hatte es den Anschein, als wollte das Wetter sich halten. In jeder Stunde maßen wir die Höhe der Sonne, und durch diese Beobachtungen stellten wir mit annähernder Sicherheit unsere Breite und die Richtung des Meridians fest.

Gegen 9 Uhr vormittags fingen wir an, nach unseren Kameraden auszuschauen. Unserer Berechnung nach mußten sie jetzt die 40 km Entfernung zurückgelegt haben. Aber erst um 10 Uhr entdeckte Hanssen den ersten schwarzen Punkt draußen am Horizont, und nicht lange danach erschien ein zweiter und auch ein dritter, und so oft einer auftauchte, atmeten wir beide erleichtert auf.

Beinahe gleichzeitig trafen alle drei am Zelt ein. Wir teilten ihnen nun das vorläufige Ergebnis unserer Beobachtungen mit; es sah so aus, als sei unser Lager ungefähr auf 89°54′30″ s. Br., so daß wir also mit unserer Einkreisung den Polpunkt jedenfalls in unserem Kreis hatten. Mit diesem Ergebnis hätten wir uns nun wohl zufrieden geben können; da aber das Wetter so gut war und den Eindruck von Beständigkeit machte, sich auch unser Lebensmittelvorrat nach einer genauen Durchsicht als reichhaltig erwies, beschlossen wir, die übrigen 10 km auch noch zurückzulegen und dem Pol so nahe wie nur immer möglich eine Ortsbestimmung zu machen.

Vorläufig kehrten indes unsere drei Wanderer zurück – zwar nicht in erster Linie, weil sie erschöpft gewesen wären, sondern weil es so bestimmt worden war –, während Hanssen und ich noch bei unseren Beobachtungen waren. Am Nachmittag prüften wir unseren Lebensmittelvorrat noch einmal aufs sorgfältigste und hielten dann Rat über die nächste Zukunft. Das Ergebnis war, daß wir für uns selbst und für unsere Hunde Unterhalt auf 18 Tage hatten. Unsere jetzigen 16 Hunde wurden in zwei Züge von je acht Stück verteilt und der Inhalt von Bjaalands Schlitten auf die von Hanssen und Wisting verteilt. Der dritte Schlitten, den wir hier zurücklassen wollten, wurde aufrecht in den Schnee gesteckt und bildete so ein ausgezeichnetes Merkzeichen. Das auf dem Schlitten festgeschraubte Meßrad ließen wir daran, unsere beiden anderen genügten vollständig für den Rückweg, alle hatten bis jetzt immer aufs genaueste gestimmt. Ein paar leere Vorratskisten wurden auch zurückgelassen, auf ein Kistenbrett schrieb ich mit Bleistift die Erklärung, daß unser Zelt – »Polheim« – im Nordwesten ¼ West nach dem Kompaß 10 km von dem Schlitten zu finden sei, und nachdem wir an diesem Tag alle diese Sachen in Ordnung gebracht hatten, legten wir uns wohlbefriedigt schlafen.

Am nächsten Morgen, dem 17. Dezember, waren wir schon in aller Frühe wieder auf. Bjaaland, der jetzt aus der Abteilung der Schlittenlenker ausgetreten und mit Freude und Jubel in die der Vorläufer aufgenommen war, wurde sofort eine erste ehrenvolle Aufgabe gestellt: die Forschungsreise auf den Polpunkt selbst zu leiten. Diesen Auftrag, der von uns allen als ein Ehrenamt betrachtet wurde, überließ ich ihm als Zeichen meiner Dankbarkeit gegen die mutigen Leute daheim in Telemarken, die auf dem Gebiet des Schneeschuhlaufs so viel leisten.

An diesem Tag handelte es sich für uns in erster Linie darum, in einer schnurgeraden Linie zu marschieren und uns – womöglich – in der Richtung des berechneten Meridians zu halten. Ein Stück hinter Bjaaland kam Hassel, dann Hanssen, hierauf Wisting, und ein gutes Stück weiter zurück machte ich den Schluß. Auf diese Weise

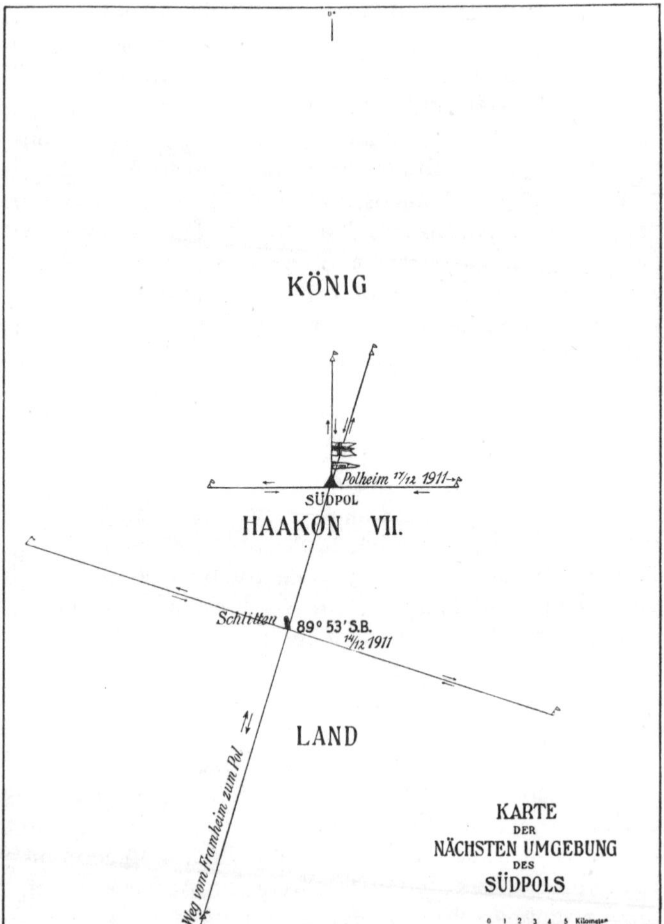

konnte ich die Marschrichtung genau beaufsichtigen und achtgeben, daß keine größere Abweichung vorkam.

Bjaaland erwies sich bei dieser Gelegenheit als ein ausgezeichneter Vorläufer. Er marschierte die ganze Zeit schnurgerade vorwärts, nicht ein einziges Mal wich er nach irgendeiner Seite hin aus, so daß wir nach Zurücklegung der 10 km den zurückgelassenen Schlitten noch deutlich sehen und peilen konnten. Er stand, nach unserer Peilung zu urteilen, genau in der rechten Richtung.

Als wir ankamen, war es vormittags 11 Uhr. Während nun einige mit dem Aufschlagen des Zeltes beschäftigt waren, machten die anderen alles für die nun vorzunehmenden Beobachtungen bereit. Zuerst wurde ein haltbarer Schneesockel errichtet, auf dem der künstliche Horizont stehen sollte, und sodann ein zweiter kleinerer für den Sextanten, solange er nicht benutzt würde.

Vormittags ½12 Uhr wurde die erste Beobachtung vorgenommen. Wir hatten uns in zwei Abteilungen geteilt – Hanssen und ich, Hassel und Wisting –, und während die eine Abteilung schlief, beobachtete die andere. Jede Wache dauerte sechs Stunden. Das Wetter war großartig, obgleich der Himmel nicht die ganze Zeit über vollständig klar war. Von Zeit zu Zeit zog plötzlich eine ganz leichte feine, dampfähnliche Decke über das Firmament hin, aber nur um ebenso rasch wieder zu verschwinden. Die Wolkendecke war auch nicht so dicht, daß sie die Sonne ganz verhüllt hätte. Diese schien die ganze Zeit, aber in der Atmosphäre herrschten offenbar Störungen. So geschah es, daß die Sonne mehrere Stunden lang ihre Höhe nicht veränderte und dann plötzlich gleichsam einen Satz machte. Den ganzen Tag hindurch wurden nun zu jeder Stunde Beobachtungen gemacht. Es war eine ganz eigentümliche Empfindung, wenn man, nachdem man sich abends 6 Uhr zu Bett gelegt hatte, nachts um 12 Uhr beim Aufstehen die Sonne anscheinend noch ganz auf derselben Höhe fand und man sich dann morgens um 6 Uhr abermals mit der Sonne auf derselben Höhe schlafen legte. Selbstverständlich war die Höhe verändert, aber eben so unbedeutend, daß man es mit dem bloßen Auge nicht wahrnehmen konnte. Für uns sah es aus, als liefe die Sonne genau auf derselben Höhe rings am Himmel hin. Die Stunden, die ich ab und zu erwähnt habe, sind nach dem Meridian von Framheim gezählt; wir berechneten unsere Zeit fortgesetzt nach diesem.

Die Beobachtungen* zeigten uns bald, daß wir uns hier nicht auf dem Polpunkt selbst befanden, aber so dicht da-

* Diese Aufzeichnungen wurden Herrn Oberlehrer Alexander zur Nachprüfung übergeben. Die Ergebnisse seiner Berechnung sind am Schluß dieses Buches veröffentlicht.

bei, als wir mit unseren Instrumenten festzustellen vermochten.

Am 18. Dezember, mittags 12 Uhr, waren wir mit unseren Beobachtungen fertig, und damit war sicherlich alles, was man billigerweise verlangen kann, geschehen, und wir hatten getan, was überhaupt getan werden konnte.

Um dem Polpunkt noch einige Kilometer näher zu kommen, schritten Hanssen und Bjaaland weitere 7 km in der Richtung des neuerdings gefundenen Meridians ab.

Während des Mittagessens an diesem Tag bereitete uns Bjaaland eine Überraschung. Bis jetzt waren auf der ganzen Reise noch keine Tischreden gehalten worden, aber nun schien Bjaaland die Zeit dafür gekommen zu erachten, und so überraschte er uns alle mit einer schönen, wohlgesetzten Rede. Meine Überraschung erreichte den Höhepunkt, als er nach vollendeter Rede eine gefüllte Zigarrentasche herauszog und herumbot. Eine Zigarre am Pol! Ja, das war großartig! Aber damit war er noch nicht zu Ende. Als die Zigarren die Runde gemacht hatten, waren noch vier übrig. Wie gerührt war ich, als er mir dann die Tasche mit den Worten übergab: »Und diese übergebe ich dir zur Erinnerung an den Pol.«

Die Tasche habe ich wohl verwahrt und werde sie als einen der vielen Beweise der Zuneigung meiner Gefährten auf dieser Reise auch ferner aufbewahren. Die Zigarren teilte ich später am heiligen Abend aus, und sie waren dann auch eine willkommene sichtbare Erinnerung an das Weihnachtsfest in der Heimat.

Nachdem die Festmahlzeit am Pol beendigt war, trafen wir die Vorbereitungen zum Rückweg. Zuerst wurde das kleinste Zelt aufgeschlagen, das wir für den Fall, daß wir uns hätten in zwei Abteilungen trennen müssen, mitgenommen hatten. Es war von unserem fleißigen Segelmacher Rönne aus ganz dünner Schiffsleinwand angefertigt worden, und da diese Leinwand eine graubraune Farbe hat, konnte man es auf der weißen Schneefläche schon von weitem sehen. An die Zeltstange wurde eine zweite Stange gebunden, so daß deren ganze Höhe nun ungefähr 4 m betrug. Oben auf die Spitze wurde eine kleine norwegische Flagge gebunden und darunter ein Wimpel, auf den mit großen Buchstaben »Fram« gemalt war. Das Zelt wurde mit Stricken nach allen Richtungen wohl versteift, und drinnen ließ ich in einem kleinen Beutel einen Brief zurück, der an den König gerichtet ist und über das Erreichte volle Aufklärung enthält. Der Weg nach Hause war weit, und vieles konnte uns zustoßen, was uns möglicherweise verhindern könnte, selbst von unserer Fahrt zu berichten.

Außer diesem Brief an den König legte ich noch einen kurzen Brief an Scott bei, der, wie ich annahm, der erste sein würde, der das Zelt fände. An Gegenständen hinterließen wir dort einen Sextanten mit Glashorizont, ein Hypsometerfutteral, drei Fußsäcke aus Rentierfell und Fausthandschuhe. Als dies alles ins Zelt hineingelegt war, ging einer nach dem andern noch einmal hinein, um seinen Namen auf ein Schild zu schreiben, das an der Zeltstange befestigt war. Bei dieser Gelegenheit empfingen wir auch schon die Glückwünsche unserer zurückgebliebenen Gefährten zur wohlvollendeten Fahrt, denn auf ein paar gelben Leinwandlappen, die ans Zelt genäht waren, stand: »Viel Glück auf die Reise und willkommen auf 90°!«

Diese guten Wünsche, die uns hier plötzlich zuteil wurden, taten uns außerordentlich wohl. Sie waren von Beck und Rönne unterzeichnet. Ja, diese beiden glaubten an uns!

Nachdem wir mit all dem fertig waren, verließen wir das Zelt, schnürten die Tür fest zu, damit der Wind nicht hineinfahren könnte, und dann: Leb wohl, Polheim! Das war ein feierlicher Augenblick, als wir unsere Häupter entblößten und von unserem Heim und unserer Flagge Abschied nahmen. Alsdann wurde unser Reisezelt abgeschlagen und die Schlitten gepackt. Jetzt sollte die Heimreise ihren Anfang nehmen – heim, heim, Schritt für Schritt, Meile um Meile, bis die lange Entfernung zurückgelegt war!

Wir fuhren gleich in unseren alten Spuren und folgten diesen unentwegt. Oft, oft wendeten wir den Blick zurück, um Polheim noch einen letzten Gruß zu senden. Dann kam die dampfartige weiße Luft wieder dahergezogen, und es dauerte nicht lange, bis das letzte Zeichen von

Polheim – die kleine Flagge – aus unserem Gesichtskreis verschwunden war.

Die Bahn war ausgezeichnet, und alle waren in froher Laune, so daß es hurtig vorwärts ging. Man hätte fast glauben können, auch die Hunde verstünden, daß wir nun auf dem Heimweg waren. Ein milder, sommerlicher Wind bei −19 °C war der letzte Gruß vom Pol.

Als wir den Zeltplatz erreichten, wo der Schlitten zurückgelassen worden war, machten wir Halt, um noch allerlei von da mitzunehmen. Dann ging's der Wartenreihe entlang weiter. Unsere Spuren waren da schon ziemlich verweht, aber dank Bjaalands außerordentlich guter Sehkraft hielt er sich doch ganz erfolgreich an sie, und die Warten boten eine so ausgezeichnete Hilfe, daß die Spuren fast überflüssig wurden. Obgleich die Warten nur 1 m hoch waren, konnte man sie auf der flachen Ebene doch außerordentlich weit sehen. Wenn die Sonne darauf schien, glänzten sie wie elektrische Feuer. Ihre Schattenseite war dagegen so schwarz, daß man sie eher für schwarze Steinflächen gehalten hätte. Wir beschlossen, von nun an bei Nacht zu reisen. Erstens hatten wir da die Sonne im Rücken, was von großer Wichtigkeit für die Augen war; denn wenn man auf dieser Schneefläche die Sonne im Gesicht hat, greift die Helle, auch wenn man gute Schneebrillen hat, die Augen außerordentlich an. Aber mit der Sonne im Rücken ist die Fahrt das reine Vergnügen. Ein zweiter großer Vorteil – den wir allerdings erst später genießen konnten – war, daß wir den wärmsten Teil des Tages im Zelt verbrachten und da gute Gelegenheit hatten, die nassen Kleider usw. zu trocknen. Dieser zweite Vorteil erwies sich indes, wie wir später hören werden, als von zweifelhaftem Wert.

Es war eine große Wohltat, als wir den Südwind endlich im Rücken hatten. Der Wind, der seither fast immer aus dieser Richtung geblasen hatte, war für unsere aufgesprungenen Gesichter eine rechte Plage geworden. Jetzt sollten wir ihn also im Rücken haben, und er sollte uns auf dem Wege weiterhelfen, während er gleichzeitig unseren Gesichtern zum Ausheilen Zeit ließ.

Etwas anderes, nach dem wir uns auch sehnten, war, auf die Eisplatte hinunter zu gelangen, damit wir wieder ordentlich atmen könnten. Hier oben konnten wir ja nur selten einen tiefen guten Atemzug tun. Wenn wir nur »ja« sagen wollten, mußten wir zweimal Atem holen.

Der asthmatische Zustand, in dem wir uns während unseres sechswöchigen Aufenthaltes da droben auf der Hochebene befanden, war durchaus nicht behaglich.

Wir hatten 28 km als passenden Tagesmarsch für den Rückweg angesetzt. Allerdings hatten wir jetzt auf dem Rückweg so viele Vorteile auf unserer Seite, daß wir auch größere Tagesmärsche hätten machen können, aber wir fürchteten, bei zu großen Märschen den Hunden zu viel zuzumuten, was für uns selbst dann schlimme Folgen hätte haben können. Es zeigte sich indes bald, daß wir unsere Hunde unterschätzt hatten; sie brauchten nur fünf Stunden zu den bestimmten 28 km, so daß die Ruhepausen dadurch sehr lang waren.

Am 20. Dezember mußte der erste Hund auf dem Heimweg getötet werden. Diesmal mußte Lasse, mein eigener lieber Kerl, daran glauben. Er wurde in 15 möglichst gleich große Stücke zerlegt und unter seine Kameraden verteilt. Diese hatten nun frisches Fleisch außerordentlich schätzen gelernt, und diese besonderen Fütterungen mit frischem Fleisch, die wir auf dem Rückweg ab und zu vornahmen, haben sicherlich zu ihrer Leistungsfähigkeit beigetragen. Eine solche Mahlzeit schien ihnen für mehrere Tage neue Kräfte zu verleihen, so daß sie dann wieder viel leichter vorwärtskamen.

Der 21. Dezember brachte gleich am Morgen schlechtes Wetter, eine Brise aus Südosten mit grauer dunstiger Luft. Wir verloren unsere Spur und mußten eine Zeitlang nach dem Kompaß marschieren. Aber wie gewöhnlich hellte es sich plötzlich wieder auf, und das weite Gelände dehnte sich hell und warm vor uns aus. Ja, es wurde uns sogar zu warm. Wir mußten alles ausziehen – oder wenigstens fast alles –, und doch lief der Schweiß an uns herunter. Lange brauchten wir auch nicht in Ungewißheit wegen des Wegs zu schweben. Unsere prächtigen Warten leisteten uns ausnehmend gute Dienste, als sie so eine nach der andern hellschimmernd und glänzend am Horizont auftauchten und uns zu dem für uns so wichtigen Vorratslager auf 88°25′ s. Br. leiteten.

Es ging nun sachte bergan, so sachte, daß man es kaum merkte. Hypsometer und Barometer ließen sich indessen nicht täuschen, beide fielen genau in derselben Weise, wie sie vorher gestiegen waren. Aber wenn wir auch die Steigung eigentlich nicht merkten, so glaubten wir sie doch zu fühlen. Man könnte es Einbildung nennen, aber so viel ist sicher, daß ich die schwache Steigung beim Atmen zu spüren meinte.

Unsere Eßlust hatte während der letzten Tage in beunruhigender Weise zugenommen, und es zeigte sich, daß wir Schneeschuhläufer viel heißhungriger waren als die Schlittenlenker. Ich glaube, ein paar Tage lang – allerdings nur ein paar Tage – hätten wir drei, Bjaaland, Hassel und ich selbst auch, ohne mit der Wimper zu zucken, Kieselsteine verschlucken können. Bei den Lenkern dagegen stellte sich dieser Heißhunger gar nicht ein. Ich habe mir sehr den Kopf darüber zerbrochen, wie sich das erklären ließe; vielleicht kam es daher, daß die Lenker sich beim Marschieren an den Schlitten halten konnten und so einen Ruhe- und Stützpunkt hatten, während wir auf unseren Schneeschuhen einen solchen ganz entbehren mußten. Man sollte freilich nicht glauben, daß es so viel ausmachen würde, wenn man während des Marsches nur die Hand auf den Schlitten legt, aber auf die Dauer, Tag um Tag, kann es möglicherweise doch von Bedeutung sein.

Glücklicherweise waren wir nun so reichlich mit Lebensmitteln versehen, daß wir unsere Tagesmengen vergrößern konnten, sobald uns dieses Hungergefühl übermannte. So wurde gleich beim Aufbruch vom Pol die tägliche Menge Pemmikan vergrößert, und dadurch schrumpfte dann auch die wahrhaft heißhungrige Eßlust allmählich zu einer ganz gewöhnlichen, gut alltäglichen zusammen. Die Tageseinteilung war beim Beginn der Rückreise folgendermaßen geordnet worden: Abends um 6 Uhr wurde aufgestanden. Um 8 Uhr waren wir mit allem fertig und marschbereit. Eine Stunde nach Mitternacht waren die 28 km zurückgelegt, und wir konnten unser Haus wieder aufrichten, unser Essen kochen und der Ruhe pflegen. Aber diese Ruhe wurde uns bald unerträglich lang. Dazu kam die schreckliche Hitze, die uns – je nach den Umständen – aus den Schlafsäcken heraustrieb, so daß wir dann ohne eine Decke im Zelt lagen. Diese zwölf- bis vierzehnstündigen, ja manchmal sogar sechzehnstündigen Ruhepausen waren auf diesem ersten Teil unserer Rückreise unsere größten Geduldsproben. Wir waren vollkommen überzeugt, daß sie überflüssig waren, behielten sie aber doch bei, solange wir uns noch in den so hoch gelegenen Gegenden befanden. In dieser Zeit drehte sich unsere Unterhaltung sehr oft darum, wie wir diese so unnötig lange Ruhezeit nützlich anwenden könnten.

Am 21. Dezember fiel Per, der gute, treue, zuverlässige Per ganz zusammen und mußte den letzten Teil des Wegs gefahren werden. Bei der Ankunft am Zeltplatz erhielt er seinen Lohn. Ein leichter Schlag mit dem Rücken der Axt genügte für ihn. Ohne einen Ton von sich zu geben, sank das abgezehrte Tier zu Boden. Mit ihm verlor Wisting einen seiner besten Hunde. Per war ein merkwürdiges Tier gewesen. Ruhig und friedlich war er immer umhergegangen und hatte sich nie an den Raufereien der andern beteiligt. Seinem Aussehen und seiner Aufführung nach hätte man ihn sicherlich ganz falsch beurteilt, denn da machte er den Eindruck, als sei er nicht viel nütze. Aber damit hätte man ihm sehr unrecht getan; erst wenn er eingeschirrt war, zeigte sich, was er wert war. Ohne Zurufe oder Peitschenschläge zog er vom Morgen bis zum Abend und war so als Zugtier unbezahlbar. Aber wie die meisten andern seiner Art konnte er es nicht allzu lange aushalten, eines Tages fiel er zusammen, wurde totgeschlagen und verzehrt.

Der Weihnachtsabend näherte sich nun mit raschen Schritten. Für uns konnte er sich nicht besonders festlich gestalten; aber so festlich, als es die Verhältnisse erlaubten, sollte er trotzdem gefeiert werden. Es galt also, an dem Abend das Vorratslager zu erreichen, um Weihnachten mit einem kleinen Festmahl auszeichnen zu können.

Am Abend vor Weihnachten wurde Schwarzfleck geschlachtet, ohne daß ihm eine Träne nachgeweint wurde. Schwarzfleck war einer von Hanssens Hunden und von jeher ein ungeratenes Kind gewesen. Ich sehe in meinem Tagebuch die folgende Bemerkung: »Heute abend

Schwarzfleck geschlachtet. Er wollte eben nicht mehr, obgleich er gar nicht so erschöpft aussah. Ein schlechter Charakter. Würde als Mensch in der Besserungsanstalt begonnen und im Zuchthaus geendigt haben.« Dieser Hund war verhältnismäßig fett gewesen und wurde von den andern mit sichtlichem Wohlbehagen verzehrt.

Der Heilige Abend kam. Das Wetter war veränderlich, bald umwölkt, bald hell und klar. Wir hatten keine große Strecke zurückzulegen, bis wir das Vorratslager erreichten. Es war eben erst Mitternacht, eine herrliche, ruhige, warme Nacht. Nun hatten wir also den ganzen Heiligen Abend vor uns und konnten ihn in aller Ruhe genießen. Unser Vorratslager wurde sofort geöffnet und der Inhalt auf die zwei Schlitten verteilt. Alle Zwiebackbrosamen wurden von Wisting, der an dem Tag Koch war, sorgfältig in einen Beutel gesammelt. Im Zelt drinnen wurde dieser dann tüchtig geklopft und geknetet. Das Erzeugnis war pulverisierter Zwieback. Aus diesem Stoff und einer Wurst Milchpulver gelang es Wisting, die leckerste »Weihnachtsgrütze« herzustellen. Ich bezweifle sehr, daß irgend jemandem daheim in Norwegen seine Weihnachtsgrütze besser geschmeckt hat als uns die unsere da drunten in dem Zelt auf der antarktischen Hochebene.

Dann wurden Bjaalands Zigarren verteilt, und sie brachten vollends die richtige Feststimmung ins Lager. Noch eine andere große festliche Freude ward uns an diesem Tage zuteil, nämlich die, den Scheitel der Hochebene erreicht zu haben. Nun sollte es nach zwei- bis dreitägigem Weitermarschieren wieder abwärts gehen, abwärts nach der Eisplatte und zurück zu unserem früheren Dasein. Unsere Tagesmärsche waren bisher von einer oder zwei Ruhepausen unterbrochen worden, die wir für uns und für die Hunde für nötig gehalten hatten. Von Weihnachten an wurde indes eine neue Ordnung eingeführt und nun der ganze Tagesmarsch von 28 km, ohne anzuhalten, zurückgelegt. Im Grunde zogen alle diese Einrichtung vor, und es sah aus, als seien die Hunde derselben Ansicht. In der Regel hatte es eine Weile gedauert, bis man wieder ordentlich in Gang gekommen war; man war zuerst etwas steif, vielleicht auch ein bißchen faul gewesen und hatte erst wieder geschmeidig werden müssen.

Ein Vorratslager

Am 29. Dezember überschritten wir 88° s. Br. bei einer sehr flotten Fahrt in nördlicher Richtung. Der Boden sah aus, als sei er, seit wir hier gewesen waren, tüchtig von der Sonne beschienen worden, denn er war jetzt tatsächlich spiegelglatt. Über diese blanken Flächen ging es wie über glattes Eis, doch mit dem großen Unterschied, daß die Hunde leichter festen Fuß fassen konnten.

Diesmal bekamen wir schon auf 88° s. Br. Land in Sicht, und da erwarteten uns große Überraschungen! Ganz deutlich hatten wir dieselbe südöstlich laufende Bergkette vor uns, die sich aber diesmal bedeutend weiter nach Süden erstreckte. Das Wetter war strahlend hell, und an dem Gebirge konnten wir sehen, daß es überdies auch sehr klar war. Gipfel an Gipfel erstreckte sich die ganze Gebirgskette nach Südosten, bis sie allmählich in weiter Ferne verschwand. Aber nach der Luft zu urteilen, setzte sie sich außerhalb des Gesichtskreises in derselben Richtung noch fort. Daß diese Gebirgskette demnach das antarktische Festland durchschneidet, betrachte ich als zweifellos. Hier hatten wir nun einen ausgezeichneten Beweis, wie sehr die Luft in diesen Gegenden täuscht. In einem anscheinend ganz klaren Augenblick hatten wir damals die Strecke Land vor uns auf 87° s. Br. gepeilt, und jetzt sahen wir Land, soweit das Auge reichte, auf 88°

s. Br. Daß wir sehr erstaunt waren, ist ein sehr milder Ausdruck für unsere Gefühle. Wir schauten und schauten und kannten uns absolut nicht mehr aus. Wir ahnten nur ein wenig, daß der große Gebirgsstock, der so hell und klar am Horizont aufragte, der Nilsen-Berg war. Wie ganz anders nahm er sich jetzt in der nebeligen Luft aus, als da wir uns vor kurzem von ihm getrennt hatten!

Es ist mir ein wahres Vergnügen, in den Aufzeichnungen jener Tage zu lesen, wie hartnäckig wir täglich das Land peilten und glaubten, es sei ein ganz neues. Nein, wir erkannten diesen ungeheuren Berg wirklich erst, als Helmer Hanssen seinen Gipfel über die Ebene herausstreckte. Am 29. Dezember verließen wir den Scheitel der Hochebene, und der Abstieg begann. Obgleich die Senkung dem bloßen Auge nicht sichtbar war, merkte man sie doch gut an den Hunden. Wisting band nun seinen Schlitten an ein Seil und konnte so Hanssen gut folgen. Wenn in diesen Tagen jemand über die Hochebene dahergekommen wäre und unsern Zug gesehen hätte, würde er wohl kaum geglaubt haben, daß wir seit 70 Tagen mit regelmäßigen Tagesmärschen unterwegs gewesen waren. Es ging nämlich im Galopp. Wir hatten den Wind wie immer im Rücken und den ganzen Tag hellen, warmen Sonnenschein. Die Peitsche brauchte man gar nicht mehr anzuwenden. Die Hunde strotzten vor Gesundheit, sie liefen und sprangen in ihren Geschirren, um möglichst rasch fortzukommen. Das waren harte Zeiten für den Vorläufer; er mußte oft aus Leibeskräften vorauseilen, nur um nicht von Hanssens Hunden über den Haufen gerannt zu werden. Gleich hinter Hanssen kam Wisting mit straff gespanntem Seil, alle seine Hunde, vor Freude kläffend und heulend, in vollem Galopp davonjagend. Hassel konnte kaum nachkommen. Wenn ich an seiner Stelle war, ging es mir um kein Haar besser. Die Oberfläche war spiegelglatt, und wir konnten uns leicht weite Strecken mit den Stöcken vorwärts stoßen. Die Hunde waren seit der Abreise vom Pol wie verwandelt. Wie sonderbar es auch lauten mag, so ist es doch wahr, daß sie mit jedem Tag zulegten und ganz fett wurden. Ich glaube, es rührte daher, daß sie jetzt mit frischem Fleisch und Pemmikan zusammen gefüttert wurden.

Vom 29. Dezember an konnten wir die Pemmikanmengen noch einmal vergrößern; der tägliche Anteil betrug nun für den Mann 450 g Pemmikan, und ich glaube, mehr hätten wir gar nicht vertragen können.

Am 30. Dezember ging es weiter und weiter, und da war es bei Gott keine leichte Aufgabe, Schneeschuhläufer zu sein! Die Lenker standen gar flott neben ihren Schlitten und fuhren mit unglaublicher Geschwindigkeit über das Gelände hin, das jetzt aus Schneewehen mit eisartigen Flächen dazwischen bestand. Lieber Gott, welche Mühe mußten wir Vorläufer uns geben, um mitzukommen! Für Bjaaland war es nicht einmal so schwer, er war schon auf schlimmerem Gelände rascher dahingesaust, aber für Hassel und mich lag die Sache anders. Ich sah Hassel bald einen Arm, bald ein Bein ausstrecken und bald die verzweifeltsten Anstrengungen machen, um sich auf den Beinen zu erhalten. Zum Glück habe ich mich selbst nicht sehen können. Wenn ich das gekonnt hätte, würde ich sicherlich mehr als einmal über mich selbst in herzliches Lachen ausgebrochen sein.

Schon früh am Tage tauchte der Helmer-Hanssen-Berg auf; das Gelände erstreckte sich nun in großen wellenförmigen Linien, was wir auf dem Hinweg zum Pol bei dem dichten Nebel nicht bemerkt hatten. Und so hoch waren diese wellenförmigen Bildungen, daß das Land oft vor unseren Augen plötzlich verschwand. So entdeckten wir den Helmer-Hanssen-Berg zuerst auf der Höhe einer solchen Welle, so daß er wie der Gipfel einer Eispressung aussah, die gerade aus der Oberfläche herausragt. Zuerst erkannten wir durchaus nicht, was wir vor uns hatten, bis wir merkten, daß es die den Gipfel des Berges bedeckenden nadelscharfen Eisblöcke waren, die da auftauchten. Wie eben gesagt, bekamen wir erst da volle Gewißheit, daß wir uns wirklich auf dem richtigen Wege befanden. Übrigens war uns alles, was wir von Land sahen, vollkommen fremd, nichts, nichts erkannten wir wieder.

Am 31. Dezember überschritten wir 87° s. Br., und es ging nun mit raschen Schritten abwärts, dem »Teufelstanzplatz« und dem Gletscher zu. Am nächsten Tag, am Neujahrsfest, hatten wir strahlend schönes Wetter, –19 °C und eine feine gute Brise gerade im Rücken. Zu unserer großen Freude bekamen wir nun das Land um die »Metzgerei« in Sicht. Es lag allerdings noch weit entfernt, tauchte aber in der warmen sonnigen Luft deutlich auf. Ja, wir hatten außerordentliches Glück auf unserem Rückweg! Und über des Teufels Tanzplatz mußten wir überhaupt nicht mehr hinüber.

Am 2. Januar sollten wir nach unserer Berechnung den Teufelsgletscher erreichen, und es traf auch zu, wir konnten ihn schon aus weiter Ferne erkennen. Große Eispressungen und wellenförmiges Gelände türmten sich hoch am Horizont auf. Aber was uns überraschte, war, daß wir zwischen diesen Zerklüftungen und jenseits eine ebene, gleichmäßige von dem zerklüfteten Gelände ganz unabhängige Fläche wahrzunehmen meinten. Die Hassel-, Wisting- und Bjaaland-Berge lagen noch ebenso da, wie wir sie verlassen hatten, sie waren leicht wieder zu erkennen, sobald wir ihnen nur einigermaßen näher rückten. Jetzt ragte auch der Helmer-Hanssen-Berg wieder hoch in die Luft empor. Wie er so vom Glanz der Morgensonne umflossen dalag, strahlte und funkelte sein Gipfel wie herrlicher Diamant. Wir glaubten, wir seien den Bergen jetzt etwas näher gerückt als auf dem Hinweg, und dies sei wohl auch der Grund, warum wir dieses Gelände so verändert fänden. Als wir südwärts zogen, hatte es ja nach dem Land zu vollständig unzugänglich und unwegsam ausgesehen. Aber wer konnte es wissen, vielleicht gab es zwischen dem zerklüfteten Gelände, das wir damals sahen, eine Strecke gleichmäßig guten Bodens, die wir zufälligerweise jetzt gerade erreicht hatten. Aber wieder täuschte uns hier die Luft; das wurde uns am nächsten Tag klar, denn anstatt dem Land näher zu sein, waren wir noch weiter davon weggekommen, und das war der Grund, warum wir nur einen Zipfel von dem unwirtlichen Gletscher mitnehmen mußten.

An diesem Abend stand unser Zelt auf einer großen aufgefüllten Spalte. Wir waren etwas gespannt, was dieses Gelände uns noch weiter bringen würde. Daß diese wenigen Kuppen und alten Spalten alles sein sollte, was dieser Gletscher diesmal für uns in Bereitschaft hätte, wagten wir kaum zu hoffen. Aber der dritte Tag brach an und brachte uns – Gott Lob und Dank! – keine Enttäuschung. Durch ein unbegreifliches Glück waren wir allen den unheimlichen, gefährlichen Übergängen entgangen und standen, ehe wir's uns versahen, in guter Verfassung auf der Ebene unter dem Gletscher.

Das Wetter war nicht erstklassig, als wir abends um 7 Uhr weiterzogen, die Luft war ziemlich dick, und wir konnten nur gerade den Gipfel des Bjaaland-Berges sehen.

Dies machte uns einen Strich durch die Rechnung, da wir jetzt in der Nähe unseres Vorratslagers sein mußten und wir helles Wetter hätten haben sollen, um uns hinzupeilen. Aber statt daß es sich aufklärte, wurde es immer nebeliger, und als wir ungefähr 11 km zurückgelegt hatten, war der Nebel zum Schneiden dick. Da hielten wir es fürs beste, Halt zu machen und zuzuwarten. Wir waren die ganze Zeit von der falschen Voraussetzung ausgegangen, wir seien zu weit ostwärts, also dem Lande zu nahe gekommen, und unter diesen Umständen gelang es uns nicht, in den kurzen helleren Augenblicken, die wir von Zeit zu Zeit hatten, das Gelände unter dem Gletscher wiederzuerkennen. Unserer Meinung nach befanden wir uns östlich von dem Vorratslager. Die im Nebel gemachten Peilungen, die uns nun den Weg weisen sollten, waren in der dicken Luft von gar keinem Nutzen, das Lager war nirgends zu sehen.

Wir hatten soeben unseren herrlichen warmen Pemmikan verzehrt, als die Sonne plötzlich durch die Wolken brach. Ich glaube, in so kurzer Zeit sind die Schlitten noch nie gepackt und das Lager abgebrochen worden. Von dem Augenblick an, wo wir aus unseren Säcken heraussprangen, war nur eine Viertelstunde vergangen, bis die Schlitten fertig gepackt dastanden – eine ganz unglaublich kurze Zeit.

»Aber was ist denn das, was dort drüben aus der Wolkenwand hervorschimmert?« rief einer von uns plötzlich. Der Nebel hatte sich zerteilt und zog sich wie ein Vorhang nach beiden Seiten zurück. Und siehe, auf der linken Seite guckte etwas großes Weißes hervor, das sich von Süden nach Norden erstreckte. Hurra! Das ist der Helland Hansen. Ja, es konnte unmöglich etwas anderes sein, denn er war unsere einzige Landmarke nach Westen. Wir jubelten laut vor Freude, als wir dieses alte Kennzeichen erblickten. Aber in der Richtung des Vorratslagers stand die Wolkenwand noch wie eine Mauer. Wir beratschlagten eine Weile, dann beschlossen wir, uns nicht weiter aufzuhalten, sondern den Kurs eiligst auf die »Metzgerei« zu richten. Wir hatten ja auf alle Fälle Lebensmittel genug.

Gesagt, getan, und flugs ging es weiter. Doch nun hellte sich auch das Wetter rasch auf, und während unseres Marsches in der Richtung auf Helland Hansen wurde es uns zur Gewißheit, daß wir nicht zu weit östlich, sondern im Gegenteil zu weit westlich gekommen waren. Aber jetzt umdrehen und nach dem Vorratslager suchen, nein, das taten wir nicht.

Unter dem Helland-Hansen-Berg gelangten wir auf einen ziemlich hohen Hügelkamm, und da wir nun die bestimmte Entfernung zurückgelegt hatten, wurde Halt gemacht. Hinter uns in strahlend heller Beleuchtung lag der Gletscher genau so, wie wir ihn zuerst auf der Fahrt nach Süden gesehen hatten, voller Risse und Spalten, eine dicht neben der anderen. Aber mitten durch alle diese Zerklüftungen zog sich eine feine, ununterbrochene Linie, ganz genau derselbe Pfad, den wir vor einigen Wochen auch betrachtet hatten. Und gerade unter diesem weißen Streifen lag – das wußten wir so sicher wie das Amen in der Kirche – unser Vorratslager.

Da standen wir nun und ärgerten uns recht schmählich, daß uns das Vorratslager so leicht entgangen war, und redeten davon, wie nett es gewesen wäre, wenn wir alle unsere Vorräte von der Ebene, auf die wir sie ausgestreut hatten, wieder aufgelesen hätten. Da ich mich an diesem Abend müde und abgespannt fühlte, hatte ich durchaus keine Lust, die 24 km, die uns von dem Lager trennten, wieder zurückzulegen. »Aber wenn sonst jemand Lust hat, den Weg zu machen, so soll er schön bedankt sein!« sagte ich. Und siehe, alle hatten Lust dazu, alle ohne Ausnahme! In dieser Versammlung fehlte es wahrlich nicht an Freiwilligen! Ich wählte Hanssen und Bjaaland aus, die eiligst so ziemlich alles ablegten und mit einem leeren Schlitten davonsausten.

Das war um 5 Uhr morgens gewesen. Um 3 Uhr nach-

Das Lager wird am Morgen abgebrochen

mittags kehrten sie wieder – Bjaaland vorausrennend, Hanssen den Schlitten vors Zelt fahrend. Das war eine Kraftprobe für die Menschen und für die Tiere gewesen! 26 Seemeilen oder ungefähr 48 km hatten Hanssen, Bjaaland und der eine Zug Hunde an dem Tag mit einer Durchschnittsgeschwindigkeit von 5 bis 6 km in der Stunde zurückgelegt. Das Vorratslager hatten sie, ohne lange suchen zu müssen, gefunden. Die größten Schwierigkeiten hatte ihnen das wellenförmige Gelände bereitet, lange Strecken weit hatten sie den Talsenkungen folgen müssen, wo ihnen jede Aussicht versperrt war. Ein Bergrücken folgte dem andern, ohne aufzuhören. Aber sie überwanden alle und erreichten ihr Ziel.

Wir anderen hatten dafür gesorgt, daß bei ihrer Rückkehr alles für sie bereit war, in erster Linie viel Wasser. »Wasser, Wasser!« war in der Regel das erste und letzte, was man in solchen Fällen verlangte. Wenn dann der erste Durst gestillt war, wurde auch dem Pemmikan großes Interesse zuteil.

Während nun diese beiden so auf beste Weise verpflegt wurden, verteilten wir andern die herbeigeschafften Vorräte auf die beiden Schlitten, und nach kurzer Zeit waren wir aufs neue zum Aufbruch bereit. Das Wetter war indessen immer schöner geworden, und vor uns lagen die Berge in strahlendem Glanz. Wir meinten, Fridtjof Nansen und Peter Christophersen wieder zu erkennen, und machten gute Peilungen von ihnen für den Fall, daß der Nebel sie wieder umziehen sollte.

In dieser Zeit war den meisten der Begriff von Tag und Nacht fast ganz abhanden gekommen.

»Es ist 6 Uhr«, antwortete einer auf die Frage, wieviel Uhr es sei.

»Ja, morgens 6 Uhr«, sagte ein anderer.

»Nein, bist du nicht ganz bei Trost?« sagte der erste wieder. »Es ist doch abends 6 Uhr!«

Von dem Datum hatte keiner eine Ahnung mehr, es war schon viel, wenn man sich noch an die Jahreszahl erinnerte; nur bei den Eintragungen in unsere Tage- und Beobachtungsbücher stolperten wir über die Tage und die Daten, während des Marsches aber hatten wir keine blasse Ahnung davon.

Welch ein prächtiges Wetter begrüßte uns, als wir am 4. Januar ins Freie traten! Wir hatten nun beschlossen, so zu marschieren, wie es uns am besten paßte, und keine Rücksicht auf Tag oder Nacht mehr zu nehmen. Der langen Ruhepausen waren wir längst überdrüssig geworden, und wir wollten sie um jeden Preis abkürzen.

Wie gesagt, das Wetter hätte nicht schöner sein können; strahlend hell und klar und vollkommen still war es, und die −19 °C machten bei dieser ruhigen Luft durchaus den Eindruck von Sonnenwärme. Ehe wir den Marsch begannen, wurde alles Überflüssige ausgezogen und auf die Schlitten gelegt. Es sah fast aus, als ob hier alles für überflüssig gehalten würde. Der Anzug, in dem man sich endlich auf den Weg machte, würde wohl in den Breiten der zivilisierten Welt für weniger anständig gehalten worden sein. Wir aber lächelten nur und beglückwünschten uns dazu, daß bis jetzt diesen Teil des Erdballs noch keine Damen besucht hatten: Denn sonst wäre uns unser außerordentlich leichter und behaglicher Anzug sicherlich nicht gestattet worden.

Das Land trat heute schärfer hervor. Es war uns ganz interessant, diesen Teil, an dem wir auf dem Herweg im dichtesten Nebel und bei Sturm- und Schneegestöber vorübergekommen waren, jetzt auch unter anderen Verhältnissen, das heißt bei schönem Wetter, zu sehen. Wir waren damals am Rande der großen Gebirgskette hingewandert, ohne zu ahnen, wie nahe wir ihr waren und wie ungeheuer groß sie war. Das Gelände war glücklicherweise auf dieser Strecke gar nicht zerklüftet; ich sage glücklicherweise, denn wer weiß, wie es uns gegangen wäre, wenn wir bei dem Wetter, das wir damals gehabt hatten, über ein Gelände voller Risse und Spalten hinüber gemußt hätten? Vielleicht wären wir ohne Unfall hinübergekommen, vielleicht auch nicht!

Doch jetzt hatten wir einen harten Weg vor uns. Die »Metzgerei« lag 800 m höher als die Stelle, wo wir uns eben befanden. Wir hatten erwartet, bald auf eine von unseren vielen Warten zu stoßen, aber dies geschah erst, nachdem wir 20 km zurückgelegt hatten. Da tauchte plötzlich eine vor uns auf und wurde natürlich mit Jubel begrüßt. Wir wußten ja wohl, daß wir auf dem rechten

Wege waren, aber so eine alte gute Landmarke war doch überaus willkommen.

Die Sonne hatte offenbar hier oben ordentlich gearbeitet, während wir im Süden waren; denn einzelne der Warten neigten sich weit vor, und große daranhängende Eiszapfen zeigten, welche Macht die Sonne gehabt hatte.

Nachdem wir ungefähr 60 km zurückgelegt hatten, machten wir bei der Warte, die wir da errichtet hatten, Halt, gerade unter einem Hügel, vor dem wir am 26. November gezwungenerweise hatten anhalten müssen.

Freitag, der 5. Januar, war einer von den Tagen, denen wir mit Spannung entgegensahen. An diesem Tage galt es nämlich, das Vorratslager bei der »Metzgerei« wiederzufinden. Dieses Lager, das aus dem besten frischen Hundefleisch bestand, war von außerordentlich großer Bedeutung für uns. Nicht allein weil unsere Tiere sich jetzt daran gewöhnt hatten, dieses Fleisch dem Pemmikan weit vorzuziehen, sondern auch, und das war noch viel wichtiger, wegen des außerordentlich günstigen Einflusses, den es auf den Gesundheitszustand der Hunde hatte. Unser Pemmikan war allerdings ganz gut, ja, es hätte überhaupt nicht besser sein können, aber die Abwechslung im Speisezettel ist etwas sehr Wichtiges und scheint, meiner Erfahrung nach, auf einer solchen weiten Fahrt bei den Hunden eine noch größere Rolle zu spielen als bei den Menschen. Ich habe bei früheren Gelegenheiten gesehen, daß Hunde sich geweigert haben, Pemmikan zu fressen, wahrscheinlich weil es ihnen aus Mangel an Abwechslung vollständig verleidet war. Das Ergebnis war, daß sie abmagerten und schwach wurden, obgleich wir in jenem Fall reichlich mit Nahrungsmitteln versehen gewesen waren. Der Pemmikan, von dem ich da spreche, war überdies guter, für Menschen hergestellter Pemmikan gewesen; es konnte also nicht an der Beschaffenheit gelegen haben.

Es war ¼2 Uhr mittags, als wir unsern Marsch begannen. Wir hatten nicht lange geschlafen, aber nun galt es, das schöne helle Wetter zu benutzen, solange es dauerte. Da oben bei der »Metzgerei« war kein Verlaß aufs Wetter, das wußten wir aus Erfahrung. Nach der früher zurückgelegten Entfernung wußten wir auch, daß wir von der Warte, bei der wir uns jetzt befanden, noch 22 km von dem Vorratslager bei der »Metzgerei« entfernt waren und daß wir auf dieser Entfernung überhaupt nur zwei Warten gebaut hatten; denn nach der Beschaffenheit des Geländes hatten wir damals gemeint, wir könnten nicht fehlgehen. Wir sollten indes bald erfahren, daß es trotz der Warten nicht so leicht war, sich auszukennen, wie wir geglaubt hatten. In dem schönen, klaren Wetter und mit Hilfe von Hanssens ausgezeichneten Augen fanden wir unsere beiden Warten wohl wieder, aber wir verwunderten uns über das Aussehen der Berge. Wie schon gesagt, glaubten wir an jenem 11. November, als wir die »Metzgerei« zum erstenmal erreichten, vollständig klares Wetter zu haben. Ich hatte damals von unserem Zeltplatz aus den Weg, den wir zwischen den Bergen auf die Hochebene heraufgekommen waren, gepeilt und sorgfältig beschrieben. Als wir aber jetzt an unserer letzten Warte vorübergekommen waren und uns unserer Berechnung nach der »Metzgerei« näherten, überraschte uns das Aussehen der Umgebung im höchsten Grade. Damals, am 21. November, hatten wir Berge im Westen und Norden gesehen, aber sie waren sehr weit entfernt gewesen. Jetzt schien dieser ganze Teil des Horizonts von ungeheuren Gebirgsstöcken eingenommen zu sein, die ganz dicht bis zu uns heranreichten. Was in aller Welt bedeutete denn das? War es Hexerei? Darauf hätte ich hoch und heilig schwören können, daß ich diese Landschaft mit keinem Auge je gesehen hatte.

Jetzt war die Entfernung zurückgelegt, und wir sollten nach den Warten, die hinter uns lagen, am Ziel angekommen sein. Aber das war doch merkwürdig! In der Richtung, wo ich unsern Aufstieg gepeilt hatte, sahen wir jetzt nur den Abhang eines unbekannten Bergs, der aus der Hochebene aufragte. An dieser Bergwand konnte unmöglich der Abstieg vor sich gehen. Nur im Nordwesten machte das Gelände den Eindruck, als könnte man dort etwa hinuntergelangen. Dort schien sich eine natürliche Senkung zu befinden, die sich nach der Eisplatte, die wir in weiter Ferne wahrnehmen konnten, hinunterzog.

Wir hatten haltgemacht und standen eben ratschlagend beieinander, als Hanssen plötzlich ausrief: »Dort drüben sind vor uns schon Leute gewesen!«

»Ja wahrhaftig, dort steht wirklich mein abgebrochener Schneeschuh, den ich beim Vorratslager hineingesteckt habe!« fiel Wisting ein.

Und wirklich, Wistings abgebrochener Schneeschuh rettete uns aus dieser unangenehmen Lage! Wie gut, daß er ihn dort hineingesteckt hatte – sehr umsichtig jedenfalls! Wir untersuchten die Gegend nun mit dem Fernglas, und neben einem Schneehaufen, der sich als unser Vorratslager auswies, aber sehr leicht unserer Aufmerksamkeit hätte entgehen können, sahen wir den Schneeschuh aus dem Schnee aufragen. Froh und vergnügt richteten wir den Kurs darauf, mußten aber 5 km marschieren, bis wir endlich bei dem Vorratslager eintrafen.

Feststimmung herrschte unter der kleinen Schar, als wir dort ankamen und damit also den Ort erreicht hatten, den wir für den wichtigsten der ganzen Heimreise hielten. Aber die große Bedeutung dieses Vorratslagers hatte ihren Grund nicht in erster Linie in den Lebensmitteln, die es enthielt, sondern darin, daß wir von da an den Weg auf die Eisplatte wiederfinden konnten. Als wir das Lager nun tatsächlich erreicht hatten, drängte sich uns seine Wichtigkeit noch mehr auf als vorher. Denn obgleich wir nun infolge der vorgenommenen Peilungen genau wußten, wo der Abstieg war, konnte man doch keine Spur davon entdecken. Die Hochebene schien auf dem Gebirge weiterzugehen und keinerlei Zugang zu dem darunter liegenden Gelände zu gestatten. Und doch wies es der Kompaß nach, und es mußte ein Zugang da sein, auf dem wir hinabkommen konnten. Der Berg, auf den wir nun den ganzen Tag über zumarschiert waren, ohne ihn zu erkennen, war also der Fridtjof-Nansen-Berg. Ja, die Lichtverhältnisse bewirkten eine große Veränderung im Aussehen, das wurde uns wieder einmal deutlich klar.

Das erste, was wir bei der Ankunft am Vorratslager taten, war, die darauf liegenden Hundeleiber zu verarbeiten. Große, schwere Stücke wurden weggehauen und unter die Hunde verteilt. Diese sahen zuerst etwas überrascht drein – an so große Rationen waren sie nicht gewöhnt. Drei von den Hundeleibern wurden zur Zwischenfütterung auf dem Abstieg auf die Schlitten gelegt.

Die »Metzgerei« war auch diesmal kein ganz gastlicher Ort. Allerdings herrschte jetzt kein so entsetzliches Wetter wie bei unserem ersten Aufenthalt, aber es wehte doch eine recht frische Brise bei −23 °C, die uns jetzt nach den letzten glutheißen Tagen durch Mark und Bein ging und uns nicht ermunterte, länger als unbedingt notwendig war, zu verweilen. Sobald wir darum mit der Fütterung der Hunde fertig waren und die Schlitten in Ordnung gebracht hatten, zogen wir von dannen.

Obgleich das Gelände gleich von Anfang an den Eindruck eines jähen Abstiegs gemacht hatte, bekamen wir, als es nun endlich hinabging, doch noch anderes zu kosten. Es ging nicht allein steil abwärts, sondern wir kamen auch so in Schuß, daß wir mit aller Anstrengung Halt machten, um Bremsen unter die Schlitten zu legen. Je weiter wir hinabkamen, desto breiter wurde der scheinbare Weg, und schließlich zeigte sich auch unser alter bekannter Aufstieg. Nun lag der Ole-Engelstad-Berg vor uns, ebenso kalt und schneebedeckt, wie wir ihn zuerst gesehen hatten.

Als wir um diesen Berg herumkamen, gelangten wir auf den großen, steilen Hügel, der mich auf dem Hinweg nach dem Süden zur Bewunderung dessen, was meine Gefährten und die Hunde im Klettern leisteten, hingerissen hatte. Aber jetzt hatte ich noch bessere Gelegenheit, zu sehen, wie steil dieser Aufstieg tatsächlich gewesen war. Wir mußten viele und große Bremsen anlegen, ehe wir die Fahrtgeschwindigkeit auf »gemäßigte Eile« gesetzt hatten. Aber selbst bei dieser verhältnismäßigen »Langsamkeit« ging es rasch abwärts, und bald hatten wir diesen ersten Teil des Abstiegs glücklich hinter uns.

Um etwaigen Windstößen von der Ebene her nicht so sehr ausgesetzt zu sein, machten wir einen Bogen, so daß wir in Lee des Engelstad-Bergs kamen, und schlugen dann wohlzufrieden mit der Leistung dieses Tages das Lager auf. Auch jetzt lag hier tiefer, loser Schnee wie beim ersten Male, und nur mit Mühe fanden wir einen einigermaßen guten Zeltplatz. Wir merkten bald, daß wir um ein gutes Stück niedriger waren und uns zwischen den Bergen befanden; das Wetter war jetzt ganz still, und die Sonne brannte wie an einem Sommertag daheim. Es war mir auch, als könnte ich schon leichter und freier atmen – aber vielleicht bildete ich mir es auch nur ein.

Am folgenden Morgen waren wir wieder unterwegs. Der Anblick, der sich uns beim Heraustreten aus dem Zelt darbot, gehört zu denen, die für immer in unserer Erinnerung eingegraben sind. Das Zelt stand in dem engen Einschnitt zwischen dem Fridtjof Nansen und dem Ole Engelstad. Die Sonne, die nun tief im Süden stand, war von dem zweiten dieser Berge ganz verdeckt, so daß unser Lagerplatz im tiefsten Schatten lag; aber gerade vor uns auf der andern Seite hob der Nansen-Berg seine prachtvolle eisbedeckte Zinne hoch empor und gleißte und funkelte in den Strahlen der Mitternachtssonne. Die glänzend weiße Farbe des Gipfels ging abwärts langsam in hellblaue Färbung über, die tiefer und tiefer wurde, immer dunkelblauer, bis sie im Schatten unterging. Aber ganz unten, dicht beim Heiberg-Gletscher, zeigte sich seine eisbedeckte Seite wieder – ernst und dunkel trat die Gebirgskette hervor. Der Engelstad-Berg lag im Schatten, aber auf seinem Gipfel ruhte eine zarte, rosig schimmernde, goldumsäumte Federwolke. Auf seinem Abhang lagen Eisblöcke wild durcheinander zerstreut. Und noch weiter gen Osten erhob sich der Peter-Christophersen-Berg teils in nachtschwarzem Schatten, teils in strahlend hellem Sonnenglanz – ein wunderbar schöner Anblick. Ringsum war alles still, ganz still. Man fürchtete sich förmlich, diese einzig schöne Naturpracht zu stören.

Dieses Gelände kannten wir ja nun vom letztenmal her so genau, daß wir ohne Umwege geradeaus gehen konnten. Eine Lawine nach der andern kam heruntergesaust – Peter Christophersen zog seinen Wintermantel aus.

Die Bodenbeschaffenheit war noch genau dieselbe – loser, ziemlich tiefer Schnee. Man glitt übrigens ganz leicht darüber hin, und es ging ja auch abwärts. Am Rande des Bergkamms machten wir Halt, um uns auf den Abstieg vorzubereiten. Unter die Schlittenkufen wurden Bremsen gelegt und je zwei Schneeschuhstöcke zu einem einzigen festen zusammengebunden. Es handelte sich ja darum, plötzlich anhalten zu können, falls wir während des Abstiegs von irgendeiner Spalte überrascht werden sollten.

Wir Schneeschuhläufer machten den Anfang. Die Bahn auf dem steilen Abhang, wo genau so viel loser Schnee lag, daß man gut steuern konnte, war geradezu ideal. In sausender Fahrt ging es abwärts, und schon nach wenigen Minuten standen wir drunten auf dem Heiberg-Gletscher. Bei den Schlittenlenkern verlief die Sache indes nicht ganz so rasch. Sie folgten zwar in unserer Spur, mußten aber bei dem steilen Abstieg äußerst vorsichtig sein.

An diesem Abend wurde das Lager genau auf demselben Platz aufgeschlagen, wo wir auch am 19. November, ungefähr 900 m ü. d. M., unser Zelt aufgerichtet hatten. Von hier aus konnte man den Lauf des Heiberg-Gletschers bis zum Ende, wo er in die Eisplatte übergeht, verfolgen. Es sah gleichmäßig und gut aus, und wir beschlossen daher, ihm zu folgen, anstatt über die Felsen zu klettern, wie wir es auf dem Weg nach dem Pol getan hatten. Etwas weiter würde ja vielleicht dieser Weg sein, aber rascher würde es aller Wahrscheinlichkeit nach doch gehen.

In den letzten Tagen hatten wir wieder eine neue Zeiteinteilung gemacht. Die langen Ruhepausen waren uns jetzt geradezu unerträglich, und wir wollten sie um jeden Preis los werden. Eine andere, sehr wichtige Seite der Sache war auch, daß wir bei einer guten Einteilung eine Menge Zeit sparen und mehrere Tage früher, als berechnet worden war, in Framheim eintreffen konnten.

Nachdem lange hin und her überlegt worden war, einigten wir uns dahin, daß wir 28 km zurücklegen sollten, sodann eine sechsstündige Ruhepause machen, alsdann wieder 28 km zurücklegen und wieder sechs Stunden ruhen sollten usw. Auf diese Weise würde die durchschnittliche Länge unserer Tagesmärsche viel größer werden als bisher. Diese Einteilung wurde während des übrigen Teils unserer Fahrt beibehalten und unsere Reise dadurch wirklich um mehrere Tage abgekürzt.

Der Marsch über den Heiberg-Gletscher bot keine Schwierigkeiten. Nur beim Übergang des Gletschers in die Eisplatte stießen wir auf einige Spalten, die umgangen werden mußten.

Am 7. Januar, morgens um 7 Uhr, machten wir Halt an

der Stelle des Landes, die die Mündung des Heiberg-Gletschers bildet und sich dann nordwärts erstreckt. Eine Kenntnis von dem Land, unter dem wir jetzt lagen, hatten wir noch nicht bekommen; aber das war ja ganz natürlich, da wir es jetzt von der entgegengesetzten Seite sahen; wir wußten nur bestimmt, daß wir nun nicht mehr weit von unserem Hauptvorratslager entfernt waren.

Am Nachmittag waren wir wieder unterwegs. Auf einem kleinen Bergrücken, über den wir gleich nach dem Aufbruch hinüber mußten, meinte Bjaaland, er könne das Lager drunten auf der Eisplatte wahrnehmen, und nicht viel später konnten wir auch den Betty-Gipfel und unseren ganzen Aufstieg übersehen. Nachdem wir alles genau mit dem Fernglas betrachtet hatten, zeigte es sich, daß das, was Bjaaland zu sehen gemeint hatte, tatsächlich das Vorratslager war. Wir richteten daher den Kurs gerade darauf, und nach wenigen Augenblicken standen wir wieder auf der Eisplatte – am 7. Januar, abends 11 Uhr –, nach einem 51tägigen Aufenthalt auf dem Festland. Am 18. November hatte der Aufstieg begonnen.

Das Vorratslager wurde glücklich erreicht, und wir fanden alles in bester Ordnung. Es mußte hier tüchtig heiß gewesen sein, denn das hohe, starke Lager war in der Sonne geschmolzen und zu einem kleinen Schneehügel zusammengesunken. Die Pemmikanrationen, die der direkten Berührung der Sonnenstrahlen ausgesetzt gewesen waren, hatten die merkwürdigsten Formen angenommen, und ranzig waren sie natürlich auch geworden. Wir machten gleich die Schlitten marschbereit, indem wir den Vorrat aus dem Lager daraufpackten. Einen Teil von unseren alten Kleidern, die wir nun die ganze Zeit über von hier bis zum Pol und wieder zurück getragen hatten, ließen wir hier zurück. Nachdem das Umpacken besorgt und auch sonst alles in Ordnung war, begaben sich ein paar von uns auf den Betty-Gipfel und sammelten so viele verschiedene Gesteinsarten, wie sie bekommen konnten. Indessen bauten die andern eine große Warte aus Steinen, in der ein Behälter mit 17 Liter Petroleum, zwei Pakete Zündhölzer mit je zehn Schachteln sowie ein Bericht unserer Reise zurückgelassen wurden. Vielleicht können diese Sachen in der Zukunft einmal jemand willkommen sein. Hier mußten wir Fridtjof Nansen, einen von Bjaalands Hunden, schlachten, da sich in der letzten Zeit eine schlimme Atemnot bei ihm eingestellt hatte, die so hinderlich für das arme Tier war, daß wir beschlossen, ihn von seinem Leiden zu befreien. So endete die Laufbahn des tapferen Fridtjof. Beim Zerlegen zeigte es sich, daß die Lunge vollkommen eingeschrumpft war; dessen ungeachtet verschwanden seine irdischen Überreste ziemlich rasch in den Mägen seiner Genossen. Was sie an Umfang verloren gehabt hatten, schien keinen Einfluß auf die Güte gehabt zu haben.

Der Neger, einer von Hassels Hunden, war schon während des Abstiegs von der Hochebene geschlachtet worden.

So erreichten wir also diesen Lagerplatz wieder, wie berechnet worden war, mit zwölf Hunden und verließen ihn mit elf. Ich lese in meinem Tagebuch folgende Bemerkung: »Die Hunde sehen jetzt ebenso wohl aus wie bei unserer Abreise von Framheim.«

Als wir einige Stunden später den Platz wieder verließen, hatten wir für 35 Tage Lebensmittel auf den Schlitten. Außerdem wartete unser ja auch bis zum 80.° auf jedem ganzen Grad ein Vorratslager. Es sah aus, als hätten wir das Vorratslager gerade im rechten Augenblick gefunden; denn als wir uns zum Aufbruch rüsten wollten, war die ganze Eisplatte von dichtem Schneetreiben verhüllt. Eine Kühle aus Süden hatte sich eingestellt, und der Himmel war mit Wolken bedeckt. Schneegestöber von oben und Schneetreiben von unten vereinigten sich in wildem Tanz, so daß man fast nichts sehen konnte. Zum Glück hatten wir das Wetter im Rücken, so daß es uns wenigstens nicht ins Gesicht peitschte, woran wir auf dem Heimweg nur zu sehr gewöhnt worden waren. Die große Spalte, die sich, wie wir wußten, quer über unsere Marschrichtung hinzog, mahnte uns zu großer Vorsicht. Um alle Gefahr zu vermeiden, hatten sich Bjaaland und Hassel, die vorangingen, angeseilt. Der Schnee war sehr tief und sehr lose und die Bahn recht schwierig. Daß wir den erwarteten Spalten näher rückten, merkten wir glücklicherweise recht bald an einigen ganz kahl gewehten Eisrücken. Diese berichteten deutlich genug, daß hier Zerklüftungen stattgefunden hatten und noch größere überdies wahrscheinlich ganz in der Nähe zu erwarten waren.

Plötzlich zerrissen die dichten Schneewolken, und die Sonne schien durch die wirbelnden Schneemassen hindurch. In demselben Augenblick brüllte auch schon Hanssen: »Bjaaland, halt!« – Sie standen am Rande eines gähnenden Schlunds. Bjaaland selbst hatte Augen wie ein Luchs, aber seine ausgezeichnete Schneebrille – seine eigene Erfindung – hinderte ihn vollständig am Sehen. Nun, eine größere Gefahr hätte ihm, wenn er in die Spalte hineingepurzelt wäre, solange er mit Hassel zusammengebunden war, nicht gedroht; aber höchst unangenehm wäre es doch immerhin gewesen.

Wie ich schon bemerkt habe, glaube ich, daß diese großen Zerklüftungen die Grenze zwischen der Eisplatte und dem Festland bilden. Diesmal schienen sie merkwürdigerweise auch die Grenze zwischen schlechtem und gutem Wetter zu bilden; denn jenseits davon – gegen Norden – lag die Eisplatte in hellem Sonnenschein, während gegen Süden der Schneesturm toller als je raste. Der Betty-Gipfel war der letzte Berg, der uns Lebewohl zuwinkte. Süd-Victoria-Land hatte sich verborgen, um sich nicht mehr zu zeigen.

Gleich nachdem wir in das Gebiet des Sonnenscheins eingetreten waren, stießen wir auf eine unserer großen Warten. Unser Kurs führte gerade darauf zu; das war nicht schlecht gesteuert, zumal es doch ganz blindlings hatte geschehen müssen.

Um 9 Uhr abends erreichten wir das Vorratslager auf 85° s. Br. Jetzt konnten wir auch mit dem Hundefutter freigebig sein. Die Tiere bekamen doppelte Pemmikanmengen und außerdem so viel Haferzwieback, wie sie nur wollten. Zwieback hatten wir jetzt in solcher Menge, daß wir förmlich damit hätten streuen können. Natürlich hätten wir einen großen Teil dieser Vorräte zurücklassen können, aber wir waren sehr froh, daß wir reichlich Lebensmittel hatten, und die Hunde schienen sich nicht das geringste aus dem vermehrten Schlittengewicht zu machen. Solange es so ausgezeichnet vorwärts ging wie jetzt, das heißt, daß Menschen und Tiere genau Schritt miteinander hielten, konnten wir es uns gar nicht besser wünschen.

Aber das schöne Wetter, über das wir uns so sehr gefreut hatten, war nicht von langer Dauer. »Dasselbe Schweinewetter« ist das Urteil über den nächsten Marsch in meinem Tagebuch. Der Wind war nach Nordwesten umgeschlagen und hatte Wolken, diesige Luft und dann auch recht hinderlichen Nebel mitgebracht. Trotz dieser ungünstigen Wetterverhältnisse kamen wir doch an einer Warte nach der andern vorüber und hatten, als der Marsch an diesem Tage zu Ende war, alle Warten gefunden, die wir auf diesen 28 km gebaut hatten. Aber, wie ich schon oben gesagt habe, wir verdanken dies nur Hanssens ausgezeichneten Augen.

Auf dem Hinweg zum Pol hatten wir ziemlich viel Seehundsfleisch mitgenommen und es in den Vorratslagern auf der Eisplatte verteilt; so konnten wir nun täglich frisches Fleisch essen. Es war auch nicht ganz ohne Absicht geschehen; denn wenn sich Skorbut unter uns gezeigt hätte, wäre das Fleisch unbezahlbar gewesen. Doch nun, da wir alle so frisch und gesund waren wie nur je, bildeten die Seehundschnitzel nur eine höchst angenehme Abwechslung in dem Speisezettel, weiter nichts.

Die Temperatur war, seit wir auf die Eisplatte herabgekommen waren, gestiegen und hielt sich gleichmäßig auf −10 °C. Es wurde uns so heiß in den Schlafsäcken, daß wir sie umdrehen und die Haare nach außen wenden mußten. Das half. Wir atmeten leichter und waren sehr froh darüber.

»Es ist genau, wie wenn man in einen Eiskeller hineinkommt«, bemerkte einer. Ja, es war dasselbe Gefühl, wie wenn man an einem warmen Sommertag aus dem Sonnenbrand in kühlen Schatten kommt.

Mittwoch, den 10. Januar, steht in meinem Tagebuch: »Dasselbe Schweinewetter, Schnee, Schnee und wieder Schnee! Wird es nie mehr zu schneien aufhören? Dazu ein Nebel, bei dem man keine 10 m sieht. Temperatur −8 °C. Überall auf den Schlitten Nässe und schmelzender Schnee. Alles wird naß. Haben nicht eine Warte in diesem Wetter gefunden. Der Schnee war im Anfang sehr tief und die Bahn außerordentlich schwierig, aber die Hunde brachten die Schlitten doch recht gut vorwärts.«

Am Abend dieses Tages besserte sich indes glücklicherweise das Wetter noch, und als wir abends um 10 Uhr unsern Marsch begannen, war es verhältnismäßig klar. Es dauerte nicht lange, bis wir eine unserer Warten entdeckten; sie lag westwärts in ungefähr 200 m Entfernung; demgemäß waren wir nicht sehr weit von unserem Kurs abgekommen, und wir machten den kleinen Umweg bis zu ihr hin; denn es war uns sehr wichtig, zu sehen, ob unser Besteck in Ordnung war. Die Warte war vom Sturm und Sonnenschein wohl etwas mitgenommen, aber wir fanden doch den darin niedergelegten Bericht, der aussagte, daß diese Warte am 15. November auf 84°26′ s. Br. gebaut worden war. Desgleichen gab er uns auch an, welchen Kurs wir nach unserem Kompaß steuern mußten, um die nächste Warte, die 5 km von dieser entfernt lag, zu finden.

Als wir diese Warte, die wie ein guter alter Freund Wache gehalten hatte, verließen und den von ihr angegebenen Kurs einschlugen, kamen plötzlich und zu unserer unsäglichen Überraschung zwei große Raubmöwen auf uns zugeflogen; sie umkreisten uns ein paarmal und ließen sich dann auf der Warte nieder. Ob wohl ihr, die ihr diese Zeilen leset, ahnen könnt, welche Wirkung der Anblick dieser beiden Vögel auf uns ausübte? Wohl kaum! Botschaft brachten sie uns, Botschaft aus dem Reich der Lebendigen herein in dieses Reich des Todes – Botschaft von allem, was wir lieb hatten! Ich glaube, wir waren alle von demselben Gedanken beseelt.

Die Vögel gönnten sich indes nicht lange Ruhe, sie, die ersten Boten aus der andern Welt. Sie saßen einen Augenblick still da und überlegten wohl, wer wir wären, hoben dann die Schwingen und flogen in südlicher Richtung weiter. Rätselhafte Vögel! Nun waren sie gerade halbwegs von Framheim bis zum Pol, aber trotzdem flogen sie weiter landeinwärts. Wollten sie wohl auf die andere Seite jenseits des Pols?

Diesmal endigte unser Marsch an unserer Warte auf 84°14′. Wenn wir an so einer Warte lagerten, überkam uns immer ein merkwürdig beruhigendes frohes Gefühl,

Das Vorratslager auf 84° s. Br.

denn dann hatten wir immer einen sicheren Ausgangspunkt für den folgenden Marsch. Um 4 Uhr morgens kamen wir an, und einige Stunden später wurde der neue Marsch angetreten, der uns 55 km näher nach Framheim brachte. Nach unserer jetzigen Einteilung wurden einen über den anderen Tag solche langen Märsche gemacht. Es ist das beste Zeugnis für unsere Hunde, das ihnen ausgestellt werden kann – an dem einen Tag 28 km, am nächsten 55 km, und so frisch weiter den ganzen Heimweg.

Die beiden Vögel – so angenehm auch das erste Erscheinen auf uns gewirkt hatte – lenkten indes meine Gedanken allmählich in eine ganz andere Richtung, die mich durchaus nicht behaglich berührte. Es fiel mir nämlich ein, daß diese beiden wohl nur die Vertreter einer größeren Schar dieser gierigen Vögel seien, die nun all das frische Fleisch verschlingen würden, das wir so mühselig mitgeführt und in dieser Einöde auf unseren Vorratslagern verteilt hatten. Es ist unglaublich, was ein Schwarm dieser Raubvögel vertilgen kann; mag das Fleisch auch gefroren und steinhart sein, darum kümmern sie sich gar nicht, ja, sie würden es fressen, auch wenn es bedeutend härter als Eisen wäre. In Gedanken sah ich nun von den Seehundleibern, die wir auf 80° s. Br. liegen hatten, nichts mehr als die Knochen, und von den verschiedenen Hunden, die wir auf dem Weg nach dem Pol geschlachtet und oben auf die Warten gelegt hatten, sah ich nicht einmal mehr so viel. Nun, es war ja möglich, daß ich es mir in Gedanken zu schwarz ausmalte und es in Wirklichkeit doch etwas heller aussah, vorderhand wollte ich es jedenfalls hoffen.

Das Wetter und die Bodenbeschaffenheit wurden allmählich wieder besser; es sah wirklich aus, als werde es immer günstiger, je weiter wir uns vom Land entfernten; schließlich war beides geradezu vollkommen. Die Sonne glänzte an einem wolkenlosen Himmel, und die Schlitten glitten über die schöne, gleichmäßige Oberfläche so leicht und hurtig hin, wie wir es nur wünschen konnten. Bjaaland, der schon vom Pol an das Amt des Vorläufers übernommen hatte, machte seine Sache sehr gut. Aber das Sprichwort, kein Mensch ist vollkommen, paßte schließlich auch auf unsern guten Bjaaland. Keinem – wer es auch immer war – gelang es, eine ganz gerade Linie einzuhalten, wenn er sich nicht nach irgendeinem Merkzeichen richten kann. Und noch viel schwieriger ist es, wenn man, wie es bei uns so oft der Fall war, blindlings weitergehen muß. Die meisten werden da bald nach der einen, bald nach der andern Seite hinausbiegen, um schließlich nach allem Tasten und Suchen wieder in die rechte Linie hineinzugelangen.

Aber bei Bjaaland war es ganz anders, er war ein ausgemachter Rechtsläufer. Ich sehe ihn noch vor mir: Hanssen hat auf dem Kompaß die Richtung eingestellt, der er zu folgen hat, und Bjaaland dreht sich nun, stellt die Schneeschuhe in der angegebenen Richtung und beginnt energisch den Marsch. Man sieht seinen Bewegungen deutlich an, daß er die Absicht hat, auf Leben und Tod, koste es, was es wolle, die Richtung einzuhalten. Er schlägt energisch mit den Schneeschuhen aus, daß der Schnee hoch aufstiebt, und sieht starr geradeaus. Aber das Ergebnis war schließlich immer dasselbe. Hätte Hanssen den guten Bjaaland weitermachen lassen, ohne ihn zu warnen, würde er wohl einen äußerst hübschen Kreis gemacht und sich nach Ablauf einer Stunde wieder auf seinem Ausgangspunkt befunden haben. Vielleicht war es aber, wenn man alles mit in Betracht zieht, schließlich doch kein Fehler, denn wir wußten dadurch immer mit unfehlbarer Sicherheit, daß wir uns, wenn wir aus der Wartenreihe herausgekommen waren, rechts davon befanden und also westwärts danach zu suchen hätten. Dies war uns wirklich mehrere Male von großem Nutzen; und wir wurden allmählich ganz vertraut mit Bjaalands rechtsseitigen Neigungen.

Am Sonntag, dem 16. Januar, sollten wir nach unserer Berechnung das Vorratslager auf 83° s. Br. erreichen; dies war das letzte von denen, die nicht auch in der Quere bezeichnet waren, und also unser letzter kritischer Punkt.

Der Tag war nicht ganz dazu geeignet, »die Nadel im Heuhaufen zu finden«. Von Anfang an stilles Wetter mit so dichtem Nebel, daß wir kaum ein paar Meter sehen konnten! Während des ganzen Marsches sahen wir nicht eine einzige Warte. Um 4 Uhr nachmittags war nach dem

Meßrad die Entfernung zurückgelegt, und wir sollten uns nun nach der Berechnung auf 83° s. Br. am Vorratslager befinden. Aber nirgend war etwas zu sehen, was einem Vorratslager ähnlich gesehen hätte. So beschlossen wir, Halt zu machen, unser Zelt aufzuschlagen und abzuwarten, bis das Wetter sich aufklärte. Während wir eben beim Zeltaufrichten waren, zerriß plötzlich die Wolkendecke, und da, nur wenige Meter entfernt – westwärts natürlich – lag unser Vorratslager!

In aller Eile rafften wir das Zelt zusammen, packten es auf den Schlitten und fuhren zu dem Vorratshügel hin. Dieser zeigte sich ganz unberührt, nirgends war ein Zeichen zu entdecken, daß die Vögel da einen Besuch abgestattet hätten. Aber was war das? Frische kräftige Hundespuren in dem neugefallenen Schnee! Das mußten die Spuren von jenen Ausreißern sein, die uns auf dem Weg nach dem Süden abhanden gekommen waren. Nach den Spuren zu urteilen, hatten sie längere Zeit hier in Lee des Vorratslagers gelegen. Zwei tiefe Eindrücke sprachen deutlich dafür. Und anderes noch fand sich, das auch deutlich dafür sprach, daß sie genügend zu fressen gehabt hatten. Aber wo in aller Welt hatten sie die Nahrungsmittel herbekommen! Das Vorratslager war ganz unberührt, und zwar obwohl die Pemmikanstücke offen und leicht zugänglich dalagen. Außerdem war der Schnee des Vorratslagers nicht so hart, daß die Hunde ihn nicht hätten wegkratzen und das ganze Lager ausfressen können. Von den Hunden selbst war weiter nichts zu sehen, sie hatten den Ort wieder verlassen, frische Spuren deuteten nach Norden. Wir untersuchten die Spuren sehr genau und stellten fest, daß sie höchstens zwei Tage alt waren. Die Spuren führten, wie gesagt, nordwärts, und auf unserem nächsten Marsch trafen wir noch ab und zu auf sie, auch bei der Warte auf 82°45′, wo wir Halt machten, führten sie noch immer nordwärts. Auf 82°24′ s. Br. aber liefen sie kreuz und quer und verloren sich schließlich in gerade westlicher Richtung; das war das letzte, was wir von ihnen sahen. Aber fertig waren wir darum durchaus noch nicht mit den Hunden, oder besser gesagt mit ihren Taten.

Bei der Warte auf 82°20′ s. Br. wurde gelagert. Die Hündin Else, der wir damals ihren Platz oben auf dieser

Warte gegeben hatten, war heruntergefallen und lag daneben. Die Sonne hatte die Unterlage weggeschmolzen. Hier waren also die ausgerissenen Hunde nicht gewesen, denn sonst hätten wir Else nicht unbeschädigt wiedergefunden, das war sicher und gewiß.

Nach diesem Marsch wurde bei der Warte auf 82°15′ s. Br. angehalten und das Fleisch der Else ausgeteilt. Obgleich es in der starken Sonnenhitze gelegen hatte, war es, nachdem etwas Schimmel abgekratzt war, noch ganz gut, wenn es auch etwas alt roch; aber unsere Hunde waren nicht wählerisch, wenn es sich um Fleisch handelte.

Am 17. Januar erreichten wir das Vorratslager auf 82° s. Br. Schon von weitem konnten wir wahrnehmen, daß hier nicht dieselbe Ordnung herrschte, in der wir es verlassen hatten, und als wir ganz hingelangt waren, sahen wir gleich, was geschehen war. Die unzähligen Hundefährten, durch die der Platz um das Lager ganz festgetreten war, zeigten deutlich, daß sich die Ausreißer hier längere Zeit aufgehalten hatten. Mehrere Kisten in der Niederlage waren heruntergefallen – wahrscheinlich aus demselben Grund wie der Körper der Else –, und in eine von den Kisten waren die Schlingel von Hunden eingedrungen. Von dem Inhalt – Zwieback, Pemmikan – war selbstverständlich nichts mehr da. Aber das tat jetzt nichts, denn wir hatten Nahrungsmittel im Überfluß. Die beiden Hundeleiber, die wir oben auf das Vorratslager gelegt hatten – Uranus und Jaala – waren auch verschwunden, nicht einmal ihre Zähne waren noch übrig. Von Lussi, die die Köter auf 82°3′ s. Br. aufgefressen hatten, waren doch wenigstens die Zähne noch da gewesen. Jaalas acht Junge lagen noch oben auf einer Kiste; merkwürdigerweise waren sie nicht heruntergefallen. Übrigens hatten die Biester auch einige Schneeschuhbindungen und ähnliches verspeist. Ein eigentlicher Verlust war dies alles nun nicht für uns, aber wer konnte wissen, welchen Weg diese Untiere eingeschlagen hatten? Wenn es ihnen geglückt war, die Niederlage auf 80° s. Br. zu finden, dann hatten sie natürlich unseren dortigen Vorrat an Seehundfleisch aufgefressen, und dies wäre sehr ärgerlich gewesen, selbst wenn es weder für uns noch für unsere Tiere eine eigentliche Gefahr bedeutete. Hatten wir erst 80°

s. Br. erreicht, dann kamen wir auch vollends nach Framheim. Vorläufig mußten wir uns damit trösten, daß wir keine Spuren sahen, die sich in nördlicher Richtung fortsetzten.

Hier auf 82° s. Br. gönnten wir uns eine kleine Festmahlzeit, und die Schokoladenspeise, die Wisting zum Nachtisch gab, steht noch in lebhafter Erinnerung. Wir stellten ihr alle das Zeugnis aus, daß sie die Vollkommenheit in noch höherem Grad erreicht hatte, als es bisher je einer Schokoladenspeise gelungen war. Das Rezept kann ich auch verraten: »Zwiebackbrosamen, Milchpulver und Schokolade werden in einen Topf mit kochendem Wasser getan«, aber was später damit geschieht, weiß ich nicht. Um dies zu erfahren, muß man sich an Wisting wenden.

Zwischen 82° und 81° s. Br. trafen wir auf unsere alten Merkzeichen von der dritten Vorratslagerreise. Die Strecke war damals mit gespaltenen Kistenbrettern in Abständen von je einer Seemeile gekennzeichnet worden. Das war im März 1911 gewesen, und jetzt folgten wir diesen Holzstäben in der zweiten Hälfte des Januar 1912. Die Reihe dieser Kennzeichen schloß auf 81°33′ s. Br. mit zwei auf einem Schneesockel aufgepflanzten Kistenbrettern ab.

Der Schneesockel war noch ganz schön und unbeschädigt. Doch was wir am 19. Januar sahen, will ich mein Tagebuch berichten lassen.

»Außergewöhnlich schönes Wetter heute. Eine leichte südsüdwestliche Brise, die während unseres Marsches den Himmel ganz rein fegte. Auf 81°20′ stellten sich unsere alten großen Eispressungen quer vor uns auf, und wir sahen jetzt viel mehr von ihnen als jemals früher. Sie erstreckten sich, soweit das Auge reichte, als eine lange Reihe von Kämmen und Gipfeln in nordöstlich-südwestlicher Richtung. Groß war daher unsere Überraschung, als wir nach kurzer Zeit in derselben Richtung hohes, kahles Land und nicht lange nachher zwei große weiße Gipfel in südöstlicher Richtung, vermutlich auf ungefähr 82° s. Br., erblickten. An der Luft konnte man sehen, daß das Land sich in nordost-südwestlicher Richtung erstreckt. Es muß dasselbe Land sein, das sich auf ungefähr 84° s. Br. am Horizont verlor, als wir beim Aufstieg

1200 m hinaufgekommen waren und von da über die Eisplatte hinschauten.

Wir haben jetzt so gute Verbindungen, daß wir das zusammenhängende Land, Carmen-Silva-Land, ohne Zögern zeichnen können. Das Gelände landeinwärts ist furchtbar zerklüftet: Spalten und Preßeis, wellenförmige Hügel und Täler kreuz und quer. Wir werden morgen schon Fühlung mit ihnen bekommen.«

Obgleich wir, nach dem, was wir gesehen hatten, darauf schließen durften, daß sich Carmen-Silva-Land von 86° s. Br. herzu bis ungefähr 81°30′ s. Br. und möglicherweise weiter nach dem Nordoststrand erstreckt, wage ich doch nicht, es so auf der Karte zu verzeichnen. Ich habe mich also damit begnügt, dem Land von 86° bis 84° s. Br. den Namen »Carmen-Silva-Land« zu geben, während ich das übrige »Andeutung von Land« genannt habe. Es wird für einen Forscher eine lohnende Aufgabe sein, die Verhältnisse in diesen Gebieten näher zu untersuchen.

Wie wir uns wohl gedacht hatten, kamen wir auf dem folgenden Marsch in Berührung mit dem zerklüfteten Gelände. Dreimal waren wir nun schon über diese Strecke hingezogen, ohne wirklich klares Wetter gehabt zu haben. Diesmal aber wurde es uns zuteil, und so konnten wir sehen, wie dieses Gelände eigentlich beschaffen war. Die Unebenheiten begannen auf 81°12′ s. Br. und dehnten sich von Norden nach Süden nicht sehr weit aus, möglicherweise 5 km. Wie weit sie sich indes in ostwestlicher Richtung erstrecken, läßt sich nicht gut sagen, jedenfalls aber so weit das Auge reichte. Große Stücke der Oberfläche waren eingestürzt, und an ihrer Stelle gähnten grauenvolle Abgründe, weit genug, um viele Karawanen von der Größe der unserigen zu verschlingen. Von diesen offenen Löchern zogen sich breite Spalten nach allen Seiten hin, und außerdem sah man überall Kuppen und kleine Hügel. Daß wir hier unbeschädigt hindurchgekommen waren, ist fast das Merkwürdigste von allem. So leichtfüßig und so rasch wie nur möglich ließen wir dieses Gelände hinter uns. Hanssen war schon halb in einer Spalte drunten, kam aber doch glücklich wieder heraus.

Das Vorratslager auf 81° s. Br. war in schönster Ordnung, nirgends eine Hundespur zu entdecken. Unsere

4

Av disse flagg (I–X) jernstør kun enkelte.

Depo no. I – 79°58.9 S.Br., 163°53' W.

Dette depot inneholder følg: Saltkjøtt – 1100 kl., selbiff – 55 kl., margarin – 68 kl., spekk – 40 kl., havregryn – 5 kl., hundepemmikan – 400 kl., 5 bokse kjeks – 28 kl., 4 kasser "Malted Milk" – 46 kl., 12 pakker chokolade – 3 kl., 1 boks fyrstikker (120 esker), 3 kasser petroleum (150°) – 108 kl. (135 l) 2 tanker petroleum (130°) – 24 kl. (30 l.)

Dette depo er markert med flagg mot E (5 km) og mot W (5 km) – tvers på marschretningen altså – for hver halve kmil.

Flagstangene er markert med romerske tall fra I til og med XX:

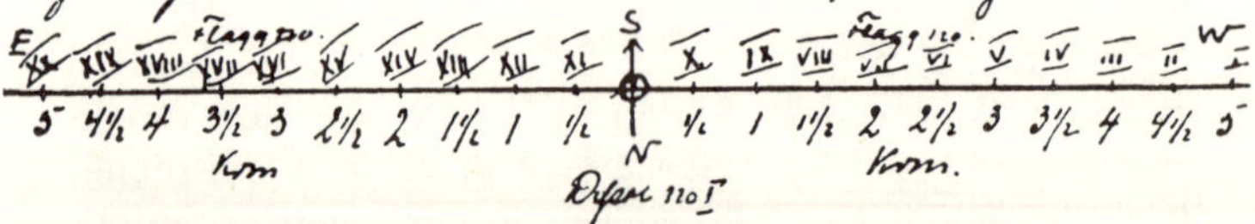

Depo no. II – 80°58' S.Br., 164°34' W.

Dette depo inneholder: 500 kl. hundepemmikan.

Dette depo er i likhet med det første markert tvers på marschretningen – i E–W altså. Ennvidere er 5 km fra depot mot E utsatt 40 merkede kassebor

Aus Amundsens Tagebuch: Lage, Kennzeichnung und Inhalt des Vorratslagers auf 80° s. Br.

Hoffnung, daß das Lager auf 80° s. Br. auch unversehrt sei, stieg daher bedeutend.

Auf 80°45′ s. Br. lag unser erster geschlachteter Hund »Bauer«. Er war besonders fett und wurde deshalb auch besonders hoch geschätzt. Aus Pemmikan machten sich die Hunde nicht mehr viel.

Am 22. Januar kamen wir auf 80°23′ s. Br. an unserer letzten Warte vorüber. So froh wir auch waren, daß sie hinter uns lag, so kann ich doch nicht leugnen, daß wir sie mit einer gewissen Wehmut verschwinden sahen. Wir hatten unsere Warten liebgewonnen; wo wir auf sie trafen, begrüßten wir sie wie alte Freunde. Viele und große Dienste haben uns diese stummen Wächter auf unseren langen, einsamen Wegen geleistet.

An demselben Tag erreichten wir unser großes Vorratslager auf 80° s. Br. Nun fühlten wir uns so gut wie am Ziel. Bei der Ankunft sahen wir sofort, daß andere Leute hier tätig gewesen waren, nachdem wir es verlassen hatten, und wir fanden auch eine Mitteilung von Leutnant Prestrud, dem Leiter der Ostabteilung, daß er mit Stubberud und Johansen am 13. November mit zwei Schlitten, 16 Hunden und Ausrüstung für 30 Tage hier vorübergekommen war. Daraufhin war ja alles erklärt und vollständig in Ordnung.

Gleich nach der Ankunft ließen wir die Hunde los, die sofort nach dem Seehundfleischhaufen rannten, der in unserer Abwesenheit weder von Vögeln noch von Hunden angegriffen worden war. Doch rannten die Hunde nicht in erster Linie, um zu fressen, auf ihn zu, sondern vielmehr, um sich zu balgen. Hier war sichtlich etwas, das der Mühe wert war, sich darum zu raufen. Sie liefen ein paarmal um die Seehundleiber herum, schielten bald nach dem Fleisch, bald nach ihren Gefährten und fuhren dann in wildem Kampf aufeinander los. Erst als dies vollbracht war, gingen sie hin und legten sich um ihre Schlitten her in den Schnee.

Das Vorratslager auf 80° s. Br. ist jetzt noch so groß und reichhaltig und gut bezeichnet, und so ist es nicht ausgeschlossen, daß es später einmal jemandem von Nutzen sein kann.

Von dem Weg von 80° s. Br. bis Framheim ist bereits

die Rede gewesen, so daß nichts Neues mehr darüber zu berichten ist. Am 26. Januar, morgens um 4 Uhr, erreichten wir unser gutes liebes Haus wieder mit zwei Schlitten und elf Hunden. Alle Tiere und auch die Menschen strotzten von Gesundheit. Da standen wir in der frühen Morgenstunde vor der Haustüre und warteten aufeinander. In geschlossener Reihe wollten wir uns vorstellen. Es war so still und ruhig drinnen – sie schliefen wohl alle. Wir traten ein. Stubberud fuhr in seiner Koje auf, starrte uns an und hielt uns gewiß für Gespenster. Nun erwachte einer nach dem andern aus seinem Schlaf, und sie konnten zuerst gar nicht fassen, was geschehen war. Aber dann war des Begrüßens in allen Tonarten kein Ende, und lauter Jubel brach los, als sie hörten, daß wir alle wohl und gesund zurückgekehrt seien.

»Und wie ging's mit dem Pol? Seid ihr am Pol gewesen?«

»Ja natürlich, sonst hättet ihr uns wohl kaum wiedergesehen.«

Dann wurde der Kaffeekessel aufgesetzt, und die Pfannkuchen dufteten wie in alten Zeiten. Wir Polfahrer aber stimmten alle darin überein, daß es draußen gut war, aber daheim viel besser. 99 Tage hatte die Reise gedauert, die zurückgelegte Entfernung betrug 3000 km.

Die niedrigste Temperatur, die wir auf dieser Reise beobachteten, war −31° und die höchste −5°.

Das Hauptergebnis – abgesehen davon, daß der Pol erreicht ist – ist die Feststellung der Ausdehnung der Roß-Platte sowie ihres Charakters. Sodann die Entdeckung einer Verbindung zwischen Süd-Victoria-Land und, so weit es zu beurteilen war, dem König-Edward VII.-Land durch die Fortsetzung der mächtigen Gebirge, die nach Südosten laufen und gegen Süden weit in der Ferne bis zu 80° 8′ gesehen wurden, die sich aber aller Wahrscheinlichkeit nach quer durch den antarktischen Erdteil fortsetzen. Diesem ganzen neuentdeckten Gebirgszug in einer Länge von 850 km gaben wir den Namen Königin-Maud-Gebirge.

Die Reise nach dem König-Edward VII.-Land unter Leutnant Prestruds Leitung hat ausgezeichnete Ergebnisse geliefert. Scotts Entdeckung wurde bestätigt; die

Die »Fram« an der Eiskante

Untersuchung der Walfischbucht und der Eisplatte ist auch von großem Interesse. Ferner sind reiche geologische Sammlungen von König-Edward VII.-Land und Süd-Victoria-Land angelegt worden.

Die »Fram« war am 9. Januar nach einer dreimonatigen Reise von Buenos Aires wieder an der Eisplatte eingetroffen, und alles war wohl an Bord. Schlechtes Wetter hatte sie gezwungen, wieder aus der Bucht hinauszufahren; doch schon am nächsten Tag meldete unser Ausguck, daß sie heranfahre. Da wurde es lebendig im Lager. Den Pelz angezogen und mit den Hunden hinaus! Nun sollten die auf der »Fram« sehen, daß die Hunde noch nicht erschöpft waren. Wir hörten den Motor pusten und stöhnen, sahen den Mastkorb über dem Rand der Eisplatte auftauchen, und schließlich glitt die »Fram« selbstsicher und ruhig hervor. Mit inniger Freude ging ich an Bord, um alle diese mutigen Leute zu begrüßen, die unter so vielen Gefahren und Entbehrungen die »Fram« zum Ziel geführt und unterwegs Ausgezeichnetes geleistet hatten. Alle sahen froh und vergnügt aus, aber keiner fragte nach dem Pol. Schließlich bemerkte Gjertsen: »Sind Sie dort gewesen?« Das Gefühl, das mir dabei aus den Gesichtern meiner Gefährten entgegenstrahlte, kann kaum mit dem Wort »Freude« bezeichnet werden, es war viel mehr als Freude. Ich zog mich mit Kapitän Nilsen in das Kartenhaus zurück und bekam dort meine Post nebst allen sonstigen Nachrichten. Drei Namen sind es, die hoch über alle anderen emporragten, als ich so recht begriff, was erreicht war – die Namen der drei, die mich unterstützten, als es am schlimmsten für mich stand. In ehrerbietiger Dankbarkeit werde ich ihrer immer gedenken; es sind

König Haakon VII.,
Professor Fridtjof Nansen,
Peter Christophersen

*

Vier Tage darauf sind alle Mitglieder der Expedition an Bord der »Fram« und auf dem Weg nach Tasmanien, wo sie am 7. März in Hobart einlaufen und der Weltöffentlichkeit ihren

Sieg bekanntgeben. Am 20. März wird die Heimreise um Kap Hoorn fortgesetzt.

Einen Tag später besiegelt in der Antarktis ein furchtbarer, neuntägiger Schneesturm den Untergang des unglücklichen Scott und seiner letzten Gefährten. Dieser war am 1. November 1911 aufgebrochen und erst am 17. Januar 1912 zum Pol vorgestoßen, wo er sich in grenzenloser Enttäuschung seine Niederlage eingestehen mußte. In der letzten Märzwoche wird er – nur 20 km vom rettenden Vorratslager entfernt – mit zwei übriggebliebenen Kameraden das Opfer der Kälte und der Strapazen. Seine letzte Tagebucheintragung datiert vom 29. März. Erst nach dem antarktischen Winter, am 12. November, wird von einer Suchmannschaft das Zelt mit den Leichen der drei Männer gefunden, und wiederum erst drei Monate später – im Februar 1913 – erfährt die Welt vom tragischen Schicksal der Engländer. Zu diesem Zeitpunkt freilich ist Amundsens Expeditionsbericht bereits veröffentlicht und in mehrere Sprachen übersetzt. Nansens Glaube an eine glückliche Rückkehr Scotts, den er im Vorwort zu diesem Buch zum Ausdruck bringt, erweist sich als trügerische Hoffnung.

Observatorium
der Universität. Christiania, 16. September 1912.

Als ich im Sommer gebeten wurde, die Bearbeitung der astronomischen Beobachtungen von Roald Amundsens Südpolarfahrt zu übernehmen, setzte ich mich sofort mit Oberlehrer Anton Alexander in Verbindung, um ihn zu bestimmen, sich dieser Aufgabe zu unterziehen, indem ich ihm zugleich andeutete, auf welche Weise das Material zweckmäßig behandelt würde. Nachdem nämlich Herr Alexander schon an der Bearbeitung von Fridtjof Nansens Beobachtungen während seiner Framfahrt teilgenommen und später die astronomischen Beobachtungen von Roald Amundsens Gjöafahrt sowie die von Rittmeister Isachsens Forschungsreisen nach Spitzbergen berechnet hatte, wußte ich, daß er nicht allein ein sicherer, sorgfältiger Rechner ist, sondern auch volle Einsicht in die theoretischen Grundlagen hat, die ihn instand setzt, sich von vorher aufgestellten Instruktionen unabhängig zu halten.

gez. *H. Geelmuyden*

Professor an dem Observatorium der Universität

Wissenschaftlicher Beweis, daß Roald Amundsen mit seinen vier Gefährten den Südpol erreicht hat

Von Oberlehrer Anton Alexander in Skien

Herrn Kapitän Roald Amundsen.

Ihrer Bitte gemäß werde ich hier in Kürze das Ergebnis meiner Untersuchungen des Beobachtungsmaterials von Ihrer Südpolarfahrt mitteilen. Meinen Berechnungen ist die mir von Leutnant Prestrud angegebene Länge für Framheim, 163°37′ w. Gr., zugrunde gelegt. Er bezeichnet diese Länge als vorläufig, doch so, daß das endgültige Ergebnis nicht nennenswert davon abweichen kann. Meine eigenen Ergebnisse können sich durch die abschließende Behandlung des Materials auch noch etwas verändern, aber auch diese Veränderungen werden nur unwesentlich sein können und jedenfalls ohne Bedeutung für das unten dargelegte Ergebnis der Untersuchungen über die Lage der beiden Polstationen.

Auf der ersten Polstation wurden am 15. Dezember 1911 im ganzen mit jedem der beiden Sextanten 18 Sonnenhöhen gemessen. Die aus diesen Höhen berechnete Breite ist im Durchschnitt sehr nahe an 89°54′ mit einem mittleren Fehler von ±2′. Die durch die Höhen berechnete Länge ist ungefähr sieben Stunden oder 105° ö. Gr., aber wie es auf diesen hohen Breiten zu erwarten war, sind die Abweichungen sehr bedeutend. Immerhin kann man sehr sicher sein, wenn man annimmt, daß diese Station zwischen 89°52′ und 89°56′ s. Br. und zwischen 90° und 120° ö. L. liegt.

Die Mißweisung auf der ersten Polstation ist durch eine Reihe von Peilungen der Sonne bestimmt. Damit ist die absolute Richtung der Marschlinie des letzten Tages festgelegt. Ihre Länge ist zu 5½ Seemeilen oder 10,2 km mit dem Meßrade gemessen. Mit Hilfe dieser Länge läßt sich für Polheim ein Feld von derselben Form und Ausdehnung konstruieren wie dasjenige, innerhalb dessen die erste Polstation liegt.

Auf Polheim wurden einen ganzen Tag lang, 16. und 17. Dezember*, zu jeder Stunde mit dem einen Sextanten Beobachtungen gemacht. Sie zeigen eine obere Kulminationshöhe von 23°19,2′ und eine darauffolgende untere Kulminationshöhe von 23°17,4′. Diese Höhe ist um ein paar Bogenminuten zu nieder. Dies ist nicht mehr, als einer Unsicherheit in der Bestimmung mit dem Instrumente zugeschrieben werden kann; aber daß auch atmosphärische Anomalien dagewesen sind, darauf deutet die Beobachtungsreihe in ihrer Gesamtheit. Durch die Zusammenstellung der beiden genannten Höhen werden in derselben Richtung laufende gleich große Fehler in beiden ohne Einfluß auf das Ergebnis sein. Die Mittelbildung ergibt eine Breite von 89°58,6′. Daß dieses Ergebnis nahezu richtig sein muß, bestätigt sich durch die beträchtliche Verschiebung der Kulminationszeiten, die die Beobachtungsreihe andeutet und die in der nächsten Umgebung des Pols durch die Deklinationsänderung der Sonne bewirkt wird. An dem Tag der Beobachtung machte diese Verschiebung 30 Minuten auf 89°57′, 46 Minuten auf 89°58′ und über eineinhalb Stunden auf 89°59′ aus. So viel zu spät traf die obere Kulmination ein und ebenso viel zu früh die untere Kulmination. Die Zeit zwischen diesen beiden Zeitpunkten verkürzte sich dadurch um das Doppelte der genannten Verschiebungen. Nun zeigt die Beobachtungsreihe, daß die Zeit von der oberen zur unteren Kulmination höchstens elf Stunden ausgemacht haben kann, daß die Verschiebung der Kulmination also wenigstens eine halbe Stunde gewesen ist. Es ergibt sich demnach von selbst, daß Polheim südlich von 89°57′ liegen muß, ebenso muß man davon ausgehen, daß es südlicher als 89°59′ nicht liegen kann. Die Kulminationsaugenblicke können natürlich nur höchst annähernd bestimmt werden, wie auch die Beobachtungen überhaupt zur Längenbestimmung unbrauchbar sind. Es kann aber doch mit einiger Sicherheit gesagt werden,

* Unter Berücksichtigung der Datumsänderung

daß die Länge zwischen 30° und 75° ö. Gr. sein muß. Die Breite ist, wie schon oben gesagt, zwischen 89°55′ und 89°59′, und der wahrscheinliche Punkt für Polheim kann rund auf 89°58,5′ s. Br. und 60° ö. L. gesetzt werden.

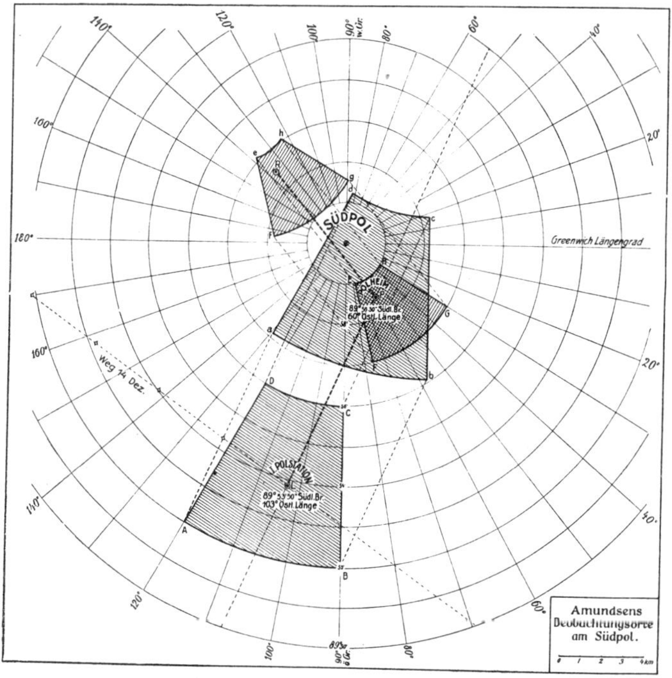

Auf der beigefügten Kartenskizze bezeichnet also ABCD das Gebiet, innerhalb dessen die erste Polstation liegen muß, abcd dasjenige, welches dadurch Polheim angewiesen wird, EFGH das Gebiet, innerhalb dessen Polheim nach den dort gemachten Beobachtungen liegen muß, P den wahrscheinlichen Ort für Polheim und L den daraus sich ergebenden Ort für die erste Polstation. Die Lage, die diese demnach bekommt, stimmt gut mit derjenigen, die nach dem Durchschnittsergebnis der Beobachtungen vom 15. Dezember zu erwarten war. Es muß demnach angenommen werden, daß Polheim 1½ Seemeilen, also knapp 3 km und ganz sicher nicht mehr als 6 km vom Südpol entfernt liegt.

Nach ihrer mündlichen Mitteilung sind Helmer Hanssen und Bjaaland von Polheim noch 7,3 km in der auf Grund der Beobachtungen angenommenen Richtung nach Süden weitergegangen. Auf der Kartenskizze gibt efgh das Gebiet an, innerhalb dessen der Endpunkt R ihres Marsches liegen muß. Das Ergebnis meiner Untersuchung ist, daß sie den Südpol in einer Entfernung passiert haben, die nach der einen Seite höchstens 2½ km, nach der anderen höchstens 2 km betragen haben kann, daß sie aber, wenn der für Polheim angenommene wahrscheinliche Ort genau richtig ist, den Polpunkt in einer Entfernung von 400 bis 600 m, ja vielleicht noch näher passiert haben, und daß es sehr wahrscheinlich ist, daß die Entfernung nur ein paar hundert Meter, ja vielleicht noch weniger betrug.

Skien, 7. September 1912.

Hochachtungsvollst

gez. *Anton Alexander*

Zeittafel

1872	16. Juli Roald Amundsen in Borge (Ostfold) geboren.
1893	Matrose auf dem Walfänger »Magdalena«.
1897–99	Teilnahme an der Antarktis-Expedition des Belgiers Adrien de Gerlache als Erster Offizier und Meteorologe.
1901	Studium an verschiedenen deutschen Observatorien (Schwerpunkt: Erdmagnetismus).
1903–06	Amundsen durchquert als erster die Nordwestpassage zu Schiff mit der »Gjöa«.
1910–12	Antarktis-Expedition mit der »Fram«. Am 14. Dezember 1911 erreichen Amundsen und seine vier Gefährten den Südpol.
1918–20	Arktis-Expedition mit der »Maud«. Amundsens Versuch, den Nordpol nach einer Fahrt durch die Nordostpassage zu erreichen, scheitert.
1923	Ein Versuch Amundsens, von Alaska aus den Nordpol mit dem Flugzeug zu erreichen, scheitert ebenfalls.
1925	Amundsen startet am 21. Mai mit dem Amerikaner Ellsworth von Spitzbergen aus zum Nordpolflug. Auf 87°44′ – 250 km vom Ziel entfernt – müssen sie notlanden. Erst am 15. Juni gelingt der Rückflug.
1926	Am 10. Mai fliegen der Italiener Nobile, Ellsworth und Amundsen in dem von Nobile gebauten, halbstarren Luftschiff »Norge« von Spitzbergen aus über den Nordpol (20. Mai) nach Alaska.
1928	Bei einer Rettungsexpedition für den in der Arktis mit dem Luftschiff »Italia« notgelandeten Nobile verunglückt Amundsen. Am 18. Juni entdecken Suchflugzeuge Wrackteile seiner Maschine in der Barents-See. Amundsen und seine beiden Piloten bleiben verschollen.

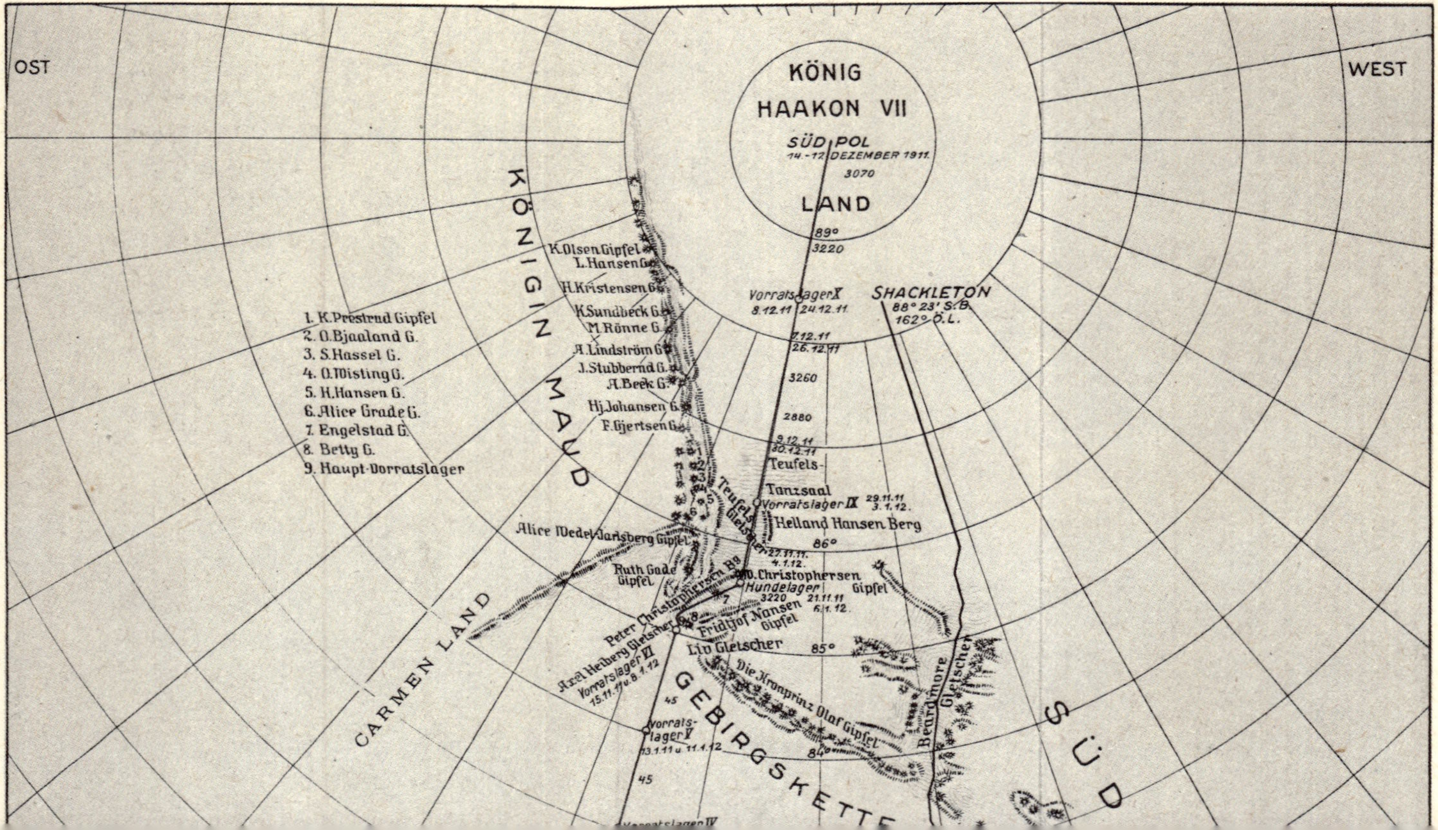
OST
WEST
KÖNIG
HAAKON VII
LAND
SÜD POL
14.-17. DEZEMBER 1911.
3070
89°
3220
SHACKLETON
88° 23' S.B.
162° Ö.L.
Vorratslager X
8.12.11 24.12.11
7.12.11
26.12.11
3260
2880
9.12.11
30.12.11
Teufels-
Tanzsaal
Vorratslager IX
29.11.11
3.1.12.
Helland Hansen Berg
86°
Teufels Gletscher
27.11.11.
4.1.12.
O. Christophersen Gipfel
Hundelager
3220
21.11.11
6.1.12.
Fridtjof Nansen Gipfel
Liv Gletscher
85°
Die Kronprinz Olaf Gipfel
Beardmore Gletscher
84°
KÖNIGIN MAUD
K. Olsen Gipfel
L. Hansen G.
H. Kristensen G.
K. Sundbeck G.
M. Rönne G.
A. Lindström G.
J. Stubberud G.
A. Beck G.
Hj. Johansen G.
F. Gjertsen G.
1. K. Prestrud Gipfel
2. O. Bjaaland G.
3. S. Hassel G.
4. O. Wisting G.
5. H. Hansen G.
6. Alice Grade G.
7. Engelstad G.
8. Betty G.
9. Haupt-Vorratslager
Alice Wedel Jarlsberg Gipfel
Ruth Gade Gipfel
Peter Christophersen Bg
Axel Heiberg Gletscher
Vorratslager VI
15.11.11 u. 8.1.12
Vorrats-lager V
13.11.11 u. 11.1.12
45
CARMEN LAND
GEBIRGSKETTE
SÜD